The Genius of Empathy
공감의 위로

The Genius of Empathy
Copyright ⓒ 2024 by Judith Orloff
All rights reserved

Korean translation copyright ⓒ 2025 by Writing House.
Korean translation rights arranged with InkWell Management, LLC
through EYA Co., Ltd.

이 책의 한국어판 저작권은 EYA Co., Ltd를 통한 InkWell Management, LLC사와의
독점계약으로 (주)라이팅하우스가 소유합니다. 저작권법에 의해 한국 내에서
보호를 받는 저작물이므로 무단 전재 및 복제를 금합니다.

공감의 위로

주디스 올로프 정신과 전문의 지음
이문영 옮김

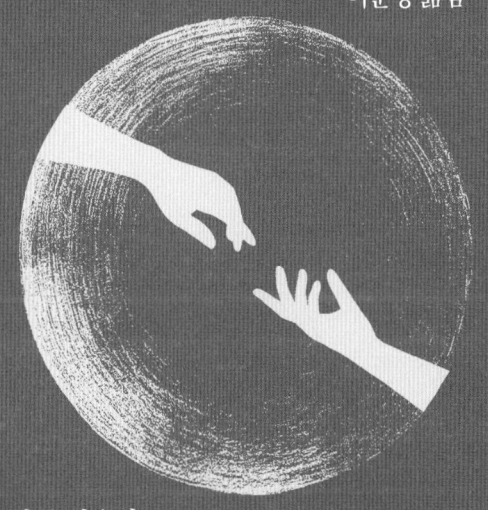

나를 치유하고
세상과 연결하는
11가지 공감의 기술

라이팅하우스

이 책에 쏟아진 찬사

예민한 감각을 가진 섬세한 영혼들에게 반드시 필요한 책이다. 주디스 올로프 박사의 다양한 실천법을 통해 고난을 공감과 연민으로 헤쳐나가는 방법을 배울 수 있다. 또한 이 책은 당신의 모든 인간관계와 세상과의 연결을 강화시켜 줄 것이다.

— 아니타 무르자니(뉴욕타임스 베스트셀러 『그리고 모든 것이 변했다』 저자)

지금 이 시대에 꼭 필요한 책이다. 공감의 결핍은 많은 이들의 건강과 행복을 앗아갔다. 이 책은 우리를 다시 서로에게 연결시켜 주는 희망과 치유의 안내서다. 강력히 추천한다.

— 다니엘 G. 에이멘(정신과 의사, 『마음이 아니라 뇌가 불안한 겁니다』 저자)

공감의 본질과 강력한 영향력을 탐구하는 탁월한 저작이다. 공감이라는 신의 은총을 심리학적으로 정확하게 설명할 수 있는 사람은 주디스 올로프 박사밖에 없다. 개인을 넘어 공동체 전체의 치유에도 엄청난 기여를 하는 책이다.

— 캐롤라인 미스(영성 심리학자, 뉴욕타임스 베스트셀러 『영혼을 위한 7단계 치유의 힘』 저자)

이 책은 당신의 삶을 즉시 변화시켜 줄 것이다. 타인의 스트레스를 짊어지는 습관을 멈추고 자신에게 더 친절해지게 만들 테니까. 특히 까다로운 사람과 소통하는 데 큰 도움이 된다. 초연결사회에서 번아웃에 빠진 많은 이들에게 명확한 해답을 주는 책이다.

— 이얀라 반잔트(변호사, TV쇼 진행자)

주디스 올로프 박사는 민감함을 약점이 아닌 강점으로, 공감을 실용적인 삶의 기술로 재정의한다. 이 책을 통해 우리는 서로의 감정을 이해하는 것에서 그치지 않고 공감을 자기 치유와 진정성 있는 관계 그리고 강력한 리더십의 원천으로 전환할 수 있게 됐다.

— 탈 구르(기업가, 『완전한 삶의 기술』 저자)

단언컨대, 공감과 연민에 대해 이토록 심오하면서도 실용적인 조언은 들어본 적 없다. 주디스 올로프 박사의 통찰과 지혜가 곳곳에서 빛난다.

— 샤론 살츠버그(명상과 마음챙김 교사, 메사추세츠주 '통찰명상협회' 공동 설립자)

주디스 올로프 박사는 풍부한 의학 지식과 임상 경험을 바탕으로 공감과 연민이 왜 이 세상에 필요한지 설명한다. 공감과 연민은 타인을 위한 희생이 아니라 더 나은 삶을 살고자 하는 인간의 본성이다. 공감이 어떻게 부서진 마음과 세상을 치유하는지 그 근거를 보여주는 책이다.

— 알렉스 하워드(심리 치료사, '트라우마 슈퍼 컨퍼런스' 진행자)

서문

'공감'은 인간의 가장 놀라운 특징 중 하나입니다. 타인에게 공감과 친밀감을 느낀다는 것은 인간 존재의 진실, 즉 모든 사람이 행복을 원하고 고통에서 벗어나기를 바란다는 것을 깊이 인식하고 있다는 뜻이기 때문입니다. 한편 연민은 단순히 누군가를 불쌍하고 가련하게 여기는 감정 이상입니다. 연민을 느낄 때 우리는 타인의 고통을 함께 느낄 뿐만 아니라 그 고통을 덜어주고자 하는 마음을 갖습니다. 이런 마음은 우리에게 용기와 내면의 힘을 줍니다.

예전에는 공감과 연민이 타인의 감정에 반응하여 나타나는 본능적인 감정이라고 여겼습니다. 하지만 이제는 이것이 사회성과 정서적 능력을 키우는 근간이며 이를 가르치고 배울 수 있다는 인식이 커지고 있습니다. 이 책 『공감의 위로』에서 저자 주디스 올로프는 '공감력'을 키우고 발전시키는 실질적인 조언을 제공합니다. 이것이 독자 여러분께 큰 가치가 있다고 믿습니다.

   오늘날 우리는 80억 명의 인류와 함께 살아가야 합니다. 따라서 인류가 '하나'임을 인식하는 것은 그 어느 때보다 중요합니다. 우리 각자가 인간의 공통된 감정과 연약함을 인식하는 것은 공감을 키우는 방법이며, 이는 더 행복하고 평화로운 세상을 만드는 토대가 될 수 있습니다.

                        달라이 라마

차례

- 달라이 라마의 서문 6
- 프롤로그 : 나를 지키며 타인을 사랑하는 법 12

1부 자기 치유하기

1장 공감을 배워야 하는 이유 자기 치유를 위한 첫걸음   21

- 서로 다른 우리를 연결하는 힘 24
- 공감의 진짜 의미 26
- 자신을 돌보지 않는 공감은 문제만 될 뿐이다 31
- 이 책을 사용하는 방법 33
- 최고의 자신이 되기 35

2장 공감의 4가지 유형과 뇌과학   41
공감은 어떻게 우리 삶을 치유하는가

- 과도한 생각을 멈추고 마음의 소리를 듣는 법 43
- 기질에 따른 4가지 공감 유형 50
- 공감의 뇌과학 61

3장 **자기 공감력을 키우는 법** 71
　　　좋아하는 사람에게 하듯 자신에게 친절하라

- 가장 큰 보물은 당신 자신이라는 것을 기억하라 73
- 마음의 치유 에너지에 접근하는 법 78
- 자기 공감 연습 ① : 내 몸이 아플 때 81
- 자기 공감 연습 ② : 사랑하는 사람이 아플 때 85
- 자기 공감 연습 ③ : 트라우마에 압도당할 때 90
- 자기 공감 연습 ④ : 타인의 고통에 휘말릴 때 95
- 4단계 자기 공감 치유법 99

4장 **공감을 방해하는 9가지 장애물** 105
　　　지나친 감정이입, 감정의 방아쇠, 트라우마, 두려움 극복하기

- 공감이 문제가 되는 경우 109
- 공감을 가로막는 9가지 장애물과 극복 방법 109
- 서로의 차이에 공감하는 법 130

2부 관계 치유하기

5장 **공감적 경청의 힘** 139
　　　오프라 윈프리가 3만 명과 인터뷰한 후 알게 된 것

- 경청이라는 최고의 응원 143
- 공감적 경청을 위한 10단계 148
- 그냥 들어라, 고쳐주려고 하지 말고 158

6장 가족, 친구, 동료에게 공감하기 163
좋건 싫건 함께해야 하는 사람들과 공존하는 법

- 사랑하는 사람을 적으로 만들지 않는 법 165
- 분노와 갈등 없이 소통하는 공감의 대화 5원칙 168
- 때로는 거리를 두는 것이 공감이다 176
- 직장에서 공감지수를 높이는 법 187
- 함께 일하기 싫은 사람과 공존하는 법 191

7장 나를 소모하지 않는 베풂의 기술 201
과도한 희생이나 탈진 없이 타인을 돕는 법

- 건강한 베풂은 '조건적'이다 202
- 뇌와 세포, 삶의 질을 향상시키는 베풂의 기술 203
- 절대 해서는 안 되는 공의존적 베풂 209
- 타인의 스트레스를 떠안지 않고 공감하는 방법 217
- 부모님을 간병하는 사람들에게 221
- 돌봄 스트레스를 피하는 5가지 지침 223
- 돌봄이 끝난 후 무력감에서 벗어나는 법 228

8장 나르시시스트, 소시오패스, 사이코패스 231
파괴적이고 해로운 사람들과 한계를 설정하는 법

- 공감 능력 스펙트럼 233
- 유형1. 나르시시스트 234
- 유형2. 소시오패스와 사이코패스 252
- 공감 결핍자들의 괴롭힘에 대처하기 255
- 공의존 관계에서 벗어나지 못하는 사람의 특징 258
- 관계의 주도권을 되찾는 법 262

3부 세상 치유하기

9장 공감하는 리더의 힘 AI 시대 인간만이 할 수 있는 일   269

- 공감하는 리더의 5가지 특징 270
- 진정한 리더십은 권력이 아닌 배려에서 나온다 273
- 공감형 리더가 더 높은 이익을 창출하는 이유 274
- 에너지 뱀파이어들이 활개치지 못하는 조직을 만드는 비결 278
- 팀 리더를 위한 5가지 스트레스 해소 전략 281
- 구글이 놀이터 같은 사무실을 만든 이유 286
- AI 혁명의 급류를 기회로 만드는 법 288

10장 공감과 용서의 심리학 진짜 치유와 자유를 찾는 법   291

- 원한에 붙잡힌 마음 풀어내기 294
- 분노의 가짜 힘에서 벗어나라 297
- 원한을 놓지 못하게 하는 3가지 원인 300
- 자신을 용서하기 305
- 타인을 용서하기 307
- 끔찍한 상황을 용서하기 308
- 사과를 받아들인다는 것의 진짜 의미 311
- 세상을 바꾸는 공감과 기도의 힘 312

11장 서로의 불완전함을 채우는 '우리'의 힘   317
적자생존의 세상에서 인간이 살아남은 이유

- 감사의 글 322   · 주석 324

The Genius of Empathy

프롤로그
나를 지키며 타인을 사랑하는 법

의사로서 나는 늘 치유에 몰두해 있다. 서던캘리포니아대학교 USC 의대를 졸업하고 캘리포니아대학교 로스앤젤레스UCLA 정신과 레지던트 과정을 마친 나는 지난 30년 동안 기존의 의학 교육과 나의 예민하고 세심한 공감 능력을 통합하여 환자들을 치유하는 데 전념해 왔다. 그리고 개인 진료실뿐만 아니라 종합병원, 요양원, 약물 남용 프로그램 등 여러 환경에서 일하며 질병, 트라우마, 상실 같은 치유하기 어려운 문제들을 극복하고 불사조처럼 일어서는 몸과 정신의 기적적인 회복 능력을 수없이 목격했다. 이제 내 마음을 움직이는 것은 현실적이고 누구나 실행 가능하며 효과적인 치유 방법을 찾는 일이다.

삶의 모든 영역에서 치유가 이뤄지길 바란다면 '공감'은 직장, 가족 및 친구 관계를 비롯한 모든 상황에서 매일 활용할 수 있는

'초능력'이다. 공감하는 삶은 성인군자가 된다거나 자기만의 개성이나 주관을 잃는 것을 의미하지 않는다. 공감은 단순히 좋게 들리는 이상적인 목표가 아니라, 배워서 써먹을 수 있는 실용적인 기술이다.

나는 나 자신과 환자들을 통해 공감의 놀라운 치유력을 수도 없이 목격했다. 자신에게 공감을 표현하거나 타인으로부터 공감을 받는 것은 건강이나 정서 문제를 극복하는 데 도움이 된다. 불안감을 진정시키고, 우울증에 자비를 베풀며, 혼자가 아니라는 느낌을 주면서, 고통과 갈등을 누그러뜨린다. 또한 공감은 다른 사람의 기쁨에서 자신도 긍정적인 에너지를 얻을 수 있도록 돕는다. 이는 불교의 가르침 가운데 하나인 "당신의 행복이 곧 나의 행복입니다"라는 관용 정신을 실천하는 일이기도 하다.

이처럼 공감은 그 자체로 치유의 행위이며 '당신은 나에게 중요한 존재입니다'라는 메시지를 전달하는 한 방식이다. 공감을 통해 우리는 서로에게 보이지 않거나 잊힌 존재가 아님을, 이해받고 소중히 여겨져야 할 존재임을 깨닫는다.

공감의 치유는 다양한 형태로 나타날 수 있다. 신체뿐만 아니라 마음, 감정, 영적인 치유도 가능하다. 치유란 반드시 건강 상태가 완전히 회복되는 것을 의미하지 않으며 항상 '치료'와 동일시되는 것도 아니다. 예를 들어 만성 통증이나 질병을 겪는 상황에서 긍정적인 마음으로 그것과 함께 살아가는 법을 배우는 것 역시 치유일 수 있다. 어떤 형태든 공감은 자비롭고 따뜻한 마음을 잃지 않게 해준다.

이 책은 공감의 세 가지 주요한 측면, '자신에게 공감하기, 타인에게 공감하기, 더 큰 세상에 공감하기'에 초점을 맞춘다. 공감은 무의식적 반응이 아니라 의지를 갖고 베풀고 돌보는 것이다. 내가 행복하고 타인에게 필요한 사람이 되려면 다른 사람에게 도움을 줄 뿐만 아니라 도움을 받을 수도 있어야 한다. 공감은 타인과 나 사이에서 상호적으로 흐르는 따뜻한 연결이기 때문이다.

나는 당신의 치유 여행을 돕기 위해 이 책 『공감의 위로』를 썼다. 이 책에서 제안하는 실천법을 따라 한다면 지금 길을 잃었다고 느끼더라도 매일 자신을 사랑하며 살아가는 방법을 알게 될 것이다.

이 책은 "이혼하는데 어떻게 공감할 수 있죠?", "가족이 나를 부당하게 대하면요?", "스트레스나 만성 통증 때문에 괴로울 때는 어떻게 공감하죠?" 같은 실용적인 질문에도 답을 제시한다. 내 경우에는 사랑하는 사람이 고통받을 때가 가장 어려운 상황이었다. 그때 내가 배운 교훈을 당신도 적용할 수 있도록 알려줄 것이다. 아울러 직장에서 공감을 활용하는 방법에 대해서도 구체적으로 다룰 것이다. 소통이 어려운 동료들과의 관계를 개선하고, 직장 내에서 친절과 혁신을 동시에 추구하는 근본적인 해법을 알려줄 것이다.

『공감의 위로』는 자기 치유에 관심이 있거나 인간관계에서 더 효과적으로 소통하고자 하는 모든 사람을 위한 책이다. 조용한 것을 선호하는 내향적인 사람과 초민감자뿐만 아니라 자극을 통해 성장하는 외향적인 사람, 내향성과 외향성을 모두 가진 사람까지 모두 포함한다. 또한 공감 능력을 키우고 싶지만 어디서부터 시작해야 할지 모르는 사람들을 위한 책이기도 하다. 어렵거나 소모적인 관계에서 공감을 표현해야 하는 사람들이나, 배우자나 동료 때문에 갑자기 공감 능력이 절실해진 사람들에게 특히 유용할 것이다.

공감에 대해 배우는 동안 당신은 타인의 스트레스, 증상, 감정을 흡수하지 않는 방법을 알게 될 것이다. 이는 세상으로부터 스스로를 안전하게 지키는 능력이 될 것이며, 자신에게 더 친절하고 더는 자책하지 않도록 도울 것이다. 공감은 자랑스러워해야 할 선함의 표현이다. 이 책은 현명하고 균형 있고 편안한 방식으로 공감 능력을 키우는 전략을 가르쳐줄 것이다.

생각이 너무 많아 지친 사람들에게도 이 책은 도움이 된다. 생각을 멈추지 못하는 것은 고통스러운 일이다. 특히 새벽 3시에 잠 못 이루고 양을 세고 있을 때는 더욱 그렇다. 이 책은 더 대담하고 자유로운 자신과 연결되는 방법을 알려줌으로써, 해결책을 강요하거나 끊임없이 떠드는 '원숭이 마음(monkey mind, 원숭이가 나무를 오르내리듯이 산만하고 불안정한 마음)'에 휘둘리지 않고 마음의 평화를 찾을 수 있도록 돕는다.

원숭이 마음은 우리를 막다른 골목으로 몰아넣는 의견과 판단으로 가득 차 있다. 나의 도쿄 스승님은 이렇게 말했다. "주디스, 나는 당신만큼 생각을 많이 하지 않아서 상황에 덜 휘둘려요." 이제 나는 이 말을 완전히 이해한다. 분석적인 사고만으로는 우리 모두가 원하는 깊은 치유와 평온을 얻는 데 한계가 있다. 피할 수 없는 고통을 극복하는 방법은 공감뿐이다.

나는 환자들이 공감을 통해 자신의 고통을 위로하고 극복하는 모습을 수없이 목격했다. 내 생각에 삶은 우리에게 축복을 준다. 때로 시련처럼 보일지라도 결국 전화위복의 축복일 때가 많다. 어느 쪽이든 우리는 무언가를 배울 수 있다. 공감은 단순히 옳은 일이 아니라, 고통을 줄이고 자신이나 타인과의 갈등을 멈추게 하는 방법이다.

사람들은 당신이 한 말은 잊어도

당신이 준 감정은

결코 잊지 못한다.

— 마야 안젤루[1]

처음에 나는 '공감empathy'이라는 단어가 열정 또는 고통을 의미하는 고대 그리스어 '엠파티아empatheia'에서 유래했다는 사실에 매료되었다. 그러나 지금은 고통보다는 열정에 더 가깝다고

생각한다. 공감이 불러일으킬 수 있는 고통은 얼마든지 조절할 수 있는 선택 사항이기 때문이다. 또한 공감은 예술적 영감이나 심미적 연결을 설명할 때 자주 쓰이는 단어다. 나 역시 우리 각자가 자기만의 독특한 작품을 창조하고 있다고 생각하기 때문에 공감이라는 단어를 좋아한다. 공감은 서로의 창작 세계를 인정하도록 도와준다.

이런 이유로, 나는 설레는 마음으로 배려가 넘치고 덜 알려진 공감의 길로 당신을 초대한다. 이제부터 나는 당신의 안내자가 되어 당신이 공감이라는 기술을 연마하는 동안 맞닥뜨릴 수 있는 모든 장애물과 두려움을 극복할 수 있도록 도울 것이다. 먼저 경험한 사람으로서 말하건대, 이 길은 갈수록 더 넓고 풍요로워지며 내면의 지혜로 이끄는 놀라움과 깨달음의 순간으로 가득 차 있다.

오래전 나는 공감과 사랑의 법칙에 따라 삶을 살기로 선택했다. 나 자신과 세상에 대한 믿음을 잃을 때마다 나는 심호흡을 하고 다시 시작한다. 그렇게 매일 초심자의 마음으로 삶을 배우며 놀랍고 신선한 삶을 살아가고 있다. 이 공감의 여정에 동참한다면 여러분의 마음도 무한히 꽃피울 수 있으리라 믿는다.

누군가가 많은 것을 필요로 한다고 해서
당신이 그것을 모두 충족시켜 줄 필요는 없다.

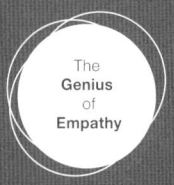

1부

자기 치유하기

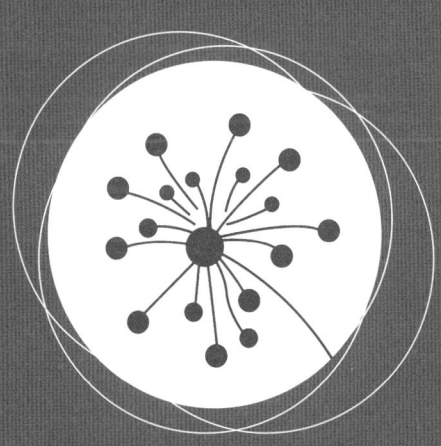

공감을 배워야 하는 이유
: 자기 치유를 위한 첫걸음

우리는 신성하지만 거친 시대를 살고 있다. 양극화, 분열, 중독, 결핍이 만연한 세상에서 우리는 그 어느 때보다 고립되기 쉽고 외롭다. 그래서 응당 모든 것이 '감당하기 벅차다'라고 느껴질 수 있다. 논리적으로 세상을 이해하려는 사람에게는 특히 그렇다. 이런 상황에서 공감은 놀라운 힘을 발휘한다. 공감 능력은 우리에게 더 현명하고 다정한 내면의 자원을 제공하고, 보다 사려 깊고 분별력 있는 시각으로 어려움을 볼 수 있도록 한다.

내가 이 책을 쓴 이유도 여기에 있다. 오늘날 공감 능력은 인간이 살아남고, 더 나아가 번영하기 위한 핵심 열쇠다. 개인과 지구 전체가 지금과 같은 곤경에 처한 이유는 공감의 부족이 큰 원인이라고 할 수 있다. 다행히 우리에게는 아직 희망이 남아 있다. 우리 각자가 공감 능력을 되찾는다면 곤경에서도 벗어날 수 있을 것이다. 연민과 선함 쪽으로 마음의 저울을 기울이는 데 늦은 시간이란 결코 없다. 공감은 인간성을 완성하고, 좁은 마음의 한계를 넘어 더 깊은 지혜를 추구할 힘을 준다. '위기危機'라는 한자어에는 위험과 기회라는 의미가 모두 담겨 있다. 나는 이 책을 통해 어떻게 공감 능력이 위기 속에서 위험과 기회를 동시에 인식하고, 탁월함을 발휘할 순간을 알려주는지 여러분에게 보여주고자 한다.

이 책은 일반적으로 정의되는 공감의 범위보다 더 넓은 영역을 다룬다. 어려운 시대에 다른 사람을 배려하고 돌봐야 한다고 느끼는 본능적 공감뿐만 아니라 그것을 조절하고 활용하는 방법까지 탐구할 것이다. 또한 건강한 공감이 세상에 어떻게 나타나는지 실질적인 예시를 제공하여 여러분 스스로 그것을 발견할 수 있도록 도울 것이다.

이 책은 현상 유지를 위한 것이 아니다. 공감하는 삶을 살 때 경험할 수 있는 변화와 성장, 경이로움에 대한 이야기다. 또한 가족이나 사회가 만들어놓은 좁은 틀에 갇히지 않고 진정한 자신을 탐색할 수 있는 방법에 대한 책이기도 하다.

공감은 우리를 특별하고 비범한 존재로 만든다. '눈에는 눈, 이에는 이'식의 팃포탯 tit for tat 권력 게임의 규칙을 바꾸고 새로운 소통의 돌파구를 열어준다. 이 책에서 나는 여러분이 더 나은 선택을 하고 변화하기를 요구할 것이다. 문제를 그 문제의 수준에서 해결하는 대신, 공감의 지혜를 통해 마음으로 이해하고 올바른 해결책과 관점을 찾도록 도와줄 것이다. 그리하여 여러분 각자가 공감하는 부모와 가족, 공감하는 친구, 공감하는 리더와 팀, 공감하는 의료 종사자 등이 되어 서로를 더 이해하고 신뢰하는, 의미 있는 관계를 맺도록 이끌 것이다. 이 과정을 통해 한 사람 한 사람이 새롭고 창의적인 방식으로 일상에서 공감 패러다임을 실천하는 것이 나의 목적 가운데 하나다.

공감은 전염성이 있다. 한 사람의 공감 행동은 다른 사람을 자극하고 또 다른 공감 행동을 부른다. 중요한 것은 공감을 시작하는 사람이 당신이어야 한다는 것이다. 매일 공감을 실천하는 것이 중요하다. 자신의 삶과 세상의 에너지를 전쟁에서 협력으로 바꾸기를 원한다면 자기 자신, 다른 사람, 지구를 향해 아주 작은 손짓이라도 해야 한다. 공감의 고귀한 목적이 단순히 서로를 이해하는 것임을 알아야 한다.

하지만 공감은 강제로 하는 것이 아니다. 이 재능은 그런 식으로 작동하지 않는다. 공감에 끌리지 않는다면 다른 길을 선택해 행복과 성장을 이루기를 바란다. 치유자로서 나는 마음이 동하지 않는 누군가를 설득하려고 하지 않는다. 그러나 공감에 매료되었거나 공감이 어떻게 삶과 인간관계를 향상시켜 고통을 덜어줄 수 있다는 건지 조금이라도 궁금하다면, 이 책은 당신이 읽어야 할 책이다. 집이나 직장에서 막막함과 좌절감을 느낀다면 공감은 당신 안에 있는 가능성에 불을 붙여 최고의 자신이 될 수 있도록 도와줄 것이다.

나는 공감을 타인의 고통에 슬퍼하는 '동정심'과 구분해야 한다고 생각한다. 우리는 공감을 역경과 행복 모두를 삶의 일부로 받아들이고 헤쳐나가는 '기술'로서 활용해야 한다. 자신이 겪고 있는 일에 공감하면 압도감, 고통, 공허함, 자기 회의에 빠졌을 때 위안을 얻을 수 있다. 돌보고 베푸는 순수한 기쁨을 만끽하고 싶을 때도 마찬가지다. 또한 공감은 과도한 생각과 만성적인 걱정으로 미쳐버릴 것 같을 때 이를 잠재우는 해독제다. 마음속 깊은 곳과 연결되면 고통과 집착을 치유할 수 있다. 공감은 자신에게서 시작하여 외부로 퍼져나가 긍정적인 변화를 만드는 강력한 에너지다.

누군가는 일부 내 환자들처럼 "내 문제와 세상의 문제가 감당하기 벅찰 정도로 큰데 공감이 무슨 소용이 있을까요?" 하며 자포자기할 수 있다. 그러나 단지 촛불 옆에 조용히 앉아 자신의 마음속에서 공감을 찾는 것만으로도 매우 강력한 치유 효과를 경험할 수 있다. 다른 사람의 행복을 바라는 한 사람의 마음은 놀라운 변화의 원천이다.

서로 다른 우리를 연결하는 힘

인간은 근본적으로 홀로일 수밖에 없는 존재다. 그러나 동시에 우리는 홀로 살 수 없는 존재이기도 하다. 이 모순된 진실을 이어주는 다리가 바로 공감과 연민이다. 이 두 마음은 모두 타인의 고통이나 기쁨에 반응하는 능력에서 비롯되지만, 그 방향성과 작동

방식은 미묘한 차이가 있다.

일반적으로 공감empathy은 다른 사람들의 감정에 조율하는 능력, 즉 '그들과 함께 느끼는' 것으로 정의된다. 공감은 누군가의 감정 및 관점에 연결되는 것이다. 예를 들어, 친구가 해고당하면 그의 고통을 느낄 수 있다. 이러한 친밀한 연결은 깊은 유대감과 안정감을 준다. 다만 공감할 때, 상대방의 부정적인 감정을 고스란히 떠안지 않으면서 그들과 조화를 이루는 법을 배워야 한다.

반면 연민compassion은 누군가를 '이해한다'는 느낌과 함께 도움을 주려고 행동을 취하는 것이다. 연민은 고통받는 사람의 감정보다는 '그 고통을 덜어주어야 한다'는 윤리적 실천에 집중한다. 어느 정도 마음의 거리를 두기 때문에 타인의 스트레스를 흡수해서 지칠 가능성이 적다. 생물학적으로도 연민은 도움이 되는 행동을 하도록 체내 호르몬과 뇌 화학 물질에 신호를 보낸다. 그래서 친구가 해고당했을 때 어려운 시기를 맞은 그를 지원할 구체적인 방법을 찾게 만든다. 상대의 감정에 자신의 감정을 조율하는 것이 아니라 어떤 도움을 주어야 하는지에 초점을 맞추는 것이다. 그렇기 때문에 일반적으로 연민이 더 편안하게 느껴질 수 있다. 훈련되지 않은 공감은 감정적 소진을 초래할 수 있기 때문이다.

공감과 연민은 모두 치유 과정에서 중심적인 역할을 한다. 특히 소중한 사람들에게는 이 두 가지를 동시에 느끼기 쉽다. 하지만 나는 누군가를 싫어할 때처럼 공감과 연민을 느끼기 어려운

다양한 상황도 함께 살펴볼 것이다. 이 책에서는 공감과 연민을 모두 다루지만, 타인의 스트레스에 압도되지 않기 위해 특별한 기술이 필요한 '공감'에 더 중점을 둘 것이다.

연민은 누군가를 돕고 싶은 충동을 일으키는 공감의 한 반응이다. 그러나 모든 공감이 연민과 실천으로 이어지는 것은 아니다. 공감이 주는 독특한 보상과 다양한 도전, 그리고 공감이 우리 삶에서 연민을 발생시키는 방식에 대해 차근차근 살펴보자.

공감의 진짜 의미

공감의 범위는 '좋은 태도' 또는 '관계를 맺는 방식'을 훨씬 넘어선다. 공감은 배우고 발전시킬 수 있는 정서 지능의 한 형태이며, 삶의 모든 측면을 밝혀줄 특별한 기술을 사용하는 일상의 치유 훈련이다.

이 책은 공감의 역할을 모호하거나 무심코 하는 행위로 두지 않고, 가능한 한 많은 상황에서(자아가 허락하는 한!) 공감을 실행하도록 촉구하는 행동 지침서라고 할 수 있다. 여기서 공감은 보통의 정서적 공감 반응뿐만 아니라, 어떤 상황에서도 자신과 타인, 세상을 돌보려는 맹렬하고 능동적이며 심지어 급진적인 방식도 포함한다.

공감을 키우는 일은 평범한 일도 아니고 단순히 사회적으로 올바른 행동을 하는 것도 아니다. 이것은 일종의 '평화로운 전사'

훈련과도 같다. 공감은 의도를 가지고 베풀고 돌보는 것을 포함한다. 공감을 배우는 과정에서 당신은 강인함과 온화함을 동시에 얻을 것이며, 쉽게 휘둘리는 사람도 융통성 없는 사람도 되지 않을 것이다. 오늘 당신이 삶의 어느 지점에 있든, 이 책은 그 지점에서부터 당신을 더 높은 곳으로 끌어올릴 것이다.

여기서 말하는 공감이 여러분이 생각하는 것과 정확히 일치하지 않을 수도 있다. 분명 공감은 다른 사람의 기쁨과 슬픔을 함께 나누는 따뜻한 마음이자 다른 사람의 필요를 감지하여 도움을 주는 능력이지만, 좋아하지 않는 사람과 (어쩌면 가장 어려운 상대인) 자기 자신을 이해하는 것도 공감에 해당되기 때문이다. 정신과 의사로서 나는 남을 돕는 것이 자신을 돕는 것보다 쉬울 수 있다는 것을 잘 알고 있다.

공감은 마음과 몸, 영혼을 치유하는 약이다. 공감은 신경계를 진정시키고 삶의 모든 영역에 조화와 평온을 가져다준다. 또한 마음이 열려 있고 따뜻한 상태로, 인간 본성의 가장 훌륭한 부분과 내면의 친절함을 추구하는 동시에 나쁜 행동에 대해 '아니오'라고 말할 수 있는 힘을 준다.

공감은 다른 사람을 존중하는 태도 그 자체를 말하기도 하고, 때로는 그저 상대의 이야기를 끝까지 들어주는 것을 의미하기도 한다. 또 사랑이라는 우주적인 힘과 자연의 거대한 신비에 연결되는 영적 공감도 포함된다. 나는 이 책을 통해 이 활기찬 치유 에너지가 우리를 어떻게 바꾸는지 보여줄 것이다.

> 공감은 마음과 정신의 지혜를 모두 사용하여
> 더 큰 치유력을 발휘하는 것이다.

 다른 사람의 스트레스를 흡수하지 않도록 감정과 에너지의 경계를 명확히 설정하는 것은 내 교육의 중요한 부분이다. 이러한 기술은 건강한 관계의 기반이며 섬세한 감수성을 보존하는 데 도움이 된다. 예를 들어, 의사이자 초민감자인 나는 환자에게 "어디가 아프세요?"라고 물을 때 그 고통을 내 몸으로 직접 느끼는 일을 방지해야 한다. 나는 환자를 진료하면서 에너지가 고갈되지 않도록 스스로 경계를 설정했고 이를 통해 환자들을 도우면서도 지치지 않을 수 있었다. 당신도 다른 사람에게 공감을 표현하면서 똑같이 할 수 있다.

 또 하나 중요한 공감의 전제는 모든 것이 '항상 옳아야 한다'는 욕구를 버리는 것이다. 이 욕구는 마음을 닫게 만드는 장애물이다. 이를 극복하기 위해서는 공감을 방해하는 내면의 적들인 '두려움, 자존심, 자아'를 인식하고 다스리는 것이 중요하다. 그러면 마음의 긴장이 풀리고 불필요한 갈등을 줄일 수 있다. 사람들은 "무슨 말인지 알겠어요, 당신 말이 옳을 수도 있겠네요"라는 말을 듣고 싶어 한다. 상대의 말을 인정하는 것은 비위를 맞추거나 자신의 가치관을 저버리는 행동이 아니다. 사소한 견해차나 반대

의견에 집착하기보다 유연하게 생각하고 관점의 차이를 인정하겠다고 선택하는 것이다.

딸의 남자친구가 마음에 들지 않았던 내 친구는 딸의 연애가 실패할 거라고 확신했다. 나는 친구와 의견이 달랐지만 그냥 이렇게 말했다. "그래, 진짜 확신하는 것 같구나." 그녀는 미소를 지으며 자신만만한 목소리로 "당연하지!"라고 말했다. 나는 친구가 옳다고 인정했고 우리 사이에 불필요한 논쟁은 없었다. 몇 년이 지난 지금도 그 연애는 굳건하지만 말이다.

어쩌면 공감은 가장 높은 형태의 지식이라고 할 수 있다. 공감하려면 자아를 잠시 내려놓고 다른 사람의 세계에서 살아야 한다. 자아를 완전히 없애버리라는 말이 아니다. 다만 자아가 너무 완고하거나 상처받았거나 독선적일 경우 비생산적인 행동을 유발하여 공감하려는 당신의 마음을 방해할 수 있다. 자아가 원하는 것이 항상 우리의 행복에 최선은 아닐 수 있음을 알아야 한다. 이 책에서는 공감이 개입하여 더 긍정적인 상황을 만드는 방법에 관해 설명할 것이다.

인생은 힘들다. 세상에는 당신을 불편하게 하는 것들이 많다. 비꼬는 친구, 스트레스를 받은 배우자, 무례한 동료 때문에 상처를 받을 수도 있고, 실직을 당하거나 우울증, 불안, 신체 질병을 앓게 될 수도 있다. 이런 상황에서는 활력을 불어넣기 위해 사용하는 일반적인 방법들이 효과가 없을 수 있다. 공감은 바로 그런 때 필요한 훌륭한 스승이다.

내가 생각하는 공감의 탁월함은 마치 악기를 조율하듯 섬세하게 다른 사람의 파장에 조율하고, 그들이 처한 상황에 공명한다는 점이다. 이것은 무한한 자비로움과 조화를 경험할 수 있는 영적 수련과 비슷하다.

공감을 느끼는 것은 때로 쉬운 일이다. 딸이 아이를 낳았을 때 기뻐하고 친구의 배우자나 반려동물이 아플 때 안타까움을 느끼는 것은 노력하지 않아도 할 수 있다. 하지만 어떤 순간들은 공감 능력을 발휘하기가 정말 어렵다. 예를 들어, 친구가 같은 실수를 세 번째 저지르려 할 때는 참지 못하고 후회할 말을 하고 만다. 시끄러운 이웃집 사람들에게 조용히 해달라고 요청하다가 화를 터뜨려 버리는 경우도 많다. 나는 친구가 암 치료 후에 재발 우려가 큰데도 정기 검사를 받지 않겠다고 했을 때 공감하기 어려웠다. 그는 나와 이 문제에 대해 얘기하고 병원에 가겠다고 말했지만, 아직 행동으로 옮기지 않았다.

많은 환자들이 그렇듯이 당신도 '상처를 주는 사람이나 무책임하고 파괴적인 선택을 하는 사람에게 왜 공감해야 하죠?'라는 의문을 가질 수 있다. 그럼에도 불구하고 공감을 발휘해야 하는 이유는 공감이 그러한 사람들과의 해로운 관계에서 벗어나 원한을 품지 않도록 돕기 때문이다. 분노와 원망을 계속 짊어지고 있으면 치유의 길로 들어설 수 없다.

내가 제안하는 공감은 마음의 부담을 덜어주는 과정이다. 상처를 준 사람의 정서적 결함(용서할 수 없는 행동이 아닌)에 아주 작게라도 공감할 수 있을 때 긍정적인 변화가 일어난다. 당신이 옳다고 여겨지는 상황이라 해도 판단과 원한을 내려놓을 때 더 자유로워진다. 어떤 사람들은 너무 많은 상처를 받아서 자신이나 타인을 위해 '최선을 다하는 것'이 극히 제한적일 수 있다. 그 사실에 공감하면, 그들이 뿜어내는 부정적인 감정과 행동들을 더 이상 마음에 담아 두지 않을 수 있다. 앞으로 이 주제에 대해 더 깊이 살펴볼 것이다.

공감에 귀를 기울이면 인생이 완전히 새로워지는 '대전환점'을 맞는다. 나는 이것을 '위대한 분수령'이라고 말한다. 지리학에서 '분수령'은 산맥 정상에서 강물이 서로 다른 방향으로 갈라지는 지점을 의미한다. 북미대륙을 동서로 나누는 로키산맥의 주능선 '컨티넨탈 디바이드 Continental Divide'의 경이로움을 떠올려 보라.

대지를 연결하고 구분하는 강물처럼, 당신도 삶의 방향을 바꾸거나 새로운 길을 선택할 능력이 있다. 설령 세상에 혼자 떨어져 있는 것 같은 깊은 고립감과 절망감에 빠져 있다 해도, 공감을 연습한다면 더 건강하고 자신이 원하는 방향으로 삶을 재조정할 수 있다.

자신을 돌보지 않는 공감은 문제만 될 뿐이다

공감의 많은 이점에도 불구하고 여전히 공감을 키우는 일이 망설여질 수 있다. "공감을 잘한다는 게 정말 나에게 도움이 될까? 괜스레 남의 고통을 떠안게 되는 건 아닐까? 난 그런 건 원하지 않아!"라고 생각할 수 있다. 이 질문에 대한 답은 '그럴 수도 있다'이다. 하지만 그건 자신을 보호하고 중심을 지키는 전략이 부족할 때만 그렇다.

  이 책 전반에 걸쳐 나는 자기 돌봄을 실천하고 건강한 경계를 세우는 방법을 알려줄 것이다. 이 기술이 없으면 엉뚱한 사람에게 너무 많은 것을 베풀거나 사랑하는 사람의 인생에 과도하게 개입할 위험이 있다. 또 구원자를 자처하며 다른 사람의 문제를 해결하는 것이 자기 일이라고 착각할 수도 있다. 하지만 그건 우리의 역할이 아니다. 이런 태도는 결국 당신을 지치게 만들고 남의 고통에 너무 깊이 공감한 나머지 당신의 판단력마저 흐려지게 할 수 있다. 그렇기 때문에 중심을 지키고, 침착함을 유지하며, 이성적으로 생각하는 것이 매우 중요하다. 예를 들어, 내가 당신에게 공감한다면 그 마음을 표현할 수는 있지만 과도하게 베풀지는 않을 것이다.

  건강한 공감은 만나는 모든 사람에게 끝없이 사랑을 주는 것이 아니다. 분별력과 직관, 자신의 에너지 상태를 점검하고 스스로를 보호하는 태도가 포함되어야 한다. 경계를 세우지 않고, 자기를 돌보지 않고, 한계를 두지 않는 공감은 문제만 일으킬 뿐이다.

  번아웃Burnout이나 공감 피로Empathy fatigue에 빠져 남에게는 물론 자기 자신에게조차 아무것도 줄 수 없는 상태가 되거나 '공감하는 건 너무 힘들다, 차라리 마음을 닫고 무감각해지는 게 낫다'라는 결론에 이를 수도 있다. 하지만 마음의 문을 닫고 사는 게 정말 자신을 위하는 걸까? 나는 그렇게 생각하지 않는다.

이 책의 다음 장들에서는 남의 고통이나 극적인 감정을 떠안지 않으면서도 공감력 있는 사람이 되는 방법을 알려줄 것이다.

이 책을 사용하는 방법

나는 신경과학, 심리학, 통합 의학, 영성이라는 관점에서 공감이 어떻게 작동하는지에 대한 포괄적인 이해를 제공할 것이다. 이 책은 실용적이고 행동 중심적인 가이드로, 우리 안에 존재하지만 아직 활성화되지 않은 치유의 힘에 접근하는 방법을 제시한다. 이 책을 통해 일터와 집은 물론 삶의 모든 영역에서 공감이 작동하는 것을 눈으로 확인할 수 있을 것이다. 공감은 연습을 통해 점점 익숙해지는 배움의 곡선을 따른다. 이 책에 담긴 전략들도 연습할수록 더 쉬워질 것이다.

각 장에는 나의 고객과 워크숍 참가자, 친구(이름과 세부 사항은 변경됨), 그리고 나 자신의 경험담이 담겨 있다. 이 사례들은 공감을 삶 속에서 더 깊이 실천해 나가는 과정을 보여줄 것이다. 또한 각 장 말미에 '공감 실천하기 Empathy in Action'을 정리해 배운 내용을 실제 상황에서 적용해 볼 수 있도록 구성했다. 마지막으로, 책을 읽을 때 노트를 한 권 옆에 두기를 제안한다. 나는 이 책 곳곳에서 생각과 감정을 글로 써볼 것을 제안했다. 일기도 좋고 간단한 메모 형식도 괜찮다. 흥분된 감정을 가라앉히고 생각을 정리하는 데 있어 글쓰기는 좋은 스승이 될 것이다.

 이 책은 내가 이전에 쓴 책 『나는 초민감자입니다』의 원칙들을 기반으로 한다. 『나는 초민감자입니다』는 매우 예민한 사람들과 초민감자들(외부 자극을 차단하는 필터가 없는 사람들)이 자신의 재능을 존중하고 자기를 돌봄으로써 외부의 힘에 압도되지 않도록 가르친다. 하지만 이 책에서는 공감의 보편적인 범위를 살펴보고 공감이 어떻게 우리의 삶과 세상을 더 다정하고 건강하며 재미있고 관용적인 곳으로 만들 수 있는지 알아볼 것이다.

 『공감의 위로』는 총 3부로 나뉜다. 차례대로 읽거나 자신에게 가장 관련이 있는 부분을 먼저 읽어도 괜찮다. 1부 '자기 치유하기'에서는 공감의 치유력을 설명하면서, 과도한 생각을 멈추고 마음의 목소리에 귀 기울이는 방법을 제시한다. 현재 자신의 공감 수준을 평가하는 자가 진단 테스트와 공감의 4가지 유형별 특성 분석도 포함되어 있다. 자신의 공감 유형은 무엇인지, 그것이 인간관계에 어떤 영향을 미치는지, 감정의 방아쇠, 트라우마, 두려움과 같은 치유의 방해 요소들은 어떻게 작동하는지 배우게 될 것이다.

 또한 공감의 생물학적 측면을 배우게 될 것이다. 공감이 어떻게 면역 체계와 건강을 강화할 수 있는지에 대한 과학적 근거와 연민을 일으키는 뇌의 거울 뉴런 시스템에 대해 알아볼 것이다.

 2부 '관계 치유하기'에서는 다른 사람의 스트레스를 흡수하는, 이른바 순교자가 되지 않으면서 공감하는 적극적인 접근 방식을 제안한다. 이를 위해 공감하며 경청하기와 상대와 적정 거리를 유지하는 기술을 연습할 것이다. 나르시시즘과 소시오패스 같은 공감 결핍 장애가 있는 사람들과 약자를 괴롭히는 사람들을 파악하는 기술도 익히게 될 것이다. 이로써 신경학적으로나 정서적으로 친절에 보답할 의사가 없는 사람들에게 휘둘리지 않게 될 것이다.

끝으로, 3부 '세상 치유하기'에서는 직장과 사회, 세계를 아우르는 공감 리더십을 다룬다. 또한 용서와 진심 어린 기도가 만들어내는 기적 같은 변화와 치유의 힘에 대해서도 살펴볼 것이다.

공감은 우리가 인류 공동체와 자연 그리고 그 안의 모든 생명체와 깊이 연결될 수 있도록 도우며 의식의 확장과 변화를 이끌어낸다. 공감하는 우리는 완전한 존재이며, 함께 성장할 수 있는 영혼의 공동체다.

최고의 자신이 되기

공감의 여정에서는 자신의 진짜 욕구와 일치하는 삶을 만들어가는 것이 중요하다. 이것은 '남들이 가지 않는 길'을 선택한다는 의미다. 나는 혼자 있는 것을 좋아하고 파티를 피하고 사람보다 바다나 나무와 함께 있기를 좋아하는 아웃사이더다. 어릴 때는 나 자신이 세상에 속하지 않는 외계인처럼 느껴졌다. 하지만 지금은 나의 섬세한 감성을 사랑하며 다른 방식은 원하지 않는다.

당신의 재능이 무엇이든 남들과 다르다는 느낌을 부끄러워하지 않는 게 중요하다. 다른 사람들이 기대하는 사람이 되겠다는 생각은 버려라. 그래야 당신의 생각, 선택, 감성이 온전히 반영된 100퍼센트 자기 자신으로 살아갈 수 있다. 어디서부터 시작해야 할지 모르겠다면 이 책을 안내자로 삼아주길 바란다. 당신이 그런 자유에 도달할 수 있다면 더없이 기쁠 것이다.

자신에게 진실하고 싶은 모든 자유로운 사상가, 창의적인 사람, 외톨이, 의문을 제기하는 사람에게 박수를 보낸다. 고등학교 시절, 청소년기의 시련을 어떻게든 극복하고 자기만의 길을 개척한 수줍고 소심한 모든 아이들과, 다른 사람들이 "좀 진정해"라거나 "아이디어가 너무 거창하고 비현실적"이라고 말해도 본성에 따라 자기 목표를 고수한 모든 이들에게도 찬사를 보낸다.

남과 다르다는 것이 문제라는 생각을 버리면 해방이 찾아온다.

공감의 멋진 점은 모든 사람에게 이롭다는 것이다. 외향적이고 사교적인 사람이든 내향적이고 소극적인 사람이든, 주류에 속한 사람이든 아웃사이더든, 감성적인 사람이든 논리적인 사람이든 공감은 우리 모두의 삶과 관계를 개선할 수 있다. 내 환자 가운데 외향적이고 활동적인 사람들은 직장과 개인 생활에서 공감을 잘 활용한다. 나와는 달리 그들은 혼자 있는 시간이 별로 필요하지 않으며 많은 사람과 함께 있을 때 활기를 얻는다. 공감을 실천하는 방법은 다양하며 각 개인에게 맞는 독특한 방식이 있다. 이 책을 통해 당신만의 방식, 당신만의 언어, 당신만의 이점을 찾을 수 있을 것이다.

• • •

앞으로 설명하겠지만, 공감을 키워야 할 지적, 정서적, 영적인 이유는 여러 가지다. 그중에는 오랫동안 고통 속에 묻어둔 마음의 상처를 치유할 가능성도 포함된다. 공감은 마음속에서 곪아 터진 원한을 풀고 그 부담에서 벗어나게 도와준다. 사랑의 상처로 생긴 흉터가 아니라 앞으로 마주하게 될 미래에 시선을 돌릴 수 있도록 용기를 준다.

세상에는 공감과 평화가 존재하지 않는다는 근거들로 가득하다. 극단적 자기애(나르시시즘), 왕따, 차별, 괴롭힘 같은 공감 결핍 장애가 있는 사람들이 얼마나 많은가. 그런 사람들을 볼 때마다 당신은 이런 의문이 들 수 있다. "저런 사람들과 어떻게 서로 사랑하고 사이좋게 지낼 수 있을까?" 나는 그 방법을 공감에서 찾았다. 공감은 오해와 증오의 굴레에서 벗어나는 길을 제시한다. 그리고 그 출발점은 열린 마음을 소중히 여기는 사람들과 당신의 마음이 연결되는 것이다.

공감은 우리 모두를 하나로 이어준다. 전쟁과 같은 적대적인 방식을 거부하고 관용과 호기심을 가지고 서로의 공통점과 차이점을 포용하게 만든다. 공감에 대한 많은 우려와 부정적 견해에도 불구하고 내가 공감에 이끌리는 이유도 바로 이 때문이다. 지금 이 순간에도 공감은 내가 의술을 실천하는 방식, 환자의 요구에 귀 기울이는 방식, 그리고 나의 삶 자체를 꾸준히 확장시키고 있다.

   공감은 인간이 지닌 가장 훌륭한 미덕이다. 이를 실현하는 것이 당신의 목적이 되기를 바란다. 역경 속에서도 치유하고 사랑하며 더 큰 낙관을 삶 속에 구현하는 것 말이다. 나는 당신이 그곳에 도달해서 최고의 순간을 경험하도록 돕고 싶다. 한번 그 은총을 발견하면, 마음이 그것을 외면하지 않는 한 은총은 절대 떠나지 않을 것이다.

The Genius of Empathy

공감 실천하기

자기 치유를 위한 첫걸음

자신에게 더 친절하고, 더 관대하고,
더 많이 용서하겠다고 다짐하자.
몸이 아프거나, 마음이 지쳤거나, 영혼이 고단하다면
진심을 담아 이렇게 기도하라.
"내가 행복하고, 건강하며,
걱정에서 벗어날 수 있기를 바랍니다."
긍정의 확언을 읊어라.
그리고 겸손한 마음으로
새로운 길이 펼쳐지도록 준비하라.

공감의 4가지 유형과 뇌과학
: 공감은 어떻게 우리 삶을 치유하는가

나는 이따금 먼 훗날 마지막으로 내 삶을 되돌아볼 때 어떤 생각을 하게 될까 상상한다. 바라건대, 친구와 함께 협곡을 탐험하던 봄 하이킹, 조용히 글을 쓰던 어느 평화로운 아침, 파트너의 포옹, 둥글게 모여 앉아 자신의 영혼을 탐구하던 워크숍 참가자들의 진지한 얼굴 같은 소박하고 따뜻한 기억을 떠올리며 사랑을 느끼고 싶다. 나는 남들이 내게 보여주고 내가 다행히도 남들에게 보여줄 수 있었던 친절과 공감을 기억할 것이다.

 당신은 어떤가? 별들이 반짝이는 둥근 하늘과 모든 것이 괜찮을 것이라고 말하는 우주의 미소만이 존재하는 마지막 순간에 당신은 무엇을 기억하고 싶은가? 삶이 엄청난 시련으로 가득 차 있을지라도 마지막까지 괴로움과 복수심, 원한에 사로잡히고 싶지는 않을 것이다. 부와 권력을 쥐고 싶은 욕망도 그때는 아무 가치가 없을 것이다. 설령 그렇다 해도 그건 전적으로 당신의 권리겠지만 말이다.

그러나 당신의 마음에 남아 있는 것은 사랑이 깃든 아주 사소한 일일 가능성이 높다. 자녀의 미소 속에 담긴 사랑의 눈빛, 낯선 사람의 친절, 아플 때 곁에 있어 준 친구 등 마음을 따스하게 만들었던 순간들 말이다. 좋은 시절이든 힘든 시절이든 당신을 지탱해 준 가치와 긍정적인 신념들이 당신의 마음속에 오래도록 남을 것이다.

그리고 우리가 어떤 생각과 경험을 간직하고 있는지는 우리의 치유 능력과 행복에 엄청난 영향을 미친다. 예를 들어 사랑, 친절, 봉사를 중요하게 생각하는 좋은 사람이 되기 위해 노력하는 것은 그 자체로 치유 행위다. 하지만 공감 없이는 그 바람을 이루기가 쉽지 않다. 공감은 증오와 분열을 부추기는 두려움을 치유하고 모든 사람의 경험을 존중할 수 있게 해준다. 인권 운동가 로사 파크스는 반대 진영에서 그녀를 비판했던 사람들에게 여전히 분노하느냐는 질문에 이렇게 답했다. "아니요, 다른 사람들에게 계속 화가 나 있으면 그들 중에서 친구를 찾을 기회를 놓칠 수 있잖아요."

이것이 바로 공감의 사고방식이다. 공감은 당신이 더 행복해지고, 삶의 난관들을 더 유연하고 의식적인 방식으로 해결할 수 있도록 영감을 준다.

인생은 불확실하다. 인생이 무엇을 요구할지, 누구를 만날지 우리는 결코 알 수 없다. 다만 한 가지 자신 있게 말할 수 있는 것은 모든 사람, 모든 성가신 일 또는 기쁨이 우리를 더 공감하는 사람으로 성장시킬 수 있다는 것이다.

과도한 생각을 멈추고 마음의 소리를 듣는 법

공감 능력을 키우기 위한 첫 번째 단계는 우리 안에 '작은 자아'와 '큰 자아'가 있다는 사실을 이해하는 것이다. 작은 자아는 자아ego, 지성, 감정적 갈등이 지배하는 성격적 차원의 자아이고, 큰 자아는 '마음heart'이 이끄는 존재다. 작은 자아는 논리와 상황 분석에 강한 훌륭한 자산이지만, 이런 분석적인 마음은 우리에게 도움이 되기도 하고 해가 되기도 한다. 논리적 분석과 판단에 매몰되면 불안, 교만, 두려움, 불안에 빠지기 쉬운데, 그 감정들을 극복할 도구가 작은 자아에는 없기 때문이다. 결과적으로 작은 자아는 치유 가능성 쪽으로 시야를 넓히기 어렵다.

나는 과도한 생각에 갇혀 사는 게 얼마나 고통스러운 일인지 잘 알고 있다. 이런 상태는 브루스 스프링스틴의 노래처럼 머릿속을 달리는 화물 열차를 떠올리게 한다. 머릿속 잡념은 모든 감각을 압도하고, 한번 시작되면 멈추지 않고 같은 생각만 반복하게 만든다. 이때 작은 자아는 공감하지 말라고 꼬드기며 고통, 두려움, 원한을 붙들고 있어야 할 '그럴듯한 이유들'을 계속 제시한다. 이 집착의 고리를 바꾸는 몇 가지 방법들을 소개한다.

과도한 생각을 퇴치하는 9가지 전략

1. 비생산적인 생각 패턴을 연민 어린 마음으로 인식한다.
2. 복식호흡을 하며 머릿속 혼란에서 벗어나 몸의 감각에 집중한다.
3. 차분한 목소리로 스스로에게 말하라. "과도한 생각은 문제 해결에 도움이 되지 않아. 나를 더 답답하게 만들 뿐이야."
4. 두려운 미래가 아닌 '현재'에 집중하라. 앉아 있는 자리나 입고 있는 옷의 느낌 등 지금 숨 쉬고 있는 그 순간을 느껴보라. 혹시 닥칠지 모를 문제가 아니라 오늘 해결해야 하는 문제에만 집중하라.
5. 내가 바꿀 수 있는 것에 집중하고 통제할 수 없는 것들을 내려놓아라.
6. 가슴에 손을 얹거나 편안한 자세로 앉아 안정감을 주는 이미지를 떠올려 보라. 바다, 장미 꽃다발, 하늘을 나는 갈매기 등 마음을 편안하게 하는 이미지를 시각화한다.
7. "괜찮아, 시간이 지나면 이 일도 해결될 거야"라고 조용히 되뇐다. 또는 '옴(산스크리트어로 '나는 평화롭다'는 뜻)' 같은 마음을 안정시키는 자기만의 주문을 읊는다.
8. 음악을 듣는다. 고요한 음악을 들으면 머리에서 벗어나 마음으로 향할 수 있다. 내가 즐겨 듣는 음악은 와(Wah!), 엔야(Enya), 바흐(Bach)다. 당신을 평온한 상태로 만들고 삶의 마법과 다시 연결해 주는 음악 목록을 만들어라. 춤추고 싶게 만드는 음악도 좋다. 음악은 걱정과 문제에서 행복, 재미로 시선을 돌려 과도한 생각을 멈추게 하

는 힘이 있다. 음악은 '생각하는' 게 아니라 '느끼는' 것이기 때문이다.

9 자연은 과도한 생각과 말의 해독제. 일몰, 어스레한 새벽, 초승달, 바람에 흔들리는 나무… 당신을 미소 짓게 하는 것은 무엇이든 좋다. 바다나 폭포, 개울과 같은 흐르는 물 근처에 있다면 움직이는 물이 방출하는 편안한 음이온을 흡입하라. 또한 바람 소리나 새소리 같은 고요한 소리에 집중하라. 또는 천둥, 비, 또는 파도 소리를 재생하는 앱을 사용할 수도 있다. 창문을 열거나, 야외로 나가거나, 그저 자연의 찬란한 아름다움을 상상만 해도 머릿속 생각은 고요해진다.

과도한 생각은 자아가 놓아주지 않을 때 더 잠재우기 어렵다. 작은 자아는 상처를 입으면 그 상태를 유지하려고 한다. 마음의 짐을 내려놓기보다 자신이 '옳다'는 생각에 집착하면서 고집스럽게 스트레스와 분노 속에 머문다. 이런 관점은 당신을 불행한 사람으로 만들 수 있다. 누군가가 나에게 잘못한 일을 친구나 가족에게 끝도 없이 되풀이해 말하는 장면을 상상해 보라. 그들은 듣다 지칠 것이다.

내 동료 중에는 30년 전 겪었던 금전적 배신에 여전히 치를 떠는 사람이 있다. 그는 원한을 풀려는 노력은 하지 않고(내가 그 가능성을 타진해 보았지만), 들어줄 사람이 눈에 띄면 그 사건에 관해 열변을 토하곤 한다. 나는 그가 그 이야기를 시작할 기미가 보이면 움찔하며 재빨리 자리를 피한다. 물론 그는 화내고, 상처받고, 분개할 권리가 있다. 하지만 수십 년 동안 그 감정이 내면에서 들끓도록 내버려두는 것이 과연 괜찮은 걸까? 쌓아둔 분노는 독이다. 그리고 그 독은 대개 우리 자신을 가장 아프게 한다.

불행히도 많은 사람이 두려움과 걱정이 많은 작은 자아 속에 갇혀 살면서 내면의 혼란에서 벗어나지 못한다. 이를 멈추는 방법은 하나다. 더 큰 자아, 즉 연민과 직관, 공감의 능력을 지닌 마음 안에서 살아가는 법을 배우는 것이다. 마음이 중심이 되는 큰 자아 안에서는 자신을 더 사랑하고 다른 사람들을 더 잘 이해할 수 있다. 뿐만 아니라 논리적이고 분석적인 사고로 살아갈 때보다 훨씬 더 행복하고 더 큰 존재가 될 수 있다.

매일 이렇게 자문해 보라. "나는 지금 작은 자아로 살고 있는가? 큰 자아로 사는가?" 이 질문은 이제부터 뭔가 새로운 방식에 도전할 거라는 신호를 이성적 뇌에 보내, 마음과 머리가 훌륭한 팀워크를 발휘하도록 일깨운다. 어떤 상황에서는 논리가 필요하고, 어떤 상황에는 마음이 필요하다. 물론 두 가지가 동시에 필요할 때도 있다.

사람들이 불행한 상황에서 벗어날 길을 보지 못하는 이유는 자기 논리에 매몰되어 의식적으로 '마음을 키우는 법'을 배우지 않았기 때문이다. 이 능력을 배우는 것은 인생을 바꾸는 일이다. 작은 자아에서 벗어나면 열린 마음으로 기꺼이, 내가 알지 못하는 더 나은 선택이 있을지도 모른다고 생각하게 될 것이다. 어쩌면 자신의 태도나 행동을 바꿔서 관계를 치유할 수 있다고 생각하게 될 수도 있다.

이 책은 공감의 치유력을 직접 경험하고 자기 안에 있는 친절함의 역량을 재발견하는 실습실과 같다. 나는 이 여정의 안내자로서, 당신의 작은 자아가 제시하는 고집스럽고 냉소적이며 상처에 집착하는 부정적인 논리들을 넘어설 수 있도록 안내할 것이다. 처음에는 이 변화가 이상하고 심지어 불가능하게 느껴질 수도 있다. 하지만 괜찮다. 스트레칭을 할 때 저항을 느끼는 것은 당연하다. 천천히 계속 하라. 당신이 경험할 자유로움이 점점 더 당신을 긍정적인 사람으로 만들어줄 것이다.

내면의 혼란을 바로잡는 이 과정을 정리하며 나는 뜻밖의 책에서 영감을 받았다. 바로 2천 년 전에 살았던 중국의 신비로운 군사 전략가 손자가 쓴 『손자병법』이다. 이 책은 제목 그대로 '전쟁의 기술'을 쓴 것이지만, 그 안에는 어떻게 하면 갈등을 평화롭게 해결할 수 있는가에 대한 깊은 통찰이 담겨 있다.

손자는 이렇게 썼다. "싸우지 않고 갈등을 해결하는 것이 최선이며, 가장 작은 행동으로 가장 큰 성과를 이루는 것이 진짜 실력이다."[1] 그는 문제에 대한 최적의 해결책으로 논쟁이나 싸움을 권하지 않는다. 내면의 감정적 반응을 자제하고 전략을 세우고 '적을 아는 것'이 중요하다고 말한다. 손자는 전쟁은 최후의 수단이며, 그 선택을 할 수밖에 없을 때는 항상 슬퍼해야 한다고 믿었다.

또한 우리 안의 작은 자아가 타인과의 갈등은 물론 자기 자신과의 갈등까지도 부추길 수 있다고 경고했다. 작은 자아는 대개 더 긍정적이고 지속적인 해결책을 찾는 대신 다른 사람들에게 '앙갚음'하고 싶어 하기 때문이다. 따라서 공감의 정신으로 우리는 더 지혜롭고 더 큰 자아 속으로 나아가는 모험을 해야 한다.

손자가 제안했듯이 나는 평화의 기술에 따라 인생을 살고 싶다. '평화의 기술'이란 무엇일까? 첫째, 우리는 스스로를 비난하는 일을 멈출 수 있다. 둘째, 누군가에 대한 원한이나 증오를 '정당하다'는 이유로 계속 마음에 두지 않을 수 있다. 셋째, 누군가의 나쁜 행동을 못 본 척하거나 '착한 척'하려고 애쓰지 않는다. 공감의 정신이란 전사처럼 주의 깊고 단호하게 행동하며 확고한 경계를 설정하는 것이다.

나는 다른 사람들이 나의 불안감, 분노, 자기 의심을 자극하도록 내버려두는, 지치고 상처받는 삶을 살고 싶지 않다. 상처받은 감정과 낮은 자존감을 달래기 위해 억지로 기분을 고조시키고 갈등을 일으키고 싶지도 않다. 오히려 내 작은 자아가 "나를 선택해, 계속 논쟁하고 계속 싸워"라고 외쳐도 나는 공감을 길잡이 삼아 내 마음이 '평화를 찾도록' 하고 싶다. 되갚아 주고 싶다는 유혹과 절망에 사로잡힐 때도 있지만, 내 존재는 그보다 더 넓고 더 다정한 길을 택하기를 갈망한다.

공감을 선택하면 모든 것이 바뀐다. 공감은 더 넓고 따뜻한 마음으로 살 수 있는 선택권을 준다. 그러면 트라우마에서 행복에 이르기까지 모든 상황을 보다 폭넓은 관점에서 자비롭고 아량 있게 볼 수 있다. 공감은 무조건 상대를 달래거나 덮어주는 것이 아니다. 상대를 이해하면서도 단호하게 거절하는 것이다. 때로는 누군가를 당신의 삶에서 완전히 배제하는 일도 포함된다. 이 정도 수준의 내적인 힘을 얻기 위해서는 직관적이고 지혜로운 큰 자아가 반응할 수 있도록 잠시 멈춰 감정을 가라앉히고 숙고하는 공감의 시간이 필요하다.

직장, 연애, 가족, 친구 관계 등 다양한 상황에서 공감을 끌어내기 위해서는 머리와 마음, 양쪽의 지혜를 모두 활용해야 한다. 나는 이 두 영역을 기존 의학에서 흔히 묘사하는 것처럼 서로 반대되는 힘이 아니라 손을 맞잡은 좋은 친구로 생각한다. 공감을 선택하면 삶의 균형을 잡을 수 있다. 과도한 생각이나 다른 사람의 스트레스를 떠안고 괴로워하는 일에서 벗어날 수 있고, 분주한 마음의 쳇바퀴에 갇히지 않으며, 가장 격한 순간에도 집중을 유지할 수 있다. 이런 더 크고 공감하는 자아로 나아가기 위한 첫 번째 단계가 바로 '신성한 멈춤'이다.

신성한 멈춤 : 느림의 지혜

공감 훈련의 하나로 마음이 동요할 때 잠시 멈추는 습관을 길러라. 그러면 최상의 상태에서 대응할 수 있다.

화가 난다면 잠시 멈추고 진정하라. 충동적으로 대답하거나 나중에 후회할 말을 하지 마라. 특히 배가 고프거나 피곤하거나 바쁠 때는 이메일이나 문자 메시지, 전화 통화를 하지 마라. 심호흡하며 마음의 중심을 잡아라. 충분히 이완됐다고 느낄 때까지 몇 번 더 깊게 호흡하라. 그런 다음 평온한 상태에서 '다 괜찮을 거야. 난 이 일을 처리할 수 있어'라고 말하라. 신성한 멈춤은 마음을 가다듬고 자신에게 친절을 베풀고 작은 자아에서 큰 자아로 이동하는 시간이다.

기질에 따른 4가지 공감 유형

우리가 자기 자신이나 타인에게 공감하는 방식은 네 가지 공감 유형, '인지적, 감정적, 직관적, 영적' 공감 가운데 어떤 유형에 해당하는지에 따라 다를 수 있다. 자신의 기본 공감 유형을 파악함으로써 자기 성향을 알아볼 수 있다. 기본 유형이란 부지불식간에 반응이 나타나는 기본 설정 같은 것이다. 자신이 어떤 방식으로 공감하는지 기본 유형을 알면 다른 사람과 편안하게 관심과 배려를 주고받을 수 있다. [참고로 자기애성 성격 장애(나르시시즘) 및 공감 결핍 장애가 있는 사람들은 공감 능력 자체가 부족하기 때문에 해당하는 공감 유형이 없다.]

모든 공감 유형은 나름의 고유한 방식으로 치유를 일으킬 수 있다. 우리의 목표는 자신의 강점을 최대한 활용하고 다른 유형도 경험해 보며 선택의 폭을 넓히는 것이다. 당신은 하나 이상의 유형에 해당할 수 있다. 예를 들어, 나는 직관적 공감 유형에 해당하지만 두뇌를 더 쓰는 인지적 공감과 다른 유형도 함께 활용하기를 좋아한다.

자신이 어떤 유형에 해당하는지 생각하면서 다음의 네 가지 공감 유형을 살펴보자.

유형 1. 인지적 공감 : 이성적인 해결사

인지적 공감이 기본 유형이라면, 구체적이고 이성적으로 감정에 접근하는 방식을 가장 편안하게 느낀다. 이 유형은 '생각하는 공감thinking empathy'이라고 할 수 있다. 이들은 다른 사람을 이해하고 그들이 잘되기를 바랄 때 두뇌를 사용한다. 문제 해결 중심적인 사고를 하기 때문에 이성적으로 문제를 해결하려 하고 그렇지 못할 때 좌절감을 느낀다. 곤경에 처한 친구에게 "가슴이 아프네"라고 말하며 상대가 감정을 해소할 때까지 기다려 주기보다는 "이 상황이 상처가 될 수 있다는 걸 알아. 네가 할 수 있는 일을 말해줄게"라고 말하는 게 더 낫다고 느낀다.

의사들의 경우 인지적 공감 유형이 많다. 감정적으로 중립을 유지하고 임상적 사실에 집중해야 하는 상황이 많기 때문이다.

이들은 감정과 직관에 따르거나 환자가 감정을 처리하도록 돕는 것보다는, 의료 데이터와 기술을 통해 환자의 통증이나 질병을 분석하는 것을 선호한다.

인지적 공감 유형은 의사, 변호사, 엔지니어, 컴퓨터 프로그래머, 은행원, 재무 분석가, 회계사, 부동산 조사관, 탐정 등 명확한 인과관계와 과학적 증거에 기반한 접근 방식을 선호하는 직업군에 끌릴 수 있다.

장점
- 위기 상황에서도 침착하다.
- 뛰어난 분석가다.
- 감정의 거리를 유지하여 강렬한 감정에 압도되거나 다른 사람에게 휩쓸리지 않는다.
- 실질적인 해결책을 제시한다.

단점
- 차갑거나 무심해 보일 수 있다.
- 너무 많은 감정을 느끼지 않기 위해 조심하다 자신이나 다른 사람의 감정과 단절될 수 있다.
- 상대가 충분히 감정을 표현하기도 전에 서둘러 해결책부터 제시할 가능성이 있다.
- 과도한 생각으로 쉽게 지치거나 피로를 느낄 수 있다.

균형 찾기 : 더 많이 느끼고, 덜 해결하기

공감하는 소통 능력을 키우고 자신의 감정을 알아차리고 싶다면 다음의 방식을 시도해 보라. 누군가가 속상해하거나 눈물을 흘리며 당신을 찾아오면, 서둘러 문제를 해결하려 하지 말고 "당신의 기분을 이해해"라고 따뜻하게 말하라. 적어도 몇 분 동안은 상대의 이야기를 들어줘라. 그러면 공감대가 형성되어 당신이 이야기를 경청하고 있다고 상대가 느낄 수 있다. 그런 다음 가능한 해결책을 제안할 수 있다.

마찬가지로, 당신이 화가 났을 때는 성급하게 답을 찾으려 하지 말고 먼저 스스로에게 친절을 베풀어라. 그러면 당신이 진심으로 원하는, 후회 없는 해결책을 찾을 수 있다.

유형 2. 감정적 공감 : 느끼는 사람(HSP, 초민감자)

감정적 공감이 기본 유형이라면, 당신은 감정을 통해 다른 사람에게 공감한다. 즉, '느끼는 공감feeling empathy'이라고 생각하면 된다. 당신은 따뜻한 마음을 지녔고 다른 사람들의 요구에 민감하게 반응한다. 모든 것을 예민하게 느끼고, 때로는 극단적으로 느끼기도 한다. 나를 비롯한 많은 초민감자empath들처럼, 당신도 타인의 기쁨은 물론 고통까지 고스란히 흡수하는 감정의 스펀지일 수 있다. 그래서 다른 사람의 감정에 쉽게 전염되고 휩쓸릴 수 있다.

신경과학에서는 감정적 공감이 뇌의 거울 뉴런 시스템과 관련이 있다고 말한다. 거울 뉴런 시스템은 다른 사람의 감정 상태를 비추듯 따라하며 연민을 만들어낸다. 친구가 상처받으면 당신도 상처받고, 가족이 만족하면 당신도 만족감을 느낀다. 다른 사람에게 "당신의 고통을 이해합니다. 당신을 걱정합니다"라고 말하는 것은 당신에게는 너무나 자연스러운 일이다. 초민감자인 나도 사랑하는 사람들이 힘든 시기를 겪을 때 똑같이 마음이 아프다. 당신 역시 사람들의 감정에 공감하고 자신의 감정을 전달하는 데 불편함을 느끼지 않을 것이다.

감정적 공감 유형은 창의적인 예술 분야와 심리 치료사, 사회복지사, 간호사, 코치, 마사지 치료사 등 사람을 돕는 직업에 매력을 느낄 수 있다. 또한 교육, 인사, 성직에 종사하거나 공익적 시민 활동, 동물 구조 같은 자원봉사 활동에 적극적으로 참여하기도 한다.

장점
- 따뜻하고 동정심이 많다.
- 좋은 친구, 파트너, 동료다.
- 다른 사람을 돕는 일에 열정적이다.
- 사람들에게 '존중받고 이해받고 있다'는 느낌을 준다.

단점
- 너무 많은 감정에 압도된다.

- 지나치게 많이 베풀고 사람들을 기쁘게 하려다 지친다.
- 건강한 경계를 설정하는 데 어려움을 겪는다.
- 자신의 욕구는 소홀히 하고 남들을 과도하게 걱정한다.

균형 찾기 : 경계를 명확히 설정하라

감정적 공감 유형의 사람이 스스로 편안해지기 위해서는 중심을 잡고 다른 사람의 스트레스를 흡수하지 않도록 하는 전략이 필요하다.

- **다음 확언을 마음속으로 또는 소리 내어 반복하라** : "다른 사람의 고통을 떠안는 것은 내 일이 아니다. 지치지 않는 선까지만 배려해도 괜찮다." 하루에 최소 한 번은 이 말을 반복하여 자신의 역량을 확인하고 너무 많이 베풀지 않도록 하라. 이 확언의 메시지를 완전히 실천할 수 있을 때까지 '그러는 척'해도 좋다.

- **건강한 경계를 설정하는 연습을 하라** : 심리 치료사 프렌티스 헴필은 "경계란 당신과 나를 동시에 사랑할 수 있는 거리"라고 말한다.[2] 누군가 당신이 줄 수 있는 것 이상을 요구한다면 미소를 지으며 "아니오" 또는 "지금은 안 돼요"라고 말하는 법을 배우라. 친절하고 단호한 어조로 "미안하지만, 그렇게 할 수 없습니다"라고 상냥하게 말하라. '아니오'가 완전한 문장

임을 잊지 마라. 변명하거나 과도하게 설명하지 말고 간결하게 말하라. 명확한 경계 설정은 다른 사람들의 요구에 압도당하지 않도록 당신을 보호해 줄 것이다.

유형 3. 직관적 공감 : 민감한 감각자

직관적 공감 유형의 경우, 예리한 직관과 민감성을 통해 사람들의 비언어적 신호를 쉽게 읽을 수 있다. 이 유형은 '감지하는 공감sensing empathy'이라고 할 수 있다. 당신은 누군가가 진심인지 아닌지를 직관적으로 감지한다. 강렬한 예감, 순간적 통찰, 알아차림 또는 상징적인 꿈을 경험하기도 하고, 사람들이 발산하는 긍정적이고 부정적인 에너지를 느끼기도 한다. 이 느낌은 한의학에서 말하는 '기氣, chi', 즉 피부에서 십여 센티미터 밖으로 발산되는 미묘한 에너지다.

"모든 것은 에너지"라고 말했던 알베르트 아인슈타인의 말처럼, 직관적 공감이 강한 사람은 누군가가 발산하는 에너지에서 그 사람에 대한 많은 정보를 얻는다. 그중에는 치유하는 에너지도 있고 그렇지 않은 것도 있다. 예를 들어, 창의적인 열정을 지닌 친구를 보고 자기 몸에 활력이 솟는다고 느낄 수 있다. 마찬가지로 당신의 긍정적인 에너지가 친구의 기분을 고양할 수도 있다. 반대로, 겉으로는 웃고 있지만 스트레스를 안고 있는 사람들과 함께 있을 때는 그들의 부정적인 에너지가 당신을 불안하게 만들 수도 있다. 이 미묘한 에너지가 보내는 보이지 않는 언어는 민감한 감각을 지닌 사람들에게 상황을 해석하고 타인과 공감을 주고받을 수 있는 정보를 준다.

직관적 공감 유형은 예술가, 디자이너, 영화 제작자, 음악가, 교사, 의료인 등의 직업에 매력을 느낄 수 있다. 식물, 꽃, 동물을 돌보는 일을 하거나 바다와 해양 생물의 건강을 보호하는 일을 좋아할 수도 있다.

장점

- 직관이 강하고 마음이 열려 있다.
- 사람, 장소, 자연의 미묘한 에너지에 민감하게 반응한다.
- 다른 사람들의 욕구를 읽을 수 있다.
- 감정의 에너지를 감지하여 공감을 표현한다.

단점

- 사람들과 함께 있을 때 피곤하고 불안하거나 기운이 빠질 수 있다.
- 자신이 세상에 너무 노출되어 있다고 느낄 수 있다.
- 스펀지처럼 다른 사람들의 스트레스나 감정을 흡수한다.
- 직감이 너무 발달해 온갖 신호를 차단하지 못하고 과부하가 걸릴 수 있다.

균형 찾기 : 보호막을 쳐라

 직관적 공감에 익숙해지려면 '에너지 보호막' 훈련이 필요하다. 이것은 다른 사람들의 스트레스나 직관적인 정보 과부하로부터 스스로를 보호하는 투명 망토를 입는 것과 비슷하다.

 당신의 몸 전체가 반짝이는 순백색의 망토로 완전히 감싸여 있다고 상상해 보라. 이 빛나는 보호막은 머리끝부터 발끝까지, 피부에서 약 15cm 떨어진 거리에서 몸을 둘러싸고 있다. 이 보호막은 반투과성이어서, 희망·행복·연민 같은 긍정적인 감정은 받아들이고 원치 않는 스트레스는 차단한다. 그리고 자신을 세상에 얼마나 노출시킬지 선택할 수 있다.

 이 보호막은 특정 상황에서만 사용할 수도 있고 온종일 유지할 수도 있다. 부정적인 기운을 노골적으로 표현하는 사람들과 함께 있을 때는 더 강한 방어막(암석으로 만든 방패 같은)을 떠올려도 좋다.

유형 4. 영적 공감 : 기도하는 이타주의자

영적 공감 유형의 경우 영성을 통해 다른 사람들에게 공감한다. 이 유형은 '초월적 공감divining empathy'이라고 할 수 있다. 마음을 열고 깊은 연민에 도달하기 위해 영성과 연결되는 과정을 뜻한다.

 영성spirituality은 사람마다 다양하게 정의된다. 누군가에게는 신God일 수 있고 누군가에게는 자연, 창조적 지성 또는 사랑의 힘일 수 있다. 이런 초월적 연결은 크고 자비로운 자아로 가는 디딤돌 역할을 한다. 영적 공감 유형의 사람들은 공감을 주고받을 때 영성의 통로가 된다. 일부 영적 지도자들은 자아ego가 '하느님을 밀어내는 마음Edging God Out'이라고 말하기도 하는데, 이 유형의 사람들은 그런 자기중심적 성향과 거리가 멀다. 이 유형의 특징은 아시시의 성 프란치스코 기도문에 잘 드러나 있다.

"주여, 저를 당신의 평화의 도구로 써주소서. 미움이 있는 곳에 사랑을, 절망이 있는 곳에 희망을 뿌리게 하소서… 주는 것이 곧 받는 것임을 믿습니다."

이 유형은 이 기도문의 연장선상에 있다. 당신은 공감을 영혼과 세상을 살찌우는 신성한 치유의 표현으로 여긴다.

영적 공감 유형은 성직자나 비영리 자선 단체 활동에 매력을 느낄 수 있다. 만족을 느낄 만한 직업으로는 영적 심리 치료사, 라이프 코치, 침술사, 요가 강사가 포함된다. 혹은 작가가 되어 영적 깨달음을 세상에 전할 수도 있다.

장점
- 공감을 영적 선물이자 신성한 삶의 방식으로 소중하게 여긴다.
- 베풀고 봉사하는 일에 만족감을 느낀다.
- 용서와 관용을 실천한다.
- 자신과 타인, 모든 사람의 최고선을 위해 기도하고 명상한다.

단점

- 순교자 역할을 맡아 다른 사람들의 고통을 짊어질 수 있다.
- 세상의 무게, 우울, 고통에 짓눌릴 수 있다.
- 자신의 정체성을 '베풀기만 하는 사람'으로 정의할 수 있다.
- 자기를 돌보는 일을 필수가 아닌 방종으로 여길 수 있다.

이 공감 유형에 속하는 사람이 자기 자신을 보호하려면 도교, 불교와 같은 아시아의 많은 영적 전통에서 강조하는 중용의 길을 따르는 것이 좋다. 중용은 하늘과 땅 모두에 속하는 것을 의미하며, 극단을 피하고 자신의 전체(마음, 몸, 영혼)를 모두 돌보는 삶을 권장한다.

균형 찾기: 중용의 길을 따르라

매일 자신에게 베푸는 것을 잊지 마라. 다른 사람을 돕는 것은 훌륭하지만 자신의 신체적, 정신적 요구, 명상의 시간, 에너지 수준도 존중하라. 가톨릭 신부이자 철학자 피에르 테야르 드 샤르댕이 말했듯이 우리는 "인간적 경험을 하는 영적인 존재"다. 그러므로 우리 안의 인간적인 부분을 잘 돌봐야 한다. 시간을 내서 운동, 정원 가꾸기, 맨발로 땅 밟기earthing, 춤추기, 음악 감상, 건강한 식단, 요가 등 자신을 행복하게 하고 몸을 튼튼하게 하는 활동을 하루에 최소 한 번은 하라.

∙ ∙ ∙

 이 네 가지 공감 유형은 당신이 어떻게 공감을 주고받는지 일반적인 성향을 알려주지만, 고정적인 것은 아니다. 나는 당신이 자신의 강점을 키우고 어려움을 관리할 수 있도록 지원할 것이다. 한편으로는 다른 유형도 시험해 보며 공감을 표현하는 방법을 계속 확장하기를 제안한다.
 당신이 맺는 가장 중요한 관계는 자기 자신과의 관계다. 자신의 공감 유형을 알면 관심과 배려를 생산적으로 표현하는 방법과 균형을 잃은 관계를 정리하는 방법을 배울 수 있다. 그러면 편안하고 치유하는 방식으로 공감하며 자신을 더 사랑하고 돌볼 수도 있을 것이다.

공감의 뇌과학

 흥미롭게도 건강한 공감(과도한 베풂이 아니라)을 느낄 때 뇌와 몸에서도 변화가 발생한다. 뇌영상 전문 저널 〈뉴로이미지NeuroImage〉에 따르면 인지적 공감을 잘하는 사람일수록 의사 결정과 관련된 영역인 중앙대상피질에 회백질(grey matter, 고차원적 사고와 기억, 감정, 신체 기능을 조절하는 뉴런 저장소)이 더 많았다고 한다. 반대로 감정적 공감을 하는 사람은 강한 감정 중추인 뇌섬엽에 회백질이 더 많았다.[3] 즉, 공감의 유형에 따라 뇌 구조가 다르게 나타나는 것이다. 이런 신경과학적 발견은 공감의 치유력을 설명하는 데 논리적 근거를 제공한다.

거울 뉴런 시스템

거울 뉴런 시스템은 연민, 공감에 특화된 뇌세포군이다.[4] 이 신경세포들은 다른 사람의 감정을 모방해서 그들이 느끼는 것을 함께 느끼게 해 그들과 공명하게 한다. 누군가와의 연결이 깊을수록 그에 대한 돌봄과 배려의 감정도 더 강해진다.

   거울 뉴런은 외부의 힘으로 활성화된다. 친한 친구가 고통스러워하면 당신도 고통을 느끼고, 아이가 행복하면 당신도 행복을 느낀다. 매우 민감한 초민감자들의 경우 거울 뉴런이 과도하게 활성화되었다고 여겨진다. 반대로 사이코패스, 소시오패스, 나르시시스트들은 거울 뉴런 시스템의 활동이 아주 낮을 수 있다.

옥시토신과 기타 행복 호르몬

호르몬은 뇌에서 신체의 여러 부분으로 이동하는 화학 메신저다. 공감하면 스트레스 호르몬은 감소하고 기분 좋은 호르몬은 증가하여, 통증은 줄어들고 면역력과 건강은 향상되며 더 젊어 보인다.

   공감은 다음과 같은 '행복 호르몬'을 활성화한다고 밝혀졌다.

- **옥시토신** 행복감과 안정감을 주는 이 사랑 호르몬은 인간관계에서 공감, 신뢰, 유대감을 높여 준다. 출산, 모유 수유, 성행위, 키스, 껴안기, 쓰다듬기, 우정, 친밀한 대화, 돌봄 행동 등을 할 때 생성되며, 우울감과 불안감을 완화한다. 옥시토신 수치가 높을수록 자신과 타인에게 사랑을 베풀려는 욕구가 커진다.[5]

- **엔도르핀** 이 천연 진통제는 스트레스와 불편감을 완화한다. 운동, 식사, 성행위 중에 증가한다. 공감 능력이 뛰어난 사람은 엔도르핀의 효과를 더 크게 느끼기 때문에 긴장을 완화하고 긍정적인 감정을 유지하기 쉽다.

- **도파민** 이 호르몬은 공감을 느끼거나 누군가를 도울 때 또는 다른 즐거운 활동을 할 때 활성화되는 쾌감 호르몬이다. 다른 사람에게 마음을 쓸 때뿐만 아니라 다른 사람으로부터 공감을 받을 때 기분이 좋아지는 것도 도파민 덕분이다.

- **세로토닌** 공감을 경험할 때 증가하는 신체의 천연 항우울제다. 기분뿐만 아니라 수면, 식욕, 소화, 기억력도 조절한다.

우리의 행동은 호르몬 분비에 영향을 주고, 분비된 호르몬은 다시 우리의 감정과 행동에 영향을 미친다. 예를 들어, 사람이나 동물을 포옹하면 옥시토신 수치가 상승해 다정한 마음이 생긴다. 반대로 동료와 싸우면 스트레스 호르몬인 코르티솔과 아드레날린이 몸 전체에 급증하여 혈압과 심박수가 올라간다. 따라서 분비된 행복 호르몬을 최대한 활용하여 행복감을 끌어올려야 한다.

미주신경과 부교감신경계

부교감신경계는 '휴식, 회복, 소화'를 담당하는 신경계로, 몸을 진정시키고 스트레스를 관리하며 건강한 소화를 촉진하고 위장관의 경련을 가라앉힌다. 즉, 몸에 '이제 좀 쉬어도 돼'라는 신호를 보내 긴장을 풀어 주는 역할을 한다.

이 부교감신경계를 조절하는 것이 바로 미주신경이다. 미주신경은 몸에서 가장 길고 가장 영향력 있는 신경 중 하나로, 뇌와 심장, 폐, 소화 기관을 연결한다. 이 때문에 '직감'이 단순한 기분이 아니라 신경계와 신체(마음과 몸)가 함께 보내는 경고 신호라는 과학적 설명이 가능해졌다. 최근 과학은 장 속의 미생물군(유익균과 유해균)이 미주신경을 통해 뇌에 직접 메시지를 전달하여 위장 건강뿐만 아니라 정신 건강에도 영향을 미칠 수 있다는 사실을 밝혀내고 있다.[6] 또한 미주신경은 목소리 톤과 찡그림, 미소 등의 표정도 조절한다.[7] 이러한 신호가 없다면 누군가의 감정을 해석하거나 그들이 공감을 표현하는지조차 알기 어려울 것이다.

미주신경은 공감과 돌봄 본능과도 연결된다. 실제로 일부 과학

자들은 이 신경이 돌봄 행동을 장려하기 위해 진화했을 것이라고 주장하기도 한다.[8]

근육을 단련하듯이 미주신경도 단련할 수 있는데, 미주신경 및 공감을 자극하는 활동에는 깊고 안정적인 호흡, 노래, 흥얼거림, 찬송, 명상, 가글링, 요가, 태극권, 유산소 운동, 마사지 받기, 좋아하는 사람들과 함께 있기, 웃기 등이 포함된다.[9]

뿐만 아니라 냉기에 급격하게 노출되는 것도 미주신경을 활성화시킨다. 예전부터 냉수로 샤워하거나 얼음팩을 머리나 가슴에 대고 15분 동안 찜질해 공황 발작을 예방했다.

그리고 "나는 사랑이 많은 사람이야", "오늘 내 정원이 유난히 아름답네" 같은 긍정적인 생각에 의식적으로 집중하는 연습도 부교감신경계를 활성화하는 데 좋다. 잘 조율된 '튼튼한' 미주신경은 연민과 감사, 타인을 돕고 싶은 욕구를 키우고, 이러한 성향은 정서적 건강과 회복탄력성으로 이어진다.

감각 처리 민감성

연구에 따르면, 감정적 공감 유형과 같은 일부 초민감자들은 뇌가 매우 민감하다. 그들은 빛, 소리, 접촉, 냄새, 크게 말하는 소리, 붐비는 장소와 같은 미묘한 자극에 매우 예민하며 정보 처리, 직관, 감정, 공감 능력이 뛰어나다. 이러한 특성을 '감각 처리 민감성 Sensory Processing Sensitivity, SPS'이라고 한다. 감각 처리 민감성이 높은 사람들은 환경에 격렬하게 반응하기 때문에 뇌와 심장이 사건을 처리하는 데 시간이 더 필요하다. 특히 갈등이나 자극적인 상호 작용이 발생한 후에는 더욱 그렇다. 또한 대부분의 사람들이 가지고 있는 감정 필터가 없다. 그들은 남의 스트레스를 자기 몸으로 흡수하며 감각 과부하와 피로를 쉽게 느낀다. 감각 처리 민감성의 특성에 관한 최근 연구를 보면 인식, 기억, 공감과 관련된 뇌 부분에서 반응성이 증가한다고 나타났다.

감각 처리 민감성은 공감 능력이 뛰어난 사람들에게 발견되는 높은 수준의 공감 상태로 고칠 필요가 없다. 하지만 이 특성을 가진 사람들이 주변 환경에 압도당하지 않고 자신의 재능을 발휘하려면 이 책에 실린 적정 경계 설정, 명상, 자기 돌봄과 같은 대처 기술이 필요하다.

헬퍼스 하이와 마더 테레사 효과

공감은 생물학적인 수준에서 어떻게 면역 체계를 강화하는 역할을 할까? 연구에 따르면 우리 몸은 공감, 친절, 관용과 같은 메시지를 받을 때 더 빨리 치유된다고 한다. 이러한 메시지가 초기 면역 반응을 유발하면 인체의 자연 치유력이 작동하는 것이다.[10]

기쁜 일이든 슬픈 일이든 친구의 상황에 함께 공감할 때, 당신과 친구의 몸에서는 면역력을 강화하고 불안감을 달래 주며 안정감을 주는 옥시토신과 엔도르핀이 분비된다. 누군가를 도울 때 기분이 좋아지는 것도 바로 이 호르몬들 때문이다. 이러한 현상을 흔히 '헬퍼스 하이helper's high'라고 한다.[11] 반대로 분노와 증오를 품고 있으면 스트레스 호르몬 수치가 상승하여 면역력이 저하된다. 스트레스 호르몬은 높은 혈압, 심장병, 불면증, 불안 등 다양하고 심각한 건강 문제와 관련이 있다.

단순히 공감 행동을 관찰하는 것만으로도 면역 반응이 개선될 수 있다는 흥미로운 연구 결과도 있다. 하버드대학교 학생 132명에게 버려진 아이들과 한센병 환자들을 돌보는 테레사 수녀의 영상을 시청하게 한 후 그들의 타액을 검사했더니 항체 수치가 눈에 띄게 증가하는 결과가 나타났다. 이는 면역력이 강화되었다는 명백한 신호다. '마더 테레사 효과'라고 알려진 이 발견은 공감의 힘이 얼마나 깊고 넓게 우리의 몸과 마음에 영향을 미치는지 단적으로 보여준다.[12] 즉, 당신의 공감은 타인의 건강에 도움이 되고, 타인의 공감은 당신의 건강에 도움이 된다.

우리가 공감을 표현할 때 우리 몸과 마음, 영혼은 모두 긴밀하게 작용한다. 인체는 소중한 동맹이다. 거울 뉴런 시스템부터 행복 호르몬에 이르기까지 인체의 경이로운 기능을 활용하는 방법을 알면 공감이 넘치는 환경을 만들 수 있다. 또한 몸의 감각에 귀를 기울이는 것은 자신과 타인 그리고 더 큰 세상에 친절을 베푸는 방법이다.

찰스 다윈은 1871년(그의 저서 『종의 기원』 출판 십여 년 후)에 출간한 『인간의 유래』에서 인간 진화에서 가장 중요한 요소는 가장 잘 적응한 자가 아니라 가장 '자비로운 자의 생존'이라고 언급했다.[13] 그는 공감을 생존에 필수적인 중요한 특성으로 격상시키며, 인간은 본능적으로 고통받는 타인을 돕는, 굉장히 사회적이고 배려심 많은 종이라고 주장했다. 『인간의 유래』는 다윈이 죽기 직전에 출판되었으며 그의 저서 중에서 가장 덜 읽힌 책이었다. 하지만 다윈의 과학적 전환과 성숙한 통찰은 공감이 인류의 생존에 도움이 되는 생물학적 이점임을 명확히 보여준다.

공감 실천하기

신경계를 안정시키는 연습

감정이나 생각이 '너무 많다'고 느껴질 때는 무엇보다 자기 돌봄을 우선순위에 두어야 한다. 감당하기 버겁다는 기분이 들면 다음 연습을 통해 긴장을 완화하라. 직장에서 잠시 휴식을 취할 수 없다면 집에 돌아와서 재정비하는 시간을 꼭 갖길 바란다.

회의실이나 침실에 들어가 문을 닫고 몇 분 동안 혼자만의 공간을 만든다. 편안한 자세를 취한 후에 천천히 심호흡하며 몸을 이완한 다음 마음속으로 이렇게 말한다.

"나는 지금 마음의 중심을 되찾기 위해 잠시 멈추려 한다. 미주신경이 몸과 마음을 부드럽게 이완시킬 수 있도록 명상 속으로 들어간다." 그런 다음 천천히 여섯을 세면서 숨을 들이쉬고, 여섯을 세면서 숨을 참고, 여섯을 세면서 숨을 내쉰다. 이 과정을 세 번 반복한다. 이 재생 호흡은 신경계를 진정시키고 몸과 마음, 정신을 더 평온하고 명료한 상태로 이끈다. 이렇게 우리 몸의 생물학적 능력을 잘 활용하면 공감의 강도를 조절하여 균형을 찾을 수 있다.

자기 공감력을 키우는 법
: 좋아하는 사람에게 하듯 자신에게 친절하라

자신의 욕구를 무시하고서 치유를 기대해서는 안 된다. 그건 결코 가능한 일이 아니다.

나의 많은 환자들이 그렇듯이, 어쩌면 당신도 여러 가지 문제와 좌절, 의무감에 사로잡혀 있을지 모른다. 나는 당신이 자신을 치유하고 편안하게 해주는 것이 무엇인지 알면서도 쉽게 놓쳐버린다는 것을 잘 안다. 아마도 당신은 하루하루를 버티며 살아가고 있을 것이다. 성실한 군인처럼 모든 책임을 완수하기 위해 터벅터벅 걸어가면서 말이다. 하지만 그건 즐거운 삶의 방식이 아니다.

'자기 공감'은 당신의 어깨에 얹힌 부담을 덜어주어 더 생산적이면서도 편안하게, 지금 이 순간을 온전히 누릴 수 있도록 도와준다. 가장 큰 보물은 바로 당신 자신이라는 것을 기억하라. 당신의 몸과 마음, 영혼은 당신이 베푸는 모든 친절에 감사하고 있다. 기쁨이든 슬픔이든 고통이든 모든 감정을 친구처럼 받아들이고, 신체적 불편함이 있을 때조차 자신에게 친절하게 대하는 것, 이 모든 것이 자기 공감을 키우는 데 필수적이다. 이 기술을 삶에 적용하고 그 혜택을 경험할수록 타인을 향한 공감도 자연스러워질 것이다.

내가 자기 공감을 매우 중요하게 여기는 이유는, 그것이 어려운 상황에서 치유의 토대가 되기 때문이다. 자기 공감은 다른 사람들과 조화롭게 어울리는 데 초점을 맞추는 일반적인 공감보다 더 큰 힘을 발휘한다. 제안하건대, 자기 공감을 최우선으로 여겨라. 매일 아침 눈을 뜨자마자 "할 일이 너무 많아, 도저히 감당 못하겠어!" 하며 스스로를 압박하는 대신, 하루 동안 자기 자신을 어떻게 다정하게 보살필지 생각하라. 자기 공감은 의식적인 실천이 필요하다. 물론, 쉽지 않을 수 있다. 특히 타인에 대한 배려심이 깊은 사람일수록 오히려 놓치기 쉽다. 그러나 치유의 마법을 실현하기 위해서는 자신을 사랑하거나 최소한 자신에게 친절해지는 일이 반드시 선행되어야 한다.

어떻게 그 상태에 이를 수 있을까? 그리고 어떻게 해야 자기 자신에게 다정한 그 상태로 살아갈 수 있을까? 많은 일이 그렇듯 꾸준한 연습이 답이다. 자신을 돌보는 일은 일시적인 욕구가 아니라 습관이 되어야 한다. 이제 나는 당신이 자기 공감을 찾을 수 있도록 안내하려 한다. 그것은 당신이 필요로 할 때마다 의지할 수 있는 사랑이자 위안이며, 삶을 살아가게 하는 원동력이 될 것이다.

> 우리는 위안을 얻기 위해 자꾸만 바깥으로 손을 뻗지만
> 자기 공감은 내면의 일이다.

가장 큰 보물은 당신 자신이라는 것을 기억하라

자기 공감은 자신을 비난하거나 벌주는 대신 자애롭게 대하려는 다짐이다. 특히 스스로가 부족하다고 느낄 때 더욱 그렇다. 우리는 모두 발전하고 성숙해질 여지가 있다. 하지만 많은 사람이 자신의 실수나 부족함 앞에서 스스로를 몰아붙이거나, 조급해하거나, 자신에게 지나치게 가혹해지는 경향이 있다. 어쩌면 가족이나 교사, 혹은 연인이 당신에게 했던 방식 그대로 자신을 대하고 있는지도 모른다. 나는 이러한 자기 처벌을 '자가면역질환'에 비유한다. 면역 체계가 자신의 정상 세포를 공격하여 병을 일으키듯, 자신에 대한 비난과 책망은 결국 자신의 건강과 행복에 영향을 미친다.

내가 독신으로 지내던 수년 동안, 나와 가장 가깝게 지냈던 이모는 명절 저녁 식사 때마다 이렇게 물었다. "애야, 아직 결혼 안 했니?" 그러면 나는 부끄러운 듯 눈을 내리깔고 기가 죽은 목소

리로 "아직요"라고 말했다(당시는 독신의 장점과 친밀한 관계를 맺을 수 있는 수많은 가능성을 잘 몰랐던 시절이었다). 그 말은 내 자존감을 터뜨리는 바늘 같았다. 나는 바람 빠진 풍선처럼 쭈그러들어 여성으로서 '부족하다'고 느끼는 가혹한 토끼 굴에 빠졌다. 그 순간 내가 이룬 성과나 매력 또는 내가 베푼 우정, 봉사, 선의는 생각나지 않았다.

이 패턴을 바꾸기 위해 무엇이 필요했을까? 나는 내가 독신이라는 사실을 부끄러워하며 이모의 말에 수치심을 느낀다는 것을 인지하고 있었다. 하지만 다른 면에서는 배려심이 많은 이모에게 그 문제를 제기하여 기분을 상하게 하고 싶지 않았다. 그때 나는 그 말을 한 귀로 흘려듣는 것이 더 큰 사람이 되는 것이라고 생각했다(물론 이 방법은 별로 효과가 없었다). 그러다 심리 치료를 공부하면서 사람들의 비위를 맞추고 내 욕구를 경시하는 습관을 돌아볼 수 있었다. 그리고 정중하게 다른 사람들과의 경계를 설정하는 기술을 배우면서 결혼 여부와 상관없이 내 자존감은 더욱 강해졌다. 이 패턴을 인식하고 나 자신에게 더 많은 애정을 보낼 수 있게 되자, 그런 말들에게 나를 무너뜨릴 힘을 주지 않게 되었다.

나는 "너는 괜찮은 여자야"라고 내게 말하며 자기 공감을 시작했다. 처음에는 완전히 믿지 않았지만 어쨌든 반복했다. 내가 그렇게 말한 것은 내 의지가 진심이라는 표시였다. 결국 나는 이 말에 담긴 진리를 이해하게 되었다. 결혼을 했든 안 했든 나에 대해 기분이 좋아졌다.

내 수치심에 공감한 것은 그것을 치유하기 위한 중요한 첫걸음이었다. 그 후부터는 이모가 그 무서운 질문을 할 때마다 웃으며 간단히 화제를 돌릴 수 있었다(물론 나는 상처가 되니 그 주제를 꺼내지 말아 달라고 이모에게 요청했지만, 이모는 종종 '잊어버렸고' 실수를 사과했다). 이는 나에게 큰 승리였다. 아무리 사랑하는 사람이라도 그들의 사고방식과 고정관념을 바꾸기는 어려울 수 있다. 때로는 나와 이모의 사례처럼, 상대의 모습을 있는 그대로 받아들이는 것이(이모가 계속 그 질문을 할 거라고 받아들이는 것이) 오히려 상처받지 않는 방법일 수 있다.

자신이 잘한 일을 인정하는 것도 자기 공감의 치유 효과 중 하나다. 매일 '넌 정말 잘했어'라고 확언하는 습관을 들이고, 이 말에 단서를 달지 마라. 열심히 일해서 그림을 팔았다면, 까다로운 어머니에게 저녁 식사를 가져다 드렸다면, 힘든 프로젝트를 완수했다면, 업무 성과로 상을 받은 동료를 질투심 없이 축하해 주었다면, 남의 눈치를 보지 않고 자신의 욕구를 진정성 있게 표현할 수 있었다면, 이 모든 것이 큰 승리다. 예를 들어, 동료의 압박에도 불구하고 "나는 이 사업이 내키지 않아요. 승낙할 수 없어요"라고 말할 수 있었다면 이는 훌륭한 성과다. 자신의 성취를 가볍게 여기거나 너무 성급하게 다음 문제로 넘어가 해결하려 들지 마라. 자기 공감은 "내가 해냈어!"라고 인정하고 자신에 대해 충분히 만족하는 것을 의미한다.

매일 한 가지씩 자기 자신에게 친절한 행동을 의식적으로 한다면 자기 공감 능력을 키우는 데 큰 도움이 된다. 최소 일주일 이상은 유지해야 한다. 이 습관이 일상의 일부가 되도록 알림을 설정해 두면 유용하다.

자기 공감은 저녁 시간을 친구와 함께 밖에서 보내는 대신 집에서 목욕하는 것을 의미할 수도 있다. 아플 때 자신에게 더 다정하게 대하는 것일 수도 있고, 가까운 사람이 술을 마시고 난폭한 행동을 해도 내 책임이 아님을 아는 것일 수도 있다. 어떤 상황이든 자신에게 공감이라는 선물을 주어야 한다.

자기 공감에는 조건이 없다. 홈런을 치든 못 치든, 잘났든 그렇지 않든, 행복하든 슬프든, 어떤 상황에서든 무조건적으로, 당신은 항상 당신 편이어야 한다.

다음 테스트를 통해 현재 자기 공감 수준을 확인해 보라. 이 점수를 기준점 삼아 자신을 더 사랑함으로써 성장하고 치유해 나가길 바란다.

자기 공감 테스트

다음 문항을 읽고 '그렇다(T)' 또는 '아니다(F)'를 선택하라. 평소에 느끼는 감정을 답해야 한다. 항상 자신에게 공감하는 사람은 거의 없으니 꾸밈없이 솔직하게 답하길 바란다.

T / F   다른 사람을 대할 때처럼 나 자신에게도 친절하게 대한다.

T / F   타인을 우선시하기보다 나 자신의 필요도 존중해야 한다고 생각한다.

T / F   어려운 시기에 자신을 비난하고 수치심을 느끼기보다는 자신에게 연민을 느낀다.

T / F   타인의 부적절한 행동에 정중하게 경계를 설정할 수 있다.

T / F   나를 지지하고 긍정적인 사람들과 어울린다.

T / F   실수했을 때 스스로를 용서할 수 있다.

T / F   다른 사람의 돌봄, 도움, 사랑을 기꺼이 받아들인다.

T / F   어떤 일을 잘했을 때, 그런 자신을 기쁜 마음으로 인정한다.

결과를 해석하는 방법은 다음과 같다. 7~8개 문항에 '그렇다'라고 답했다면 자기 공감이 높은 수준이다. 자신을 존중하고 다정하게 대하는 태도가 자리 잡고 있다고 생각해도 된다. 4~6개 문항에 '그렇다'라고 답했다면 보통 수준의 자기 공감을 하고 있는 것이다. 1~3개에 '그렇다'라고 답했다면 기초적인 자기 공감은 있는 상태다. 자기 자신을 더 아끼고 도울 수 있는 방법들을 배울 시간이다. 마지막으로 '그렇다'가 한 개도 없다면, 솔직하게 말해줘서 감사하다. 하지만 걱정할 것 없다. 당신은 아직 자신에게 친절하게 대하는 일이 익숙하지 않은 것뿐이니까. 이제 그 방법을 알게 될 것이다.

마음의 치유 에너지에 접근하는 법

자기 공감을 불러일으키는 비결은 열린 마음을 갖는 것이다. 마음은 연민, 용서, 친절이 흘러나오는 곳이다. 마음을 '공감의 중심'이라고 생각하라. 당신의 마음은 무한한 사랑, 지혜, 치유의 근원이며, 전기 콘센트처럼 언제든지 플러그를 꽂아 연결할 수 있는 곳이다. 해결 불가능해 보이는 상황에 직면하거나 인생의 갈림길에서 혼란을 느낄 때도 마음은 늘 가야 할 길을 알고 있다. 단, 마음은 의지할 수 있는 동맹이지만 먼저 다가가야 한다. 마음을 깨워 작동하는 법을 배운다면 당신은 지혜로운 해답에 닿을 수 있고 치유를 돕는 에너지를 얻게 될 것이다.

스트레스가 많은 상황, 특히 공황 상태에 빠질 것 같거나 고통스러운 상황에서는 가슴에 손을 얹고 호흡을 가다듬으며 공감 에너지를 활성화하는 연습을 하라. 손을 얹지 않고 흉골보다 몇 센티미터 위에 위치한 가슴 중앙 부위에 정신을 집중해도 된다. 이런 행동은 치유 에너지를 불러일으키고 공황의 악순환을 끊는 데 도움이 된다. 나는 너무 바빠서 감각 과부하가 발생하면 즉시 손을 가슴 위에 얹어 마음을 진정시킨다. 부모들이 우는 아기를 달래기 위해 본능적으로 아기의 심장 부위를 부드럽게 토닥여 주는 것도 같은 원리다. 아기를 부모의 가슴 위로 올려 심장 박동 소리를 들을 수 있게 하는 것도 아기에게 안정감을 주는 행동이다.

　이 개념에는 신비스러운 것이 없다. 이는 오래된 생존 본능이자 돌봄의 표현이다. 가슴(심장)에 손을 얹는 행동은 오랜 세월 동안 보편적이고 강력한 의미를 지녀왔다. 전쟁터에 나가는 전사들은 이 행동으로 전우들에게 '우리의 목적은 하나다'라는 메시지를 전달했고, 충성을 맹세하거나 명예를 걸고 약속하는 신호로 사용하기도 했다. 또한 이 행동은 기도하는 자세로도 익숙하다. 가까운 사람이 힘든 일을 겪거나 한동안 만나지 못할 때, 많은 사람이 자연스럽게 손바닥을 가슴에 얹으며 '사랑해, 내가 네 곁에 있어'라는 마음을 전하곤 한다.

　이처럼 마음의 '미묘한 에너지'를 느끼고 표현하는 것은 수백 년 동안 사용되어 온 치유 기법이다. 중국 전통 의학에서는 이 마음의 치유 에너지를 '기氣'라고 부른다. 하와이 카후나족은 '마나mana', 아유르베다 의학에서는 '프라나prana', 힌두교 요가 치료사들은 '샥티shakti'라고 부른다. 서양 의학도 이 개념을 점점 받아들이고 있는 중이다. 미국 국립보건원은 통증과 다양한 질병에 도움이 되는 미묘한 에너지 요법에 관한 새로운 연구에 자금을 지원하고 있다.

　나는 자기 공감을 키우기 위해 이 에너지에 접근하는 방법을 배우기를 제안한다. 아래의 명상을 따라 해보라. 이것은 장소에 구애받지 않고 치유의 힘에 '접속'할 수 있는 실용적인 방법이다. 집, 사무실, 공원 벤치뿐만 아니라, 사람 많은 행사장의 화장실 안에서도 할 수 있다. 이 명상 연습은 기분을 나아지게 하고 자신과 타인에게 다정함을 유지하는 데 도움이 될 것이다.

> **치유력을 깨우는 명상 : 마음과 연결되는 시간**
>
> 천천히 심호흡을 몇 번 하며 마음을 가라앉힌다. 그런 다음 무섭거나 불안한 생각을 구름 위에 올려놓고 떠나보내는 장면을 상상하며 가슴 중앙에 손을 가볍게 얹는다. 여기가 활력이 넘치는 마음의 중심이다(실제 심장은 더 왼쪽에 위치). 천천히 숨을 쉬면서 석양, 우아하게 헤엄치는 돌고래의 모습, 무지개, 홀인원 등 자신을 행복하게 하는 이미지를 떠올린다. 그 장면에 고요히 머물러라. 그러다 보면 상쾌한 에너지가 몸에 흐르면서 마음이 활짝 열리고 따뜻해지는 것을 느낄 수 있을 것이다.
> 몸의 특정 부위가 아프다면 그 부위로 사랑과 공감을 보내는 상상을 하라. 이렇게 하면 긴장을 풀고 아픈 부위에 다정함을 불어넣어 치유를 앞당기거나 불편함을 더 잘 견딜 수 있다.

자기 공감이란 결국 '나는 실수하는 인간이며 계속 성장할 수 있다'는 사실을 받아들이는 것이기도 하다. 앞으로도 당신은 실수하거나 후회할 것이다. 앞으로 나아가다가 뒷걸음질 치고 아예 다른 길로 나아갈 수도 있다. 당신은 완벽하지 않다. 누구도 완벽하지 않다. 다행히도 완벽함은 너무 지루하다! 나는 불완전함을 아름답고 흥미로운 것으로 보는 일본의 전통 미학인 '와비사비wabi-sabi' 개념을 좋아한다. 우리는 모두 엉망이지만 동시에 특별하다. 자기 공감은 자신의 뛰어난 자질뿐만 아니라 부족한 자질도 기꺼이 받아들이는 것에서 시작된다.

그러므로 치유의 과정에서 변화가 필요한 부분은 부드럽게 바꾸고, 그 여정에 있는 자기 자신은 늘 따뜻하게 대하라.

> 자기 공감은 살아 숨 쉬는 기도와 같다.
> 그것은 우리의 몸과 마음에 건강과 행복을 자라나게 하고
> 긍정적인 방식으로 치유와 성장을 이끈다.

자기 공감 연습 ① : 내 몸이 아플 때

감기에 걸리거나 수술을 받거나 급성 또는 만성 통증을 겪을 때, 자기 공감을 통해 고통을 완화할 수 있다. 하지만 자기 공감을 하려면 먼저 자기혐오와 두려움에서 벗어나야 한다. 우리 몸에는 타고난 지능이 있다. 몸은 우리가 말하거나 생각하는 것을 모두 듣는다. 그럼에도 많은 사람이 너무 쉽게 몸을 미워하고, 아픈 자신을 원망하고, 자기 자신에게서 등을 돌린다. 그러나 이런 순간

이야말로 공감이 필요한 때다. 몸을 고통의 원천이 아니라 치유의 동반자로 바라볼 수 있을 때 비로소 회복의 문이 열린다.

    회계사인 내 환자 존은 만성 과민성대장증후군을 앓고 있었다. 증상의 강도는 들쭉날쭉했는데, 안타깝게도 세금 신고 기간만 되면 스트레스로 인해 증상이 악화되곤 했다. 특히 일이 가장 많고 집중력이 필요한 날에는 비참한 기분이 들 정도로 더 힘들었다. 약도 별다른 효과가 없자 그는 몸이 자신을 배신했다고 느끼며 화가 났다. 그 화 때문에 결국 심리상담까지 받으러 온 그에게 나는 '몸을 적이 아닌 친구로 대하라'고 조언했다. "요즘 스트레스가 많아서 힘들지? 자주 아프게 해서 미안해. 내가 잘 돌봐줄게"라고 말해보라고 권했다.

    처음에 존은 내 제안을 좋아하지 않았다. 그는 인상을 찌푸리며 "그러면 나약한 기분이 든다"고 말했다. 나는 그의 말에서 '나약한 느낌'이 그에게 수치심을 주는 근원임을 알았다. 나는 더 설명하지 않고 그저 그의 말을 들어주었다.

    하지만 다음 상담에서 지친 얼굴로 나타난 그는 여전히 어찌할 바를 몰라 망설였지만, 진지하게 가슴에 손을 얹고 자신의 몸에게 친절하게 말을 걸기 시작했다. "아파서 미안해." 그가 조금 더 큰 소리로 말했다. "우리는 전에도 고비를 이겨낸 적이 있잖아, 이번에도 이겨낼 수 있어." 나는 또한 존에게 몸에 잔뜩 힘을 주고 참는 대신 천천히 깊게 숨을 쉬며 불편한 느낌을 내뱉으라고 가르쳤다. 며칠 후, 존은 고통이 덜한 느낌이라고 말했다. 이 작은 변화는 그에게 계속 자기 공감을 실천할 수 있는 동기가 되었다. 어느 정도 통증 완화를 경험한 그는 매일 꾸준히 이 기법을 사용했고, 만성 통증과 경련을 더 잘 관리할 수 있게 되었다.

존처럼 만성 통증은 단기간에 완전히 해결되지 않을 수도 있고 영원히 해결되지 않을 수도 있다. 하지만 자기 공감을 통해 몸과 친해지는 법을 배우면 그 고통의 날을 무디게 만들 수 있다.

이때 질병이나 통증에 대한 잘못된 믿음이 자기 공감을 방해하지 않도록 다음과 같은 사실을 명확히 인식해야 한다.

- 병은 영적인 실패나 징벌 또는 징조가 아니다.
- 병 때문에 자신을 미워해서는 안 된다.
- 병은 부끄러워하거나 무언가를 포기할 이유가 되지 않는다.
- 병은 신이 없다는 증거가 아니다.

몸에서 발생하는 모든 '불균형' 상태는 내 몸에 공감하는 기회가 될 수 있다. 긴장된 마음은 긴장된 몸을 만든다는 사실을 기억하라. 공감을 많이 할수록 우리 몸에서는 기분이 좋아지는 엔도르핀이 더 많이 생성된다. 이 엔도르핀은 질병에 걸렸을 때 통증과 고통을 줄여준다.

신체적 불편함이 있을 때마다 공감을 통해 그 고통과 연결되어 보자. 먼저, 몸의 아픈 부위를 알아차리고 심호흡을 하며 긴장을 푼다. 의료 시술이나 치과 치료 등 스트레스가 많은 상황에서도 마음과 연결되면 스트레스를 줄일 수 있다. 불편한 부위에 계속 사랑과 관심을 보내라. 그 부분이 뼈든, 장기든, 조직이든 당신의 이해를 필요로 한다.

　최근에 나는 헬스장에서 운동하다가 고관절을 삐었다. 통증이 심했다. 대부분의 관절 부상이 그렇듯 회복하는 데 시간이 걸렸다. 나는 정해 놓은 운동 루틴을 줄여야 한다는 사실에 좌절감을 느꼈다. 고백하건대 처음에는 증상을 억지로 이겨내려고 노력했다. 그런데 놀랍게도 다리를 찌르는 듯한 날카로운 비명이 느껴졌다. 내 몸이 "밀어붙이지 마, 그만해!"라고 소리를 지르고 있었다. 나는 내 접근 방식을 재고할 수밖에 없었다. 부상에 맞서 싸우거나 원망하는 대신 부상을 살펴보기 시작했다. 나는 내 엉덩이가 좋아하는 자세가 무엇이고, 어떤 자세가 통증을 악화시키는지 알아냈다. 몸에 귀를 기울일수록 상태가 나아졌고, 고맙게도 몇 달 만에 통증이 사라졌다. 이 경험을 통해 나는 자신을 조금 더 사랑하고 도움이 필요한 신체 부위에 공감을 표현하는 법을 배웠다.

　운 좋게도 나는 완전히 회복되었지만, 더 큰 부상은 치유가 더디고 어려울 수 있다는 것을 안다. 완전히 치유되지 않을 수도 있다. 그럼에도 자기 공감은 몸의 경험을 사랑하고 존중함으로써 치유 과정에 도움이 될 것이다.

　정신, 감정, 신체의 치유 속도는 저마다 다르다. 그걸 억지로 바꾸려 하거나 지금 몸이 해낼 수 있는 것 이상을 기대하면 오히려 더 고통스러워진다. 현재 상태에 인내심을 가져라. 자책하지 않고 상처, 고통, 아픔을 가라앉히는 내면의 공감하는 목소리에 집중하면 달콤한 승리를 거둘 수 있다.

우리 몸은 우리에게 잠시 주어진 임시 거처 같은 곳이다. 언젠가는 다른 멋진 모험을 떠나면서 오랜 친구에게 "잘 가라, 고마웠어"라고 인사할 때가 올 것이다. 자기 공감은 그날이 오기 전까지 자신의 거처를 소중하게 다루며 오래도록 함께하는 법을 가르쳐준다.

나는 긴장을 완화하기 위해 다음과 같은 치유 확언을 사용한다. 확언은 자기 공감에 접근하고 치유를 불러일으키는 빠른 방법이다. 불편감을 줄이고 싶거나 그저 기분이 좋아지고 싶을 때 읊조리면 도움이 될 것이다.

나는 깊게 숨을 쉰다.
내 몸은 편안하다.
나는 건강과 평온을 향해 나아가고 있다.

자기 공감 연습 ② : 사랑하는 사람이 아플 때

가까운 사람이 고통받는 모습을 지켜보는 것은 우리가 겪는 가장 힘든 일 중 하나일 것이다. 배우자가 만성 통증에 시달리거나, 친구가 항암 치료를 받고 있거나, 자녀가 교통사고를 당해 수술을 받는 상황을 상상해 보라. 그때 우리는 고통받는 상대에게 공감하는 것이 가장 중요한 일이라고 생각하기 쉽다. 하지만 곁에서 간병하고 지지하는 우리 자신에게도 공감이 필요하다.

거울 뉴런 연구에 따르면, 가까운 사람이 고통을 느끼면 우리 뇌의 중추가 이를 모방하여 반응한다고 한다. 소중한 사람에 대한 공감 능력이 과하게 발휘되는 것이다. 이것은 지극히 자연스러운 인간적인 본능이다. 사랑하는 사람이 고통을 겪을 때 우리는 모두 영향을 받는다. 돕고 싶고 '무언가를 해주고 싶다'고 생각한다. 하지만 건강 위기나 만성 질환을 겪을 때는 고통을 덜어주기 위해 뭐라도 해야 한다는 마음보다 침착함을 유지하며 꾸준히 필요한 도움을 주는 것이 더 치료에 도움이 된다.

이 상황에서 공감이란, 자기 역할에 대한 기대치를 현실적으로 세우고 적절한 경계를 설정하며, 지치지 않도록 자기 돌봄을 실천하는 것이다. 또한 부정적인 미래를 생각하며 두려워하지 않고 현재에 집중하는 것을 의미한다.

질병을 통해 배울 수 있는 큰 교훈이 있다. 우리는 최선을 다해 사랑하는 사람들을 도울 수 있지만, 그들 대신 병을 이겨낼 수는 없다. 그들의 병을 고쳐주거나 대신 아프고 싶겠지만 그건 당신이 해줄 수 없는 일이다. 질병은 당사자가 직접 겪고 극복해야 할 과정이다. 우리는 지지해 줄 수 있을 뿐 그들의 경험을 대신할 수도, 치료의 결과를 통제할 수도 없다. 이 사실을 이해하는 것이 자기 공감의 시작이다. 이런 경계를 인식하면 누군가의 고통 속으로 빨려 들어가거나 통제할 수 없는 결과를 통제하려고 애쓰는 어리석음을 피할 수 있다.

내 환자였던 린의 남편이 암 수술을 성공적으로 마친 후 수개월간 방사선 치료를 받을 때, 그 상황은 린을 여러모로 시험에 들게 했다. 그녀는 사랑하는 남편 짐에게 힘이 되고 싶었고, 실제로 그렇게 했다. 하지만 시간이 지날수록 짐이 야위고 쇠약해지자 두려운 마음이 커졌다. 그녀는 "짐에게 힘이 되고 싶지만, 점점 약해지는 모습을 보니 뭘 어떻게 해야 할지 모르겠어요. 짐이 고통스러워하는 모습을 보는 게 너무 힘들어요"라며 괴로움을 토로했다.

나는 린이 자기 공감을 키울 수 있도록 도왔다. 그녀가 자기 자신을 돌보지 않으면 두 사람의 고통이 서로에게 상처를 줄 수도 있기 때문이었다. 나는 린에게 매일 자신의 마음과 연결되는 연습을 하며 마음의 광대하고 조건 없는 사랑에 접근하라고 조언했다. 그리고 그녀의 욕구도 중요하다고 말했다. 린이 짐 곁에 있으려면 그녀 자신도 지켜야 했다. 이를 위해서는 자신의 고통을 솔직하게 인정하는 일이 필요했다. 얼마 후 린은 내게 "짐이 고통받는 모습을 보는 건 외면하고 싶을 만큼 끔찍해요. 그런 감정을 느끼는 저 자신이 너무 부끄럽고 싫지만 이제는 인정하려고 해요. 선생님 말씀처럼 그의 곁에 있으려면 제가 중심을 잡고 저를 돌봐야 하니까요. 그게 우리 둘 모두에게 도움이 될 거예요. 제 마음을 돌보는 일이 남편을 덜 사랑하는 것은 아니니까요"라고 말했다.

린은 힘들 때면 숲속에 들어가 시냇물 소리에 귀를 기울이며 숨을 고르는 시간을 가졌다. 그리고 스스로에게 말했다. "나는 짐을 대신해 아플 수 없고 결과를 통제할 수도 없어. 하지만 그를 계속 지지하고 사랑할 거야. 그리고 나 자신에게도 다정할 거야. 미래에 대한 두려움에 마음이 흔들리지 않도록 자애로운 신에게 기도할 거야." 린은 이런 자기 돌봄을 통해 힘든 시기를 버텨낼 수 있었다.

　시간이 지나 짐은 기력을 회복했고 지금은 몇 년째 암이 재발하지 않은 상태다. 그는 기적처럼 다시 살 수 있는 기회를 얻은 것에 감사하고 있다. 짐과 린은 암 진단과 투병을 겪으며, 회복이라는 선물은 마지막에 주어지는 결과가 아니라 하루하루 속에 숨어 있다는 것을 깨달았다고 한다.

　불교에서는 모든 것이 왔다가 사라지는 '무상無常'이라는 개념을 이야기한다. 영구적인 완치를 포함해 인생에서 보장되는 것은 아무것도 없다. 우리가 알아야 할 것은 바로 지금 이 순간, 서로를 소중히 여기고 사랑하는 이들과 삶을 당연시하지 않는 것이다.

　짐의 투병은 짐 혼자만의 일이 아니라 린에게도 치유의 과정이었다. 의사이자 인생 동반자, 친구로서 나는 사랑하는 사람의 회복을 돕기 위해 200% 헌신하고 싶은 마음을 이해한다. 하지만 환자의 보호자로서의 경험이 고난의 시간이 되지 않게 하려면 자기 공감이 필수적이라는 것을 말해주고 싶다. 자신에게도 자비를 베풀면 덜 힘들어진다. 그렇다고 해서 환자에게 소홀해지는 것은 결코 아니다. 자신에게 공감하면 다른 사람에게 더 집중하고 배려할 수 있다.

　사랑하는 사람이 만성 통증이나 난치병 같은 중병을 앓고 있을 때는 아픈 당사자와 보호자 모두 엄청난 체력과 공감 능력이 필요하다. 어머니가 돌아가시고 몇 년 후 아버지는 파킨슨병 진단을 받으셨다. 유일한 자식이자 주요 간병인으로서 나는 명예롭고 온화하며 명석한 두뇌를 가진 자애로운 부모이자 의사였던 아버지가 인지 기능이 저하되고 거동이 불편해지는 모습을 지켜봐야 했다. 아버지는 휠체어에 의존했고 양치질을 할 때 도우미가 필요했다.

　나는 몇 달 동안 아버지를 혼자 돌보려고 노력했지만(정신과 진료와 개인적인 삶의 균형을 유지하면서), 점점 병세가 심각해져서 간병인 에이전시의 도움을 받게 되었다. 에이전시를 통해 훌륭하고 따뜻한 부부를 찾을 수 있었고, 그들이 아버지가 있는 요양 시설에서 함께 지내며 아버지를 돌봐주었다(많은 사람이 누릴 수 없는 축복임을 깨닫는다). 그리고 그 덕분에 나는 아버지와 1년 넘게 행복한 시간을 더 보낼 수 있었다. 아버지의 인지 능력은 점점 희미해져 갔지만 우리는 종종 함께 앉아 미소를 지으며 아버지와 딸로서 가슴 뭉클한 시간을 보냈고, 나는 그 순간들을 결코 잊지 못할 것이다.

　나에게 자기 공감이란 아버지를 잃을지 모른다는 불안감과 두려움, 보호자로서의 피로감을 인정하는 것을 의미했다. 또한 울거나 잠을 자거나 명상을 하거나 지지해 주는 친구와 대화하는 것을 의미하기도 했다. 아울러 장기간 간병으로 인한 피로와 부담감에 나도 모르게 아버지에게 짜증을 내거나 퉁명스럽게 굴었을 때 스스로를 비난하지 않고 다정하게 이해해 주는 것을 의미했다. 이런 나 자신에 대한 공감과 아버지의 신체적, 정서적 어려움에 대한 공감이 그 고비를 견딜 수 있게 만들었다. 그리고 11월 어느 날 새벽 3시, 요양 시설로부터 아버지가 심장마비를 일으켜 돌아가셨다는 전화를 받았을 때, 자기 공감은 내 삶의 중심이었던 아버지를 깊이 애도하는 기간까지 확장되었다.

나처럼 사랑하는 사람이 만성 질환이나 난치병을 앓고 있다면 정서적 고통과 탈진을 겪을 수 있다. 하지만 자신과 사랑하는 사람, 그리고 그 과정에 대해 공감을 불러일으킬 수 있다면 좀 더 유연하고 평화롭게 힘든 시기를 이겨낼 수 있을 것이다.

자기 공감 연습 ③ : 트라우마에 압도당할 때

누구나 살면서 두려움과 사랑이라는 근원적인 감정을 경험한다. 그리고 이 두 감정에서 다른 모든 감정들이 파생된다. 불안, 우울, 좌절은 두려움의 산물이고 연민, 인내, 희망은 사랑에서 비롯된다.

치유란 과거의 고통과 트라우마를 최대한 수용하면서 직시하는 것을 의미한다. 또한 슬픔이나 다른 힘든 감정을 있는 그대로 느끼되, 그 감정들이 당신을 정의하거나 지배하지 않도록 거리를 두는 것이다. 누구도 트라우마로 얼룩진 어린 시절이나 알코올 중독 부모를 선택하지 않겠지만, 그런 경험을 했다면 그것에서 교훈을 얻는 선택은 할 수 있다.

감정은 고통이 아니라 가르침을 주는 스승이다. 그럼에도 불구하고 때때로 감정에 압도당한다고 느낄 수 있다. 그럴 때 자기 공감은 "난 지금 정말 힘들어"라고 있는 그대로 인정하는 것에서 시작된다. 자신을 너무 몰아세우지 말고 좀 더 너그러워지는 것, 그것이 첫걸음이다. 자신에게 친절을 베푸는 것은 신념을 지키고 두려움과 다른 장애물을 극복하는 데 도움이 된다.

상처받은 내면의 아이 치유하기

정서 치유에서 중요한 단계는 상처받은 내면의 아이에 대한 공감을 키우는 것이다. 내면의 아이는 상처받고, 관심받지 못하고, 버림받고, 인정받지 못하고, 안전하지 않다고 느꼈던 어린 시절의 감정으로, 지금도 여전히 우리 안에 남아 있다. 자기 공감을 실천할 때 이 아이를 발견하고 돌보는 일은 매우 중요하다. 당신이 겉으로 아무리 강해 보여도 이 순진한 아이는 여전히 당신 안에 있으며 가장 우선적으로 공감해야 할 대상이다. 성숙하고 능력 있는 어른으로서 당신은 이 아이의 옹호자이자 구조자가 되어야 한다. "이제 내가 너를 보호하겠다고 약속해. 다시는 네가 잊히거나 상처받지 않도록 할게"라고 안심시켜 줘라.

**당신의 내면 아이는 부모의 불행에 책임이 없다.
오히려 부모로부터 보호와 보살핌을 제대로 받지 못한 것이다.**

성숙한 어른으로서 당신은 감정적으로 미숙한 상처받은 내면 아이가 삶을 지배하게 두고 싶지 않을 것이다. 결국 내면의 아이를 인식하고 돌보는 일은 과거의 학대, 방임, 트라우마를 치유하고 현재의 삶을 살아가기 위한 핵심 과정이다.[1]

자기 공감은 자신에게 자비를 베풀고 어린 시절의 오래된 수치심이나 잘못된 신념에서 벗어날 수 있게 해준다. 이를 위해 먼저 이해해야 할 명백한 진실이 있다. 당신은 사랑받을 가치가 있는 존재라는 것이다. 스스로에게도, 타인에게도.

당신이 그 진실을 빨리 깨달을 수 있도록 다음과 같은 공감의 메시지를 전한다. 필요할 때마다 읽으며 위안을 얻길 바란다.

상처받게 해서 미안해

너를 아프게 한 모든 사람, 너의 재능이나 섬세한 감성을 이해하지 못한 모든 사람을 대신해 사과할게. 상처받게 해서 미안해. 널 위로하거나 보호해 줄 사람이 아무도 없던 시절에 대해 미안해. 나는 너를 존경해. 나는 너를 존중해. 너를 진심으로 이해하지 못한 사람들을 대신해 건네는 내 사과를 받아줘. 넌 사랑받아 마땅한, 소중한 사람이야.

눈물의 정화 작용

눈물은 치유 과정에서 긴장과 고통을 건강하게 처리하는 방법이다. 눈물은 슬픔, 불안, 분노, 좌절을 해소하는 신체의 배출구 역할을 한다. 참지 말고 눈물을 흘릴 수 있는 안전한 환경을 찾아라. 상처받은 내면 아이가 울도록 놔두라. 어른인 당신도 울고, 압도당한 당신 내면의 일부도 울도록 내버려둬라. 눈물은 자기 공감의 표현일 수 있다. 눈물을 억누르면 우울증이 생기거나 감각이 무뎌져 삶의 의욕마저 떨어질 수 있다. 아이가 태어났을 때나 어려운 일이 지나갔을 때처럼 기쁠 때도 마음껏 울어라. 행복한 눈물은 그만큼 열정적으로 삶을 살고 있다는 증거다.

  니는 울 때 감사함을 느낀다. 마음이 정화되는 느낌이다. 그동안 억눌려 있던 감정이나 다른 사람들로부터 '감염된 감정'(초민감자들은 이 느낌을 잘 안다)들을 쏟아낼 기회니까. 눈물을 쏟아내면 나를 괴롭히는 나쁜 감정이 몸에 남아 피로감이나 통증과 같은 스트레스 증상을 일으키지 않는다.

나는 수년 동안 울음을 열렬히 지지해 왔다. UCLA 정신과 레지던트 시절, 지도 교수들과 함께 환자의 상담 영상을 보곤 했는데, 그들은 내가 환자가 울 때 미소를 짓는 모습을 보고 이렇게 말했다. "그건 부적절한 반응이에요."

하지만 나는 그때나 지금이나 그 말에 동의하지 않는다. 내가 미소를 지은 건 환자들이 고통스러워했기 때문이 아니다. 그들이 우울증이나 다른 힘겨운 감정을 눈물로 용감하게 치유하고 있었기 때문에 웃은 것이다. 나는 그들이 마음의 어두운 터널 하나를 통과한 게 기뻤다. 우리 몸에 이런 치유 능력이 있다는 게 얼마나 다행인가. 당신도 눈물이 가진 치유의 힘을 느낄 수 있기를 바란다.

물론 눈물은 문제를 해결하지는 못한다. 하지만 감정이 담긴 눈물은 마음을 치유한다. 눈을 윤활하게 하고, 자극 물질을 제거하고, 스트레스 호르몬을 배출하는 것은 훌륭한 덤이다.

환자들은 때때로 "울어서 죄송합니다"라거나 "다 큰 어른이 울다니 전 정말 약해 빠졌어요" 하며 감정을 억제하려고 한다. 그들의 마음을 이해한다. 눈물을 불편해하는 부모님과 통제력 있는 강한 사람은 울지 않는다고 말하는 문화 속에서 자랐기 때문이다. 나는 이러한 믿음을 거부한다. 오히려 강한 남성과 여성은 울 수 있는 용기와 자기 인식이 있다(물론 환경이 여의찮다면, 특히 직장에서는 혼자 조용히 울어야 할 것이다). 나는 그런 사람들에게 감동한다.

내 소망은 직장 내에서 눈물을 흘릴 수 있는 공간을 갖는 것이다. 직원들이 감당하기 힘든 상황을 마주할 때 명상, 호흡, 울음 또는 내가 제안한 다른 전략을 사용하여 신경계를 진정시킬 수 있는 조용한 공간을 마련하거나 이를 지지하는 움직임이 생기길 바란다.

나는 환자들에게 울음을 권장한다. 자신을 위해, 다른 사람을 위해, 세상을 위해 울어도 괜찮다. 눈물을 흘리면 스트레스와 고통이 정화된다. 울음은 자신에게 귀 기울이고 있다는 신호다. 울고 나면 호흡과 심박수가 감소하여 신체적으로도 정서적으로도 더 차분한 상태가 된다. 눈물은 용기, 공감, 진실성의 증표이다.

자기 공감 연습 ④ : 타인의 고통에 휘말릴 때

배우자, 자녀 또는 친구가 우울, 불안, 슬픔과 같은 정서적 고통을 겪고 있다면, 그들에게도 당신에게도 상황이 벅차게 느껴질 수 있다. 연민을 느끼는 뇌의 거울 뉴런이 계속 활성화되면서 경계를 유지하기가 어렵다. 그들이 아플 때 나도 아프다. 그래서 만성적인 정서적 고통은 우리의 회복탄력성을 약화할 수 있다. 이러한 상황에서는 "어떻게 하면 사랑하는 사람도 돕고 내 감정도 돌볼 수 있을까?"라고 자문하는 것이 좋다.

자기 돌봄은 결코 당신을 덜 자비롭게 만들거나 이기적으로 만드는 것이 아니다. 다른 사람의 고통을 떠안는 것은 당신의 역할이 아니며, 사실 떠안는다고 해서 해결되지도 않는다. 그저 고통받는 사람이 한 명에서 두 명으로 늘어날 뿐이다. 그들이 회복하는 동안 긍정적인 존재로 함께해 주는 것이 더 큰 도움이 될 수 있다. 마음 한구석에서는 그들의 고통을 대신 짊어지고 싶다거나 그래야 한다는 의무감을 느낄 수 있지만, 그들 스스로가 치유의 과정을 겪어 내야 한다는 점을 기억하라.

흡수하지 말고 관찰하라

자기 공감의 원칙은 사랑하는 사람의 감정을 관찰하되 흡수하지 않는 것이다. 상대방의 감정에 뛰어들지 말고 나의 감정선을 유지하자.

사랑하는 사람의 경험은 그 사람의 경험이지 당신의 경험이 아니다. 처음에는 이 사실을 실천하기가 어려울 수 있다. 하지만 진정으로 돕고 싶다면 사랑하는 사람을 나와 분리된 존재로 보아야 한다. 그래야 공감 피로로부터 자신을 보호할 수 있다. 그들이 치료사, 코치 또는 기타 의료 전문가의 지원을 받아 스스로 치유의 길을 찾도록 도와라. 심각하거나 생명이 위태로운 상태가 아니라면 그들 스스로 문제를 해결할 시간과 공간을 줘라. 당신은 그들의 치료사가 아니며, 치료사가 되려고 노력하는 것도 바람직하지 않다.

정서적, 신체적 치유에는 일반적으로 약간의 고통이 수반된다. 사랑하는 사람이 고통을 표현할 때 너그러이 이해하고 참는 것은 우리의 마음을 관대하게 만들 수 있다. 하지만 그들의 아픔과 고통, 어려움을 대신 짊어지지 않고 인내하는 법을 배워야 한다. 지켜보는 것을 소극적 관망이라고 생각하지 마라. 따뜻한 마음으로 곁에 있어 주는 것 자체가 이미 강력한 치유 행동이다. 그들은 당신의 존재를 통해 분명히 도움을 받을 것이다.

그러나 안타깝게도 우리 가운데 일부는 건강한 경계가 무슨 뜻인지도 몰랐을 어린 시절에 다른 사람의 불안과 우울을 돌봐야 했을 수도 있다. 내가 바로 그런 아이였다.

나는 공감 능력이 뛰어나고 책을 좋아하던 조용한 소녀였다. 내가 열한 살 때, 가정의학과 의사였던 엄마가 마흔 살에 갑자기 심장마비로 쓰러졌다. 몇 주 동안 엄마는 가슴이 아플 때마다 나에게 침대 옆에 앉아 손을 잡아달라고 부탁했다. 나는 엄마를 도와야 한다고 생각했지만, 암막 커튼이 쳐진 방에 들어갈 때마다 엄마가 언제 돌아가실지 모른다는 생각에 두려웠다. 하지만 그런 두려움을 느낀다는 게 왠지 모르게 죄스럽고 겁이 나서 누구에게도 말할 수 없었다. 그저 잔뜩 긴장한 채 엄마 손을 잡고 돌아가시지 않기만을 기도했다. '아빠가 여기 계시면 좋겠다'는 생각을 했던 게 기억난다. 아버지는 인자한 분이었지만 감정을 드러내지 않으려 했다. 바쁜 방사선과 의사였던 아버지는 온종일 일하고 주말에만 겨우 집안일을 돌볼 수 있었다. 나는 아버지나 다른 누군가가 "여기 있기에는 주디스가 너무 어려"라고 말하며 어머니를 대신 도와주기를 간절히 바랐다. 하지만 아무도 오지 않았고, 나도 불평하지 않았다. 당시 나는 어머니의 감정을 흡수하고 있다는 것을 깨닫지 못했다. 아마도 많은 민감한 아이들이 그럴 것이다. 사랑하는 사람의 고통을 덜어주려는 보호 본능은 또래보다 크지만 건강한 경계를 설정하는 방법은 모른다.

이듬해 어머니는 회복하셨지만, 나는 몇 년 동안 어머니의 불안을 짊어지고 살았다. 나는 그것이 내 문제라고 생각했다. 다른 많은 사람들처럼 나 역시 무슨 일이 일어나고 있는지, 어머니의 고통에서 어떻게 떨어져 나와야 하는지 알지 못했다. 여전히 어머니를 고쳐야 한다는 책임감이 지나치게 컸지만 어떻게 해야 할지 몰랐다.

스무 살쯤에야 심리 치료를 받으면서 어머니의 불안이 내 불안이 아니라는 것을 이해할 수 있었다. 비로소 어머니와 나를 분리된 개인으로 바라보았고 불안에서 벗어날 방법도 발견했다.

나처럼 당신도 너무 어리거나 타인의 정서적 고통을 감당할 준비가 되지 않았을 때 그런 상황에 부닥쳤을 수 있다. 만약 그 경험이 여전히 당신을 지배하는 것 같다면, 그런 상황에 놓여 있었던 자신에게 공감해 보라. 그건 공정한 일은 아니었지만 당신의 성장에 도움이 될 수 있다. 그때의 자신을 이해해 보려는 마음이 중요하다.

치유를 갈망하는 우리는 자신이나 타인의 강렬한 감정 속에서 열린 마음을 유지하는 법을 배우고 있다는 점에서 모두 닮아 있다. 우리는 고통을 해소하고 모든 개인적인 상처 너머에 존재하는 자유를 향해 나아가는 사람들이다.

이 책에 소개된 연습들은 당신이 어떤 감정적 시련에도 휘둘리지 않고, 더 단단하고 안정된 시각으로 그것을 경험할 수 있도록 도와줄 것이다. 격한 감정을 표현하는 사람 곁에서 중심을 잡으려면 속으로 이렇게 말하라.

"나는 _____를 사랑하지만 그와 나는 분리된 다른 존재다. 상대의 감정을 흡수하지 않고도 공감하고 지지할 수 있다. 나는 흡수하지 않고 관찰할 것이다."

자기 자신과 타인 양쪽 모두에 공감하려는 태도는 느리지만 확실한 변화다. 정신과 의사로서 나는 우리가 스스로에게 얼마나 가혹할 수 있는지 잘 안다. 일이 잘못되면 우리는 자신을 탓한다. 부모의 비판적인 목소리나 고통스러운 감정을 고스란히 물려받아 스스로에게 더 가혹한 사람들도 있다. 모두 괜찮다.

당신이 겪었을지 모르는 외상, 방치, 고통에도 불구하고, 당신은 자신의 인간적인 고통을 이해하고 새롭게 피어날 수 있다. 물론 자기 자신을 이해하고 공감한다는 게 굉장히 낯설 수 있다. 하지만 그것이 바로 신성한 출발점, 새로운 인생의 시작이다.

4단계 자기 공감 치유법

자기 공감은 우리 모두가 갈망하는 위안처럼 보이지만, 놀랍게도 많은 사람들에게는 생소하거나 심지어 어려운 개념이다. 사람들은 종종 자기 자신보다 타인(낯선 사람 포함)을 돕는 게 더 쉽다고 느낀다. 왜 우리는 치유가 필요할 때 가장 먼저 자신에게 공감하려고 하지 않을까? 자신에게 친절하기가 왜 그렇게 어려울까? 한 환자는 내게 이렇게 말했다. "다른 사람을 배려하는 데 너무 익숙해져서 나 자신에게 공감하는 것은 생각조차 못 했어요. 그러면 내가 이기적인 사람이 된 것 같거든요."

당신은 어떤가? 아래는 내가 많은 사람들을 만나며 발견한 일반적인 원인이다.

- **배울 기회가 없었다** : 자기 공감을 중요하게 생각하거나 실천하는 부모가 거의 없기 때문에 배울 기회가 없었다. 그 대신 자신을 비하하는 방법에 대해서는 많은 예를 보았다!

- **자기를 돌보는 일을 사치로 여긴다** : 어떤 사람들은 자기 공감을 나약함 또는 사치로 여긴다. 자신이 친절을 받을 자격이 없다고 느끼기도 한다.

- **타인을 돕는 일에서 자존감을 찾는다** : 다른 사람을 돕는 일에서 만족감을 느끼고 존재 이유를 찾기 때문에 자신의 욕구를 늘 뒷전으로 미룬다.

- **회피** : 자신의 고통이나 결함을 직면하는 일이 두려워서 의도적으로 피한다.

치유를 위해서는 자기 공감을 방해하는 위와 같은 잘못된 판단들을 객관적으로 다시 살펴봐야 한다. 이런 생각들이 내면에 남아 있는 한, 자신을 온전히 이해하고 사랑하는 것은 불가능하다.

우리는 우리가 타인을 이해하는 만큼 이해받을 자격이 있다. 매일 다음과 같이 질문하는 습관을 길러보자. '어떻게 하면 나 자신을 판단하는 일을 줄이고 더 친절하게 대할까? 어떻게 하면 다른 사람이나 반려동물에게 하듯이 나 자신에게도 좋은 친구가 될 수 있을까?'

자기 공감을 방해하는 저항이나 걸림돌을 부드럽게 다루자. 일단 치유가 시작되면 과거의 트라우마나 완벽주의 같은 장애물은 그 힘을 점점 잃을 것이다.

자기 공감을 실천하는 4단계

다음 네 단계는 일상생활에서 자기 공감을 실천하는 방법이다. 이 방법들은 비생산적인 생각을 고치고, 자기 대화를 긍정적으로 개선하고, 마음의 치유 에너지를 깨우는 데 도움이 될 것이다.

1단계 : 자신에게 친절하게 말하기

자신에게 상냥하고 긍정적인 어조로 말하는 습관을 들여라. 자신에게 사용하는 언어는 중요하다. 먼저, "너는 나를 의지해도 돼. 내가 널 지지할게"라고 말하며 자신과 연결하라.

2단계 : 마음과 연결하기

손을 가슴에 얹거나 그 모습을 상상하며 조건 없는 사랑과 공감이 몸 전체로 퍼지는 것을 느껴보라. 이 치유 에너지를 몸의 불편한 부위에 직접 불어넣을 수도 있다. 불편함을 없애려고 하지 마라. 그저 긴장을 풀고 도움이 필요한 부위에 마음의 온기가 흐르는 것을 느껴보라.

3단계 : 자신에게 공감의 말 건네기

스트레스가 많은 상황에서는 자신에게 간단한 위로의 말을 건네면서 치유 과정을 시작한다. '이런 일을 겪게 해서 미안해, 조금만 힘내자' 또는 '상처받은 거 알아. 우린 괜찮아질 거야'와 같은 대화로 긴장을 풀자.

4단계 : 자신에게 구체적인 공감 표현하기

먼저, 어려운 상황을 명확하게 파악한다. 그런 다음 자신의 감정에 공감하고 자기 대화를 통해 내면의 힘을 다독인다.

- 헤어지자는 남자 친구의 말이 너무 아팠어. 회복하려면 시간이 오래 걸릴 것 같아. 하지만 나에게 회복력이 있다는 걸 알고 있어.

- 가족들 사이에서 투명 인간이 된 기분이야. 하지만 조용히

괴로워하는 대신, 내 의견을 솔직하게 표현하고 가족들의 의견에 상관없이 나 자신에게 더 친절하게 대할 거야.

- 내 인생은 아주 만족할 만해. 그런 점에서 난 더 행복해야 하는데 그렇지 못한 것 같아. 하지만 가끔은 불행해도 괜찮아. 부끄러워할 필요 없어. 긴장을 풀고 나면 기분이 나아져. 도움을 요청할 수도 있잖아.

우리는 매일 크고 작은 장애물에 직면한다. 자기 공감은 그런 순간마다 스스로를 위로하고 자기 자신에게 가장 친한 친구가 되는 법을 알려준다. 공감을 연습하면 과민하고 비판적인 사고방식에서 벗어나 마음의 안정을 되찾을 수 있다. 공감을 억지로 주입할 수는 없다. 공감은 당신이 초대하고, 기도하고, 노력하고, 믿음을 가질 때 주어지는 은혜다.

마음의 길은 부드럽고 애정 어린 길이다. 어떻게 해야 할지 혼란스러울 때 답은 항상 '마음이 이끄는 대로 하라'임을 명심하라. 명확하게 깨닫고, 선함, 친절, 공감이라는 오래되고 고귀한 가치가 당신의 행동을 인도한다면 비로소 참으로 행복한 날이 온 것이다. 내 말이 당신을 응원하고 공감을 향해 나아가는 데 도움이 되길 바란다. 이 길은 빠르게 갈 수 있는 길이 아니다. 천천히 갈수록 인내심을 더 가질 수 있고, 더 많은 공감을 통해 치유의 모든 단계에 영감을 줄 수 있다.

The Genius of Empathy

공감 실천하기

아침을 친절하게 시작하고 매일의 계획을 세워라

아침에 눈을 떴을 때, 그리고 하루 중 틈틈이 자신의 마음을 확인하는 시간을 갖는다. 너무 무겁지 않게, 가볍고 즐거운 마음으로 스스로에게 다음과 같이 물으며 하루를 다정하게 시작하라.
"오늘 나는 어떤 기분이지?" "행복해?" "과도한 업무에 짓눌려 있나?" "다가오는 회의가 걱정돼?" "지금보다 나아지려면 무엇이 필요할까?" 그런 다음 마음의 대답에 귀를 기울이고 자신의 상황에 공감하라. 비판적으로 생각하거나 무시하지 말고, 어떻게 하면 지금보다 자신에게 더 친절해질 수 있을지 찾아보라.

공감을 방해하는 9가지 장애물
: 지나친 감정이입, 감정의 방아쇠, 트라우마, 두려움 극복하기

나는 공감을 매우 중요하게 생각하지만, 공감하고 싶어도 그럴 수 없었던 순간들이 종종 있었다. 대부분 너무 화가 났거나 실망스러웠거나 너무 고통스러울 때였다. 열여섯 살 때 그런 경험을 했다. 2년 동안 나에게 사랑의 편지와 관심을 쏟아부었던 첫 남자친구가 예쁜 치어리더와 사귀려고 갑자기 나를 떠났다. 아무런 해명도, 작별 인사도 없었다. 그는 내 전화도 받지 않았다. 처음으로 절절한 사랑에 빠진 예민한 십 대 소녀였던 나는 세상이 끝나는 것 같았다. 그런 고통은 처음이었다. 내가 그에게 공감이라는 걸 했을까? 그런 생각은 떠오르지도 않는다.

  20년 후, 이 남자가 만나자며 연락을 해왔다. 차를 마시며 그는 진지하게 "주디스, 정말 미안해. 내가 내린 최악의 결정이었어"라고 말했다. 너무나 놀랍게도 그는 우리 관계를 다시 회복하고 싶다는 의향을 넌지시 내비쳤다. 마치 내가 다시 그를 믿을 수 있을 것처럼!

어쨌든, 마침내 그날 나는 "왜 날 떠났어?"라고 물어볼 수 있었다.

그는 어색한 미소를 지으며 말했다. "바보 같은 이유였어. 그냥 인기 있는 무리에 속하고 싶었어." 나는 분명 그 무리에 속하지 않았다. 그러나 그의 해명은 나에게 아무런 피해도 주지 않았다. 나는 이미 그 상처에서 벗어났고 고등학교 시절의 사고방식이 얼마나 얄팍한지 깨달은 후였으니까. 다만 당시 그의 행동을 조금은 이해할 수 있었다.

그날 나는 상처의 잔재를 말끔히 씻어냈다. 그리고 마침내 "우리 관계를 지속하거나 연락을 유지하는 데 관심이 없어"라고 단호하게 거절하며 자존심도 회복할 수 있었다.

누군가는 이런 의문이 들 수도 있다. 왜 상처를 준 사람의 동기를 이해해야 할까? 왜 굳이 그에게 공감해야 하지? 용서받을 수 없는 행동은 시간이 지나도 용서받을 수 없는 행동 아닌가? 그럴지도 모른다. 하지만 자신에게 상처를 준 사람에게 조금이라도 공감한다면 자신의 상처를 치유하는 데 도움이 된다. 이 말이 모순처럼 느껴질 수도 있다. 하지만 아이러니하게도, 이전에 내가 남자 친구의 동기에 공감하지 못하게 막았던 바로 그 장애물이 내 상처를 치유하는 데도 걸림돌이 되었다.

공감을 선택하는 일은 가장 영광스럽고도 가장 어려운 소통의 핵심이다. 공감은 당신이 원하기만 한다면 괴로움에서 벗어날 수 있는 길을 보여주며, 흔히 말하는 사랑을 넘어선 평화와 기쁨 속에서 살아갈 수 있도록 도와준다. 공감은 진정한 변화의 원동력이자 활기를 불어넣고 건강을 주는 힘이다.

나는 이런 공감의 힘을 더 많은 사람이 알아야 한다고 생각한다. 그래서 공감에 관한 인기 있는 과학 문헌을 조사해 봤는데, 대부분 지나치게 이성적이고 추상적인 느낌이라 실망스러웠다. 공감은 누구나 갖춰야 할 '좋은 개념'이고 이타적인 자질이라고 설명하고 있지만, 솔직히 너무 어렵고 지루하게 느껴졌다. 게다가 공감을 치유와 연관시키지 않았는데, 내게는 이 부분이 큰 누락처럼 보였다. 나는 평생 공감을 배우고 연구해 온 학생이다. 하지만 너무 건조하고 학문적인 방식으로 설명되는 공감에는 끌리지 않는다. 나는 공감이 얼마나 깊은 감정적 연결을 만들어내는지 잘 알고 있다. 공감을 하는 쪽이든 받는 쪽이든 마찬가지다. 하지만 공감의 이 생생한 치유의 잠재력은 기존 담론에서는 잘 드러나지 않고 있다.

따라서 활력 넘치는 공감의 진짜 면모를 다시 생각해 보기 위해 다음과 같은 일반적인 오해와 그것들이 사실이 아닌 이유를 살펴보려고 한다.

- **공감은 비판적 사고력, 예리함, 이성적 판단력을 약화시킨다?**

  균형 잡힌 사람은 공감과 이성을 모두 활용할 수 있다. 공감한다고 해서 잃는 것은 없다. 오히려 분석적인 사고와 마음을 함께 사용할 때 더 현명하고 상식적인 대응 방식을 선택할 수 있다. 그리고 이를 통해 타인을 더 명확하게 바라볼 수 있다.

- **공감은 '영적인' 사람, 선행을 베푸는 사람, 감수성이 예민한 초민감자에게만 국한된 자질이다?**

 공감은 정서적 건강을 드러내는, 모든 사람에게 존재하는 마음의 능력이다. 특정한 사람들만의 자질이 아니다.

- **공감하면 결국엔 희생양이 되어 탈진하고 만다?**

자신을 보호하는 경계를 설정하고 꾸준히 자기 돌봄을 실천하면 지나친 공감으로 지치지 않을 수 있다. 건강한 공감은 자신과 타인 모두에게 영양분을 공급한다. 해로운 행동을 받아들이거나 자신의 욕구를 저버리는 것이 아니라, 오히려 마음의 치유 능력에 불을 붙여 삶의 의욕을 끌어올리고 내면의 중심을 단단하게 잡아 준다.

- **공감은 사람을 만만하게 만드는 약점이다?**

정반대다. 공감은 모든 일에 '네'라고 말하는 것을 의미하지 않는다. 건강한 공감은 다른 사람의 관점을 이해할 수 있는 용기와 연민을 길러준다. 그리고 대응 방식에 대해서는 단호하고 명확하게 자신의 견해를 밝히는 것이다.

공감이 문제가 되는 경우

공감은 '주는 방식'의 균형이 깨질 때만 해가 된다. 타인을 너무 챙기느라 자신을 돌보는 것을 잊거나, 다른 사람의 문제에 너무 몰입하여 자신의 정체성과 자아를 잃어버릴 때 공감은 문제가 된다. 원하지 않는 사람에게 공감을 표현하는 것도 상대방의 경계를 침해하고 부담을 주는 방식이다. 또한 반복적으로 상처를 주는 사람(가해자)에게 공감하며 '상처를 줄 기회'를 제공하는 것도 자신을 해치는 일이다.

다시 한번 말하지만, 공감은 '균형을 이룬 실천'이 가장 중요하다. 타인과 자신 사이에서 분별력을 가지고 공감을 실천할 때 비로소 건강한 힘이 된다.

공감을 가로막는 9가지 장애물과 극복 방법

신경과학 연구에 따르면, 우리는 공감을 표현할 때 '접근'과 '회피'라는 두 가지 동기에 의해 움직인다. 접근은 그 행동에 대한 보상이 있을 때 공감을 표현하는 것이다. 예를 들어 우리는 공감을 통해 우정이나 다른 사회적 유대를 강화하거나, 공감을 가진 사람으로 인정받고 싶을 때 더 열심히 공감을 표현한다고 한다. 반면에 공감을 표현하는 것이 감정 또는 신체적으로 너무 많은 부담을 주거나 상당한 시간이나 노력이 필요하다고 생각할 때는 공

감을 회피할 수 있다는 연구 결과도 있다.[1]

공감은 대부분의 사람들이 정서적으로 타고난 자연스러운 본능이다. 공감하는 것이 편안하다고 느낄수록 공감 표현에 대한 우리의 접근 동기와 본능은 강해진다. 그러나 공감을 가로막는 회피 동기를 강화해 우리의 건강과 인간관계를 해치는 장애물도 많다. 다음 장애물들을 살펴보면서 어떤 것이 자신을 가로막고 있는지 생각해 보라. '맞아, 이것이 내 마음을 가로막고 있어. 이 문제를 해결하고 싶어'라고 인정하는 것은 커다란 진전이다. 언제나처럼 부드럽게 진행하라. 천천히 그리고 진심으로 변화해야 막힌 사랑의 흐름을 치유할 수 있다.

1. 공감 과부하

공감을 가로막는 가장 큰 장애물 중 하나는 타인에게 마음을 열었다가 상처받을지도 모른다는 두려움과 그로 인한 감정적 과부하다. 그렇게 되면 자신의 감정을 진지하게 들여다보는 일조차 고통스럽고 안전하지 않다고 느낄 수 있으며, 다른 사람의 문제나 요구, 감정에 휘말려 지쳐 버릴 수도 있다. 예를 들어 친한 친구나 동료가 내가 감당할 수 있는 것보다 더 많은 것을 요구할 때, 그들을 실망시키고 싶지 않다는 마음이 들면 '지금은 이 정도밖에 도와줄 수 없어'라며 건강한 경계를 설정하는 일이 어렵게 느껴질 수 있다. 그 과정에서 죄책감이 들거나 나쁜 사람이 된 것 같고, 심지어는 버림받을지도 모른다는 두려움을 느낄 수도 있다.

초민감자인 나는 감정, 특히 사랑하는 사람의 감정에 압도되면 얼마나 고통스러운지 잘 안다. 누군가에게 공감할 때, 우리는 그들을 걱정하고 돕고 심지어 문제를 해결해 주고 싶어 하지만 그것은 불가능하다. 예를 들어, 한 환자는 어머니가 우울증을 겪는 모습을 지켜보면서 자신도 우울해지기 시작했다. 그러다 그의 어머니가 심리 상담사에게 치료를 받게 되자 그의 상태도 호전되기 시작했다. 남편이 극심한 허리 통증을 겪자 자신의 몸에서도 같은 통증을 느끼기 시작한 환자도 있었다. 이런 일들은 공감 능력을 개발할 때 종종 발생하지만 상대의 문제를 해결하는 데는 전혀 도움이 되지 못한다.

다른 사람의 이야기에 호응해야 하는 상황도 '회피 동기'를 강화할 수 있다. 특히 자신의 건강, 연애, 가족 갈등, 업무 스트레스에 관해 너무 많은 정보를 털어놓는 친구나 직장 동료가 주변에 있다면 공감이 고된 노동처럼 느껴질 수 있다.

나를 포함해 많은 민감한 사람들은 타인의 감정이나 신체 증상을 흡수하기 쉽다. 너무 많은 자극이 너무 빠르게 몰려들면 감각 과부하로 인해 극심한 고통을 겪게 된다. 그런 상태에 빠졌던 한 환자는 이렇게 토로했다. "건조기 경고음과 자동차 경보기 소리가 들리고 모든 사람이 너무 시끄럽게 떠드는 것 같고 발가락 감각마저 너무 또렷하게 느껴져서 당신들 곁에 있을 수 없다고 어떻게 설명하죠?" 그들의 말은 과장이 아니다.

USC 의대 재학 시절, 나와 동기생들은 '의대생 증후군'에 걸릴 수 있다는 경고를 받았다. 이 증후군은 수련 중인 의사들이 바이러스 감염부터 심장질환, 뇌종양에 이르기까지 자신이 공부하고 있는 질병의 증상을 모방하여 겪는 현상을 말한다(일부 연구에 따르면 의대생의 무려 70%가 이 증후군을 경험한다). 이 현상은 공감 과잉의 한 형태지만, 당시에는 그런 시각으로 바라보지 못했다.

 실제로 많은 의대생들이 높은 이상을 품은 초보 치유자로서 환자 치료에 깊이 몰두하고 너무 많이 공감한 나머지 심한 감정적 동요를 겪기도 했는데, 이 당혹스럽고 다소 불안한 현상을 어떻게 다루어야 할지 제대로 논의하는 사람은 아무도 없었다. 공감 성향이 강해 다른 사람들의 고통을 짊어지려 하는 나는 이 현상에 특히 취약했다. 하지만 안타깝게도 의대생 시절에 우리는 질병에 대한 내면의 두려움을 극복하거나 명확한 경계를 설정하는 법을 배우지 못했다. 이것이 환자를 돕는 데 방해가 될 수 있었는데도 말이다.

 이후 많은 경험을 하며 나는 환자나 다른 사람의 고통을 떠안지 않도록 자신을 보호하는 일이 중요하다는 것을 배웠다. 외부 자극이 너무 강렬하게 느껴질 때는 그 상황에서 물러나 휴식을 취하려고 노력한다.

 공감은 감정을 완전히 닫거나 최대치로 끌어올리는 온-오프 스위치가 없지만, 조절할 수는 있다. 누군가에게 공감할 때 "당신이 걱정되지만, 지금은 이 정도만 도와드릴 수 있어요"라고 연민을 담아 이야기하는 것이다. 그 상황에 얼마나 깊숙이 관여할지는 당신이 결정할 수 있다.

누군가가 많은 것을 필요로 한다고 해서
당신이 그것을 모두 충족시켜 줄 필요는 없다.

어느 정도 공감할지 더 적극적으로 조절하려면 다음과 같은 '권리'를 명심하는 것이 좋다. 이 권리들은 건강한 마음 상태를 유지하고 공감 과부하가 심각해지기 전에 예방하거나 완화하는 데 도움이 될 것이다.

공감 과부하를 방지하는 경계 설정

- 나는 상냥하고 긍정적으로 '아니오' 또는 '사양할게요'라고 말할 권리가 있다.
- 나는 사람들의 고민에 귀 기울이는 시간을 제한할 권리가 있다.
- 나는 나만의 시간을 갖고 모든 사람에게 항상 시간을 내주지 않을 권리가 있다.
- 나는 내 집과 마음속에서 고요한 평화를 누릴 권리가 있다.

2. 감정의 방아쇠

감정의 방아쇠가 당겨졌다면 공감은 아마도 마음속에서 가장 먼저 떠오르는 생각은 아닐 것이다. 이 감정의 방아쇠는 타인의 무례하거나 무신경한 행동 또는 말에 의해 활성화되는 반응점이다. 예를 들어, 과거의 상처를 자극하는 일이 일어나면 다시 감정이 동요하거나 상처받을 수 있다. 동료가 "그 승진은 네 능력 밖이야"라고 말하거나 부모님이 "도대체 누가 네 말을 들으려고 하겠니?"라고 말한다면, 당신은 화가 나고 방어적이 되며 무시를 당했다고 느낄 수 있다. 동시에 마치 자신이 잘못한 것처럼 자기를 의심하거나 열등감을 느낄 수도 있다. 그래서 느닷없이 공격적으로 대응했다가 나중에 후회하기도 하고 과거의 자신을 정당화하고 싶은 마음에 지금 상황과 관련 없는 다툼을 만들어 상황을 악화시킬 수도 있다.

최근에 한 IT 기업에서 공감 교육을 진행했는데 한 직원이 이렇게 말했다. "동료가 내 아이디어를 다 듣지도 않고 부정적으로 평가하고 판단합니다. 그럴 땐 너무 화가 나고 짜증이 나서 공감은 생각도 할 수 없어요."

나는 그 사람에게 이렇게 말했다. "어려운 상황이지만, 한 번만 탐구 정신을 발휘해 보세요. '저 사람은 왜 그럴까?' 하고 그 동료에게 한 번만 공감해 보려고 노력해 보세요. 비판적인 사람들은 대개 자신에게 가장 가혹합니다. 그들이 혼자 있을 때 머릿속에서 얼마나 혹독한 재판을 벌이고 있을지 상상해 보세요. 그들의 행동을 정당화하는 것은 아니지만, 좀 더 연민 어린 시선으로 바라보면 그들의 말에 덜 민감하게 반응할 수 있을 겁니다."

그리고 이렇게 덧붙였다. "한편으로는, 비판하는 말을 듣자마자 화가 벌컥 나는 원인을 살펴보는 것도 중요합니다. 이런 감정적 반응이 발생하는 이유는 뭘까에 대해 생각해 보세요. '나는 능력이 부족해. 이 조직에 어울리지 않아' 혹은 '단호하게 선을 긋는 건 이기적인 행동이야'와 같은, 가족이나 사회로부터 흡수한 부정적인 생각이 마음을 지배하고 있는 건 아닌지 살펴보세요."

의사로서 말하건대, 심리적으로 문제가 있는 사람들만 잘못된 믿음과 오해, 두려움에 휘둘리는 게 아니다. 우리는 모두 치유가 필요한 감정의 방아쇠를 가지고 있다. 그것을 치유하면 다른 사람의 행동에 쉽게 자극받거나 탈진하지 않는다. 또한 타인에게 공감하는 것은 그들을 이해하는 일만이 아니라, 자신에 대한 이유 없는 공격을 분별하고 막아 내는 수단이 된다는 사실을 명심해야 한다.

다음은 감정의 방아쇠를 약화시키는 연습이다.

감정의 방아쇠 원인 치유하기

감정의 방아쇠를 당기는 가장 강력한 상황 세 가지를 노트에 적어라.

누군가가 내 외모나 직업을 비판했던 때일 수도 있고, 내 생각이나 감정을 무시했던 때일 수도 있다. 그런 다음 자신에게 물어보라. 그런 일을 겪을 때마다 떠오르는 사람이 있는가? 가족이나 선생님일 수도 있고 단순히 불공평하게 굴었던 친구일 수도 있다. 그다음 무엇이 당신을 화나게 하는지 구체적으로 적어보라. 그러면 화가 나는 원인을 명확히 찾을 수 있다. 그리고 이렇게 자신을 안심시켜라. "이 중 어느 것도 사실이 아니야. 나는 사랑스럽고 가치 있는 사람이야. 나는 내 의견을 말하고 존중받을 자격이 있어. 상처받고 무가치하다고 느끼는 나의 일부에 공감해. 하지만 나는 치유할 수 있어."

이 연습의 목표는 감정의 방아쇠가 당겨지는 횟수를 줄이는 것이다. 감정의 방아쇠가 민감해지면 지치고 고통스러울 뿐만 아니라 자신과 타인에 대한 공감 사이에 틈이 생긴다. 또한 상처받은 감정을 다루는 데 너무 몰두하다 보면 자기 공감 능력도 떨어질 뿐만 아니라 다른 사람을 깎아내리거나 틀렸다고 지적하는 방식으로 불안과 결핍을 감추려는 사람들에게 휘둘릴 수 있다.

자신의 진정한 가치를 존중하면 감정적 반응도 줄어든다. 다른 사람에게 나를 괴롭힐 힘을 주지 않음으로써 해방감을 얻는 것이다. 여전히 그들의 말에 기분이 상할 수도 있지만, 예전처럼 낙담하거나 화나거나 마치 배를 얻어맞은 것 같은 느낌은 들지 않을 것이다. 이러한 상태에 도달하는 것은 어려운 일이지만, 한 번이라도 성공한다면 점점 더 건강한 반응을 할 수 있게 될 것이다.

3. 과거의 트라우마

때로는 어린 시절의 오래된 트라우마가 오늘날 당신의 공감을 무의식적으로 막을 수 있다. 마음을 열면 다시 상처받을까 봐 두려워서 자기도 모르게 공감을 회피하는 것이다. 어린 시절 트라우마에는 부모나 권위 있는 인물, 또래로부터 창피, 비난, 괴롭힘을 당하거나 고함을 들은 경험 등이 포함된다. 여기에 더해 부모가 나르시시즘이었거나 알코올 중독자 또는 정서적, 신체적 학대를 했다면, 그들은 가스라이팅,[2] 체벌, 기타 다른 조종 방식을 통해 수십 년간 당신의 자존감과 공감 능력, 존엄성을 무너뜨렸을 것이다.

과거는 현재에 영향을 미칠 수 있다. 어린 시절에 트라우마를 겪은 내 환자 가운데 일부는 상담을 할 때마다 "매일 특별한 이유 없이 불안에 시달려요"라고 말한다. 이들은 과도하게 주변을 경계하고, 잠재적인 위협이 있는지 수시로 살피기 때문에 다른 사람을 신뢰하거나 공감할 여지가 많지 않다.

당신 역시 트라우마로 남은 과거를 떠올리게 하는 상황에 노출될 때 그 기억 때문에 갈등 반응이 증폭될 수 있다. 예를 들어, 배우자나 가깝게 지내던 친구가 느닷없이 화를 내거나 당신을 무시하는 태도를 보이면 며칠 동안 그 충격에서 빠져나오지 못할 수 있다.

오래된 트라우마를 치유하려면 과거의 사건들이 공감과 사랑의 능력에 어떤 영향을 미치는지 연민 어린 마음으로 들여다봐야 한다. 사소하거나 너무 작은 트라우마는 없다. 다수의 트라우마 생존자들처럼, 당신도 분노나 슬픔과 같은 특정 감정을 너무 고통스럽다고 느껴 무감각해지거나 공감을 차단하거나 외면하는 방식으로 대처했을 수 있다.

지금 자신에게 물어보라. "나의 트라우마는 무엇인가? 그 트라우마들이 현재의 나를 사랑하거나 건강한 관계를 유지하는 데 방해가 되고 있을까?" 그런 다음 다정한 마음으로 이 부분을 치유할 준비가 되었는지 생각해 보라. 과거를 돌아보는 이유는 충격적인 사건이나 '해야 했던' 일에 집착하지 않고 그것으로부터 배우기 위해서다. 너무 이르게 이 부분을 파고들면 역효과를 낳을 수 있다. 회복이 시작되려면 적절한 때가 왔다고 스스로 느껴야 한다.

트라우마를 다룰 준비가 되었다면 전문 치료사, 트라우마 전문가, 영적 상담가 등에게 추가적인 지원을 받아 민감한 주제에 압도당하거나 트라우마를 다시 경험하지 않도록 하는 것이 좋다. 이런 종류의 강도 높은 치유 작업을 혼자서 할 필요는 없다.

트라우마를 치유하는 데 기본이 되는 도구는 자기 공감이다. 다음은 그 시작을 위한 실천 단계다.

자신에게 연민을 건네기

다정하게 자신에게 말해보자.
"내가 겪은 모든 일에 연민을 가질 거야. 내 잘못이 아니야. 나는 아무 잘못도 하지 않았어. 그런 끔찍한 대우를 받아서는 안 되었던 나의 내면의 아이에게 연민을 보낼 거야. 이제 나는 그 아이를 사랑하고 지켜줄 거야. 그리고 그 아이를 돌보는 어른이 된 나에게도 연민을 가질 거야."

4. 예민한 기질에 대한 부정적 선입견

예민한 사람들은 자신의 예민한 성향 때문에 부끄러움이나 수치심을 느꼈던 경험이 많을 것이다. 부모나 교사로부터 "넌 신경을 너무 많이 써", "좀 대범해져야지", "그렇게 예민하게 굴지 마"라고 지적을 받았을 수도 있고, 자신이 남들과 다르다는 생각에 외톨이가 된 기분을 느꼈을 수도 있다. 또한 그런 부끄러움이나 비난을 피하기 위해 감정을 차단하고 스스로를 단단히 무장하는 경우도 많다. 예를 들어 형제가 '겁쟁이'라고 괴롭힘당하는 것을 보고 강해지기로 결심하거나, 아버지의 분노 폭발로부터 자신을 지키기 위해 감정을 억누르게 될 수도 있다. 이런 식으로 예민한 기질의 사람들에게 공감 능력은 억눌러야 하는 부끄러운 것으로 인식될 수 있다.

선의를 지닌 많은 부모처럼, 내 부모님도 나의 예민함을 부정적이고 감춰야 할 일이라고 느끼게 했다. 나는 세상과 타인을 향해 활짝 열려 있던 내 마음을 닫기 위해 최선을 다했다. 만약 당신도 이 타고난 능력 때문에 부끄러웠다면 더 이상 그러지 말라고 말하고 싶다. 그것은 당신의 훌륭한 자산이다.

이 책에서 제시하는 전략은 예민함에서 오는 어려움을 극복하는 데 도움이 되는 것들이다. 이러한 지원을 통해 공감의 문을 열고 예민한 자아와 편안한 관계를 맺을 수 있을 것이다. 그리고 공감 능력이 다시 깨어나면 당신의 존재 전체가 생명력 있게 깨어날 것이다.

수치심 치유하기

자신의 예민함과 친구가 되겠다고 다짐해 보자.
"나는 다른 사람, 동물, 자연을 깊이 느끼는 내 감수성을 소중히 여길 거야. 공감은 부끄러운 게 아니야. 이제 그 수치심을 치유하고 놓아줄 거야. 그리하여 완전히, 그리고 영원히 그 수치심에서 자유로워질 거야."

5. 시기와 질투

공감의 큰 기쁨 중 하나는 다른 사람의 성공과 행복을 함께 나눔으로써 그들의 고양된 긍정적인 에너지를 공유할 수 있다는 점이다. 위협을 느끼거나 위축되지 않고 친구나 경쟁자의 성공과 행복을 함께 기뻐할 수 있을 때 진정한 해방감을 느낄 수 있다.

그러나 질투와 시기심은 당신에게 오는 이런 긍정적인 흐름을 막는다. 질투는 무언가를 빼앗길까 봐 두려워하는 일종의 불안감이다. 예를 들어, 동료의 성공을 질투하는 것은 그들이 당신의 자리를 빼앗을까 봐 두렵기 때문이다. 반면에 시기심은 명성, 부, 안정적인 결혼 생활 등 다른 사람들이 가진 것이 갖고 싶지만 가질 수 없어서 생겨나는 마음이다. 이런 마음은 타인뿐만 아니라 자기 자신도 미워하게 만든다.

내 안의 질투와 시기심을 연민 어린 마음으로 관찰하라. 그리고 무엇이 그런 감정을 불러일으키는지, 그것들이 친구의 행운을 함께 나누는 것을 어떻게 막는지 기록하라. 그런 다음 불안감에 대해 "나는 이 감정들을 내려놓을 준비가 되었다"라고 기도하듯 속삭여라. 아울러 자존감을 키우면 이런 공감의 장애물을 치유할 수 있다.

당신의 더 큰 자아는 모든 사람에게 충분한 풍요로움이 주어진다는 것을 알고 있다. 자신의 상황과 다른 사람의 상황을 비교하는 것은 불과 얼음을 비교하는 것과 같다.

다음은 관점을 재설정하는 간단한 친절과 감사의 연습이다.

> **자존감을 강화하라**
>
> 자신이 부족하다고 생각하는 부분이나 다른 사람의 삶에 집착하는 대신, 자신이 잘한 일과 감사한 일에 집중해 보자. 비교하며 주눅 들지 않고 나만의 길을 가겠다는 의지를 다져라. 또한 스트레스, 이루지 못한 꿈, 후회에 공감하려고 노력하자. 자신에 대해 좋은 감정을 가질수록 시기와 질투심이 줄어들고, 다른 사람의 성공을 더 많이 기뻐할 수 있다.

6. 비현실적인 기대

사람들에게 너무 큰 기대를 걸지 않고 현실적인 기대치를 갖는 것이 중요하다. 누군가를 이상화하거나 한계를 외면하는 것은 실망을 자초하는 일이다. 우리는 모두 동등한 위치에 있다. 그 누구도 당신보다 우월하거나 열등하지 않다. 헌신적이라고 생각했던 누군가가 "나는 베푸는 사람이 아니야"라고 말했다면 그 말을 부정하지 말고 믿어야 한다.

내 환자 진은 똑똑하고 예민한 기질을 가진 광고 담당 임원이다. 어느 날 그녀는 자신을 사로잡은 한 남자를 만났다. "그는 정말 똑똑하고 다정하고 재미있었어요"라고 그녀는 말했다. 하지만 진은 더 많은 것을 기대했다. 그 남자는 자신이 매우 독립적이며 헌신적인 관계를 원하지 않는다고 말했지만, 진은 그 말을 귀담아 듣지 않았다. 자신이 듣고 싶었던 말이 아니었기 때문이다. 그녀는 '인내심 있게 기다리면 우리의 사랑이 그의 마음을 바꿀 거야'라고 생각했다. 하지만 슬프게도 그런 일은 일어나지 않았다. 진은 엄청난 실망감을 느꼈고 오랫동안 분노와 원망을 품게 되었다.

누군가를 내가 원하는 사람으로 만들려고 하면 필연적으로 실망하게 된다. 그것은 차갑고 기능적인 장비들로 가득 찬 철물점에 가서 맛있고 따뜻한 크루아상과 신선한 커피를 기대하는 것과 같다. 그런 일은 일어나지 않을 것이다. 그런데도 진은 상처받고 화가 났고 자신의 불행을 남자 탓으로 돌렸다.

몇 달이 지나서야 그녀는 상황을 잘못 판단한 자신을 인정하고 그 남자에게 공감도 할 수 있었다.

비현실적인 기대 때문에 이와 비슷한 상황을 만들지 않도록 하자. 우리는 사랑이나 성공을 간절히 원하기 때문에 관계에서든 일에서든 분명하게 드러나는 '위험 신호'를 무시할 수 있다. 그러니 감정에 휘둘리지 말고 중심을 잡아라. 사람과 상황을 정확하게 바라보는 훈련을 해야 한다.

현실 점검하기

새로운 관계나 진행 중인 관계에 대해 자문해 보라.

- 나는 그 사람의 긍정적인 면과 부정적인 면을 모두 보고 있는가?
- 나는 공상적이고 마법 같은 생각을 하는 편인가?
- 나는 그 사람이 자신에 대해 하는 말을 듣는가, 아니면 그들의 행동에 내가 만든 해석을 덧붙이는가?
- 내 기대는 현실적인가?
- 경고 신호를 인지하는가?

위 질문은 자신이 다른 사람들을 있는 그대로 보고 있는지 아닌지 점검할 수 있는 문항들이다. 연민 어린 마음으로 자신의 답변을 살펴보자. 하나 이상의 질문에 부정적으로 답했다면, 기대치와 현실을 더 잘 일치시킬 방법을 모색하라.

 사랑과 충성을 되돌려받을 수 없는 사람에게 계속 베풀지 마라. 또한 상대가 줄 수 있는 것보다 더 많은 것을 기대하지 않도록 주의하라. 광기의 한 가지 정의는 같은 상황을 계속 반복하면서 다른 결과를 기대하는 것이다. 때때로 공감을 한다는 것은 다른

사람이 최선을 다하고 있다는 사실을 인정하고(비록 그것이 훌륭하지 않더라도) 그에 따라 기대치를 낮추는 것을 의미한다. 그렇게 하면 다른 사람이 줄 수 있는 것에 대해 더 많이 공감하고 받아들이는 현실적인 관계를 맺을 수 있다.

7. 누군가를 좋아하지 않을 때

싫어하거나 어울리기 힘들거나 의견이 맞지 않는 사람에게 공감하는 것은 훨씬 더 어렵다. 하지만 공감이란 서로의 의견이 다르거나 성격이 마음에 들지 않아도 그 사람이 왜 그런 행동을 하는지 이해하려는 태도를 뜻한다.

우리는 모두 때때로 까다로울 수 있다는 것을 기억하라. 그것이 인간의 본성이다. 이를 깨닫는다면 타인뿐 아니라 자기 자신에게도 조금 더 너그러워질 수 있다. 단, 여기서 말하는 '싫은 사람'은 가학적인 사람들이 아님을 미리 밝힌다(이 부분은 8장에서 설명할 것이다). 여기서는 그저 짜증을 내거나 비판적이거나 기타 다루기 힘든 행동을 보이는 평범한 사람들을 말한다.

인도에서는 서로 인사할 때 가볍게 고개를 숙이며 '나마스테 Namaste'라고 말하는데, 이는 '당신 안에 있는 영혼(신성)을 존중합니다'라는 의미를 담고 있다. 우리는 다른 사람의 성격이나 삶의 방식이 마음에 들지 않더라도 그들의 영혼을 존중할 수 있다.

누군가를 완강히 싫어하면, 그것은 주로 자신에게 해를 끼치는 분노가 되어 결국 행복한 일에 사용할 수 있는 많은 에너지를 싫어하는 사람에게 낭비하게 된다. 어쩌면 공감은 다른 사람을 변화시키기보다 자신이 평화를 찾는 데 더 큰 도움이 될 수 있다.

> **나마스테 체험**
>
> 짜증 나게 하는 사람이나 마음에 들지 않는 사람에게 '나마스테'라고 말하는 연습을 해보라. 그러면 부정적인 감정을 불러일으키지 않고 서로의 소통에 긍정의 힘을 더 많이 불어넣을 수 있다. 누군가를 좋아하거나 싫어하는 것을 강조하는 대신, 속으로 그 사람에게 '나는 당신의 영혼과 당신이 겪은 어려움을 존중합니다. 당신의 건강과 행복을 기원합니다'라고 말해보자.

8. 피로와 과부하

충분히 휴식을 취하고 압박감이 없을 때 공감하기가 더 쉽다. 잠은 당신의 친구다. 수면은 신경계를 진정시키고, 뇌를 회복하며, 영혼을 새롭게 함으로써 우리의 몸과 마음을 치유한다. 오늘 밤 충분히 잔다면 다음 날 눈을 뜨자마자 새로운 날이 시작됐다는 것이 진실로 느껴질 것이다.

밀어붙이고 서두르는 것도 공감을 가로막을 수 있다. 열심히 일하지 말라는 뜻은 아니지만, 일정이 너무 빡빡해서 불안하거나 지치거나 짜증이 솟구치는 상황은 피해야 한다. 피곤하거나 스트레스를 받으면 공감하기는 거의 불가능하다.

최근에 어린 시절 기념품 상자를 정리하다가 "주디(당시 별명)는 훌륭한 학생이지만 너무 자신을 몰아붙이는 것 같아요. 그러지 않아도 돼요!"라고 적힌 초등학교 5학년 통신문을 발견했다. 나는 항상 열심히 일하는 것을 좋아했다. 지금은 속도를 조절하는 법을 배웠기 때문에 지치는 일이 거의 없지만, 압박감을 느끼거나 너무 밀어붙일 때 나는 퉁명스럽고 덜 공감하게 된다. 그건 내가 원하는 모습이 아니다.

수면과 휴식을 우선순위에 두라

인생의 현실적인 요구를 충족하기 위해서는 휴식이 중요하다. 수면 시간을 희생하지 않겠다고 다짐하라. 그리고 뇌 기능과 신체 에너지, 사랑 가득한 마음을 재충전하기 위해 필요할 때마다 휴식을 취하자. 이는 자신에게 친절하게 대하고 공감 능력을 키우는 가장 빠른 방법이다.

9. 귀에 거슬리는 소음

공감 능력이 뛰어난 사람들은 종종 소리에 민감하고 시끄러움을 견디는 내성이 낮다. 예를 들어, 구급차가 지나갈 때면 사이렌 소리가 몸 전체에 울려서 귀를 가려야 한다. 공기 드릴, 귀를 울리는 음악, 시끄럽고 끊임없는 이야기, 개 짖는 소리 등 크고 거슬리는 소음(특히 지속해서 들리는 경우)은 긴장을 유발해서 공감은커녕 명확하게 생각하는 것조차 어려워질 수 있다. 그러면 초민감자나 예민한 기질의 사람들은 무의식적으로 자신을 보호하기 위해 방어벽을 쌓고 감정을 차단할 수 있다. 그런 상황에서는 가급적 빨리 조용한 환경을 찾아 소리에 대한 민감도를 떨어뜨리는 것이 좋다.

연구에 따르면 소음은 스트레스, 불면증, 불안, 고혈압, 심장질환을 악화해 인체에 해로운 생리적 영향을 미친다.[3] 지속해서 과도한 소음에 노출되면 두뇌의 편도체(공포, 폭력성과 같은 감정과 고통스러운 기억의 중추)가 활성화되어 스트레스 호르몬을 급증시킨다. 스트레스 호르몬은 면역력을 저하하고, 짜증을 유발하며, 공감 대역폭을 좁힌다. 놀랍게도 세계보건기구WHO는 최근 서유럽에서 과도한 소음이 3천 건의 심장병 사망 및 수백만 명의 수명 단축과 관련이 있다고 보고했다![4]

갑작스러운 큰 소음은 외상 후 스트레스 장애PTSD와 공황 발작도 유발할 수 있다. 예를 들어, 불꽃놀이 또는 자동차 역화 소리는 전쟁터에서 잔혹한 학살을 경험한 참전 용사에게 폭력적인 장면을 회상하게 할 수 있다. 또한 총소리는 총기 폭력을 경험한 사람에게 그 당시 기억을 떠올리게 할 수도 있고, 크고 공격적인 목소리는 어린 시절 부모님이 격렬하게 다투던 장면을 떠올리게 할 수도 있다. 이렇듯 갑작스러운 큰 소음은 감각 회로에 과부하를 일으켜 잠재된 과거의 트라우마를 의식의 표면으로 끌어올려 심리적 방어를 무력화할 수 있다.

특히 민감한 사람들은 정보를 처리하는 데 시간이 많이 필요하기 때문에 해결할 문제가 있을 때는 그 상황에서 잠시 벗어나 시간을 갖는 것이 좋다. 많은 사람이 영화나 텔레비전 프로그램에 몰두하여 마음을 진정시키는데, 물론 그 방법도 좋지만 때로는 소음에서 완전히 탈출하여 조용하고 평온하게 보내는 편이 나을 수 있다. 조용한 방에서 휴식을 취하거나, 명상하거나, 혼자만의 시간을 갖는 것이 긴장을 푸는 데 훨씬 도움이 된다. 명상 음악이나 편안한 오디오북을 듣거나, 영감을 주는 시나 미술 작품을 감상하는 것도 뇌가 인지적 명확성을 회복하는 데 도움이 된다.

침묵을 통한 회복

조용히 혼자 시간을 보내는 것은 신경계와 마음을 진정시키는 자기 공감의 행위다. 적어도 5분간, 더 좋게는 한 시간 이상 아무도 방해할 수 없는 곳에서 완전한 침묵의 시간을 가져 보라. 어느새 활력을 되찾을 수 있을 것이다. 나처럼 사무실이나 침실 문에 '방해 금지' 표지판을 걸어 보라. 공식적으로 세상에서 벗어날 수 있고 요구사항과 해로운 소리에서 자유로워질 수 있다. 소음 차단 이어폰을 사용하는 것도 좋다.

너무 조용한 것이 불안하다면 가까운 공원이나 골목길을 산책하며 긴장을 푸는 것도 좋다. 그저 한 걸음 한 걸음에 집중하라. 이를 '마음챙김 걷기'라고 한다. 아무것도 하지 마라. 무념무상을 유지하라. 천천히 움직이고 말을 삼가라. 생각이 떠오르면 호흡, 즉 들숨과 날숨에 계속 집중하라. 삶을 가만히 내버려두는 것만으로도 몸과 마음이 생기를 되찾는다.

서로의 차이에 공감하는 법

실제든 인식된 것이든 '차이'는 공감을 가로막는 장애물이 될 수 있다. 연구에 따르면, 자기 경험과 다를 때 공감하기가 더 어려울 수 있다고 한다. 사람들은 일반적으로 유사성에서 편안함을 찾는 경향이 있기 때문이다. 어떤 반응이 나타날지 예측할 수 없거나 어떤 부분이 '다르다'고 느껴지면 마음을 열기 어렵다. 따라서 공감 능력을 향상하고 싶다면 익숙함에 대한 조건반사 반응을 염두에 두고, 처음에는 잘 이해되지 않는 사람들에게도 마음을 여는 연습을 해야 한다. 그러면 타인의 '다름'뿐만 아니라 자신의 독특함, 욕구, 차이점에 대해서도 공감할 수 있다.

예를 들어 모든 사람이 세상을 같은 방식으로 인지하는 것은 아니다. 자폐 스펙트럼 장애ASD나 주의력결핍 과잉행동장애ADHD와 같은 신경다양성neurodiversity을 생각해 보면 독창적이고 창의적인 인지 방식이 존재한다는 것을 알 수 있다.

각각의 인지 방식에는 고유한 재능과 어려움이 존재한다.[5] 자폐 스펙트럼 장애를 가진 사람 중에는 거주형 요양 시설에 들어가야 하는 경우도 있지만, 더 높은 수준으로 사회생활을 영위하거나 심지어 '천재적인' 수준의 능력을 발휘하는 이들도 있다(이전에는 아스퍼거 증후군으로 분류되던 ASD의 한 형태이다). 잘 알려진 '아스피(aspie, 아스퍼거 증후군이 있는 사람-옮긴이)'로는 애플의 스티브 잡스, 테슬라의 일론 머스크, 자폐증 교육자로 유명한 템플 그랜딘 박사가 있다.

어떤 유형이든 신경학적 다양성을 가진 사람을 대할 때는 공감 어린 시선으로 바라보는 것이 중요하다. 이는 특정한 인지 방식이 실생활에서 다소 어려움을 줄 수 있더라도 그것을 잘못됐다거나 부족하다고 판단하지 않고 다양한 인지 방식을 존중한다는 의미다.

과거에는 자폐 스펙트럼에 속하는 사람들은 공감 능력이 없다고 여겨지곤 했다. 하지만 템플 그랜딘 박사를 포함해 자폐증을 연구하는 사람들은 자폐 스펙트럼에 속한 사람들도 공감을 할 수 있으며 그 방식이 다를 뿐이라고 말한다.

다음 문단에서는 신경학적 다양성을 가진 사람들과 소통할 때 공감하는 태도를 보이려면 어떻게 해야 하는지 좀 더 알아볼 것이다.

다름에 대한 존중

신경다양성을 가진 사람들에 대한 공감력을 키우는 첫 번째 단계는 상대의 처지를 이해하는 것이다. 예를 들어, 자폐 스펙트럼 장애가 있는 사람을 대할 때는 그들의 신체적 혹은 정서적 반응이 나와 다를 수 있음을 인정하고 상대의 리듬과 속도에 맞춰 소통하는 것이 공감의 출발점이다. 더 천천히 말하라(반대로 당신이 자폐 스펙트럼에 속하고 상대방이 편하게 느껴진다면, 상대에게 말을 천천히 해달라고 요청할 수 있다). 질문을 할 때는 응답을 기다려라. 자폐 스펙트럼에 속한 사람 중 일부는 당신이 말하는 내용을 처리하고 반응하는 데 시간이 오래 걸릴 수 있다.

또한 자폐 스펙트럼 장애가 있는 사람은 만지거나 눈을 마주치는 것, 소음, 혼란스러운 환경에 과도하게 자극을 받는다는 점에 유의하라. 일반적으로 상대방이 괜찮다고 허락하기 전까지는 포옹하지 않는 것이 좋다. 말로 소통할 수 없는 사람이라도 진심으로 다가가 그들을 받아들이고 호기심을 가져 보라. 서로에 대해 배울 것이다. 이는 끊임없는 연결과 존중의 과정이다.

나는 종종 감각 과부하를 경험하는 초민감자와 매우 예민한 사람들도 자폐 스펙트럼에 속하는지에 대한 질문을 받는다. 내가 발견한 바로는 일부 초민감자가 자폐 증상을 보이기도 하지만, 자폐 스펙트럼에 속하는 사람들은 일반적으로 초민감자가 아니다.

이 책을 쓰는 동안 나는 영광스럽게도 콜로라도 주립대학교의 동물과학 교수인 템플 그랜딘 박사와 이야기를 나눌 기회가 있었다. 그녀는 자신의 자폐 스펙트럼 경험을 솔직히 털어놓았다. 그랜딘 박사는 동물이나 사람이 상처받는 것을 목격하면 자신도 그 아픔을 느끼고 즉시 공감하기 때문에 돕기 위해 행동한다고 말했다. 그녀는 자신의 감정을 '지나가는 뇌우' 같다고 표현하면서, "감정이 요동칠 때는 가능한 한 현재에 더 집중하려고 노력합니다"라고 덧붙였다. 그녀의 이런 습관은 자폐 스펙트럼에 속하는 사람들이 감정적으로 민감한 상황에서 중심을 유지하는 데 도움이 될 수 있다.

인종, 민족, 성별, 성적 취향, 신경다양성 등 서로의 다름을 인정하려면 공감하는 태도가 필요하다. 이러한 주제를 깊이 탐구하는 일은 이 책의 범위를 벗어나지만, 공감은 모든 영역에서 자신과 타인을 이해하는 데 도움이 될 수 있다. 우리의 마음을 닫게 만들거나 존중, 관용, 사랑보다는 오해를 조장하는 장애물을 없애는 것, 그것이 언제나 우리가 지향해야 할 목표다.

앞서 설명한, 공감을 가로막는 일반적인 장애물들이 당신의 삶에서 어떤 역할을 하는지 지속적으로 점검해 보길 바란다. 나 역시 나 자신과 타인에게 공감하려는 욕구를 가로막고 다른 이들에게 도움이 되는 능력을 제한하는 장애물들을 제거하기 위해 항상 노력한다. 그리고 동시에 공감하지 못했거나 나도 모르게 망설였던 순간에 대해 스스로를 비난하지 않으려고 노력한다. 그럼에도 불구하고 공감하기 어려운 순간들이 오면(분명히 찾아온다), 잠시 멈춰 휴식을 취하며 다시 치유의 길을 계속 걸어갈 수 있도록 마음을 다잡는다.

우리에게는 가능한 한 많은 공감이 필요하다. 공감은 삶을 긍정하는 기본적인 자질이다. 그러니 공감과 자기 치유를 삶의 우선순위에 두길 바란다. 공감을 가로막는 장애물을 만나면 잠시 멈춰 휴식을 취하라. 아무것도 억지로 하지 마라. 항상 자신에게 친절하고 자애로움을 보여라. 사랑은 가까이 두고 잘 보살피면 계속 자라난다.

The Genius of Empathy

공감 실천하기

변화 과정 인지하기

매일 다음과 같이 말해보자.
"나는 소중하고 공감할 줄 아는 사람이다. 그 사실을 깨닫지
못하게 하는 장애물을 모두 치유하기로 다짐한다.
나는 완벽하지 않다. 나는 도전과 성장이 필요한 부분을 차근차근
탐구하고 따뜻한 마음으로 이해하기 위해 노력할 것이다.
매일 나는 조금씩 치유되고 있다.
내 공감 능력은 점점 더 깨어나고 있으며,
나는 내가 이룬 변화와 성장이 자랑스럽다."

상대의 고통을 듣되
그 감정에 빠져 허우적대지 않는 것,
'들어준다'와 '휩쓸린다' 사이에 선명한 선을 긋는 것,
때로는 "지금은 도와줄 수 없어"라고 말하는 것이 공감이다.

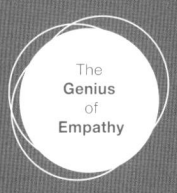

2부

관계 치유하기

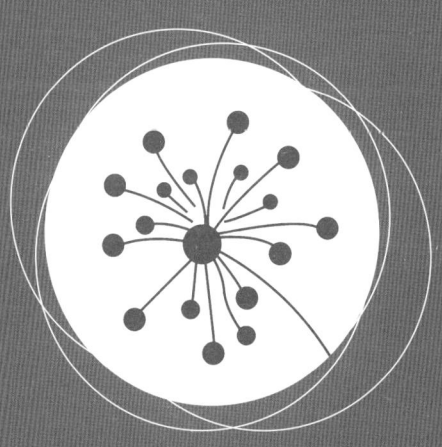

공감적 경청의 힘
: 오프라 윈프리가 3만 명과 인터뷰한 후
알게 된 것

누군가가 진심으로 내 말에 귀를 기울여 주면 정말로 따뜻하고 기분 좋은 느낌이 든다. 나는 상대의 주의를 끌기 위해 애쓰지 않아도 되고, 상대도 논쟁을 벌이거나 자기 이야기만 늘어놓거나 원치 않는 조언을 하지 않는다. 그저 너그럽게 나를 있는 그대로 받아들이고 지지하는 마음으로 곁에 있어 줄 뿐이다.

공감하며 경청하기는 자신의 존재와 관심을 통해 타인을 치유하는 방식이다. 경청이 필요한 사람에게 시간, 집중력, 연민을 의식적으로 제공하는 것이다. 들어주는 사람은 서두르지 않고 산만함 없이 오롯이 그 순간에 집중한다. 메시지를 확인하거나, 인터넷을 하거나, 텔레비전을 보거나, 주변을 살피거나, 전화를 받지 않는다. 조용히, 상대에게 집중하며 귀를 기울인다. 그저 함께 존재하는 것이다.

이제 나는 당신이 다른 사람의 말(그리고 말하지 않는 것까지)을 머리뿐만 아니라 마음과 직관으로 이해하는 방법을 알려주려고 한다. 상대방의 말에 동의하거나 좋아할 필요는 없다. 그렇게 하지 않아도 상대방은 당신이 자기 말을 '듣고 있다'고 느낄 것이고, 그 과정에서 당신은 상대방의 진심을 보다 명확하게 파악할 수 있을 것이다.

공감하며 경청하기는 직장, 친밀한 관계, 삶의 모든 영역에서 효과적인 소통의 비결이다. 하버드 비즈니스 리뷰에 따르면 최고의 경청자는 상대의 자존감을 높이고 이해받고 있다고 느끼게 한다.[1] 사람은 누구나 자기 말에 귀 기울이지 않거나 감정에 대해 이래라저래라 간섭하면 입을 닫거나 화를 낼 수 있다. 그 정도가 심하면 친밀하고 신뢰하는 관계를 포기하기도 한다. 이것은 우리가 원하는 결과가 아니다. 우리의 목표는 특히 갈등 상황에서 상대방이 존중받는다고 느끼게 하는 것이다. 오프라 윈프리는 이렇게 말했다. "이 TV 쇼에서 거의 3만 명의 사람들과 이야기를 나눴는데 한 가지 공통점이 있었어요. 그들은 모두 인정받고 싶어 했어요. 그들이 알고 싶어 한 것은 "나를 이해해요? 내 말 듣고 있나요? 내가 하는 말이 당신에게 의미가 있나요?" 였어요.[2]

이 세상에서 우리에게 귀 기울여 주는 사람들은 누구일까? 부모님과 가족, 사랑하는 친구, 선생님, 치유자, 영적 멘토 등을 꼽을 수 있다. 말없이 곁을 지켜주는 반려동물도 빼놓을 수 없다. 내 소울메이트 반려견 파이프도 의대생 시절은 물론 연애 문제로 내가 힘들어할 때 묵묵히 내 이야기를 들어줬다. 동물들은 정말 따뜻하고 훌륭한 경청자다.

또한 이미 알고 있을지 모르지만, 기도를 통해 초월적인 존재들과 마음으로 소통할 수도 있다. 그들은 천사, 사랑의 에너지, 조상, 신 등으로 불린다. 우리가 마음을 열면 그들은 언제든 참을성 있게 귀 기울여 주고 위안을 줄 것이다.

내가 좋아하는 영화 〈베를린 천사의 시〉는 베를린 도서관 꼭대기에서 세상을 내려다보는 천사들의 이야기다. 천사들은 애정 어린 수호자로서 인간의 이야기를 경청하고 위로를 준다. 위로가 필요할 때 당신도 이런 경청자에게 도움을 요청할 수 있다.

이 장에서는 공감하며 경청하기의 기술을 되찾는 데 초점을 맞춘다. 그 소중한 기술이 잊힌 예술이 되지 않도록 말이다! 놀라울 것도 없지만, 연구에 따르면 문자 메시지와 지나친 스크린 사용은 우리의 경청 능력을 저하시킬 수 있다. 직접 소통 대신 이러한 기술에 더 많이 의존할수록 우리는 덜 듣게 된다. 집중하는 시간은 짧아지고 공감 능력은 줄어들며 정보 과부하에 시달린다.[3] 그러므로 기술의 혜택을 누리면서도 타인에게 필요한 만큼의 집중력과 관심을 기울이는 것을 잊지 말아야 한다.

삶의 속도가 훨씬 느렸던 1950년에 가정의학과 의원을 개원한 어머니는 나에게 공감하며 경청하기를 가르쳐주었다. 수줍음 많던 소녀였던 나는 어머니의 흰색 캐딜락 컨버터블을 타고 왕진을 따라다녔다. 우리는 야자수가 늘어선 로데오 드라이브를 지나 벨

에어 언덕까지 차를 몰았다. 청진기, 반사 망치, 붕대 등 각종 도구로 가득 찬 어머니의 낡은 검은색 가방은 나를 매료시켰다. 아무도 보지 않을 때 나는 내 방에서 그 도구들을 가지고 놀면서 누군가를 치료하는 상상을 하곤 했다.

왕진을 다닐 때면 나는 조용히 옆에 앉아 어머니가 눈을 지그시 감고 이마에 주름을 만들며 환자의 심장과 폐 소리를 차분히 듣는 모습을 경외심에 차서 지켜봤다. 때로 어머니는 환자의 증상뿐만 아니라 그 가족들의 두려움에도 귀를 기울였다. 그리고 그들의 걱정을 해결해 주었다. 어머니는 내 롤모델이었고, 나에게 공감 능력과 좋은 의사가 되는 법에 관해 많은 것을 가르쳐주었다.

정신과 의사로서 나는 전문적으로 경청하는 훈련을 받았고, 이 역할은 나에게 엄청난 만족감을 준다. 나는 30년 넘게 내 진료와 워크숍에서 이 공감 기술을 연마해 왔다. 환자와 워크숍 참가자들의 가장 가슴 아픈 순간은 물론 기쁨과 은혜의 순간에도 나는 그들의 이야기, 진실, 고군분투, 치유를 향한 의지에 귀를 기울였다. 환자와 함께 있을 때는 내 개인적인 문제, 고민, 아픔을 내려놓고 100퍼센트 그들에게 집중한다. 그 시간만큼은 환자가 나의 우주가 된다. 마치 시간이 멈추고 '지금'만 존재하는 듯 나는 온전히 현재에 집중한다.

치유는 신성한 노력이다. 진료실에는 결코 나와 환자만 있지 않다. 이 성스러운 만남에는 내가 '더 높은 권능'이라고 부르는 신성한 조력자가 항상 함께한다. 그 도움으로 나는 환자의 안내자이자 경청자가 된다. 하지만 그들을 '고치는' 것은 내 역할이 아니다. 나는 그들이 고통스러워하거나 혼란스러워할 때 그들에게 빛을 비추며 방향을 제시할 뿐이다. 크든 작든 감정적, 신체적 고통이 해결되려면 시간이 걸린다. 그 치유 과정을 함께한다는 것이 나에겐 큰 영광이다. 나는 내 역할에 대해 명확한 경계를 유지함으로써 환자들의 스트레스를 흡수하지 않도록 스스로를 보호한다.

공감하며 경청하기는 주는 사람과 받는 사람 모두에게 치유의 경험이 될 수 있다. 하지만 자신의 한계를 알고 얼마만큼의 시간과 에너지를 쏟을지 분별하는 것이 무엇보다 중요하다. 이런 의문이 들 수도 있다. "누군가의 갈등, 고통, 혼란에 압도되지 않고 어떻게 경청할 수 있을까? 얼마나 오래 들어야 할까? 직관적으로 타인의 상태를 파악하고 명확히 듣는 방법이 있을까?" 이 책에서는 당신이 공감하며 경청하기를 인간관계에 편안하게 적용할 수 있도록 이 모든 사항을 살펴볼 것이다.

경청이라는 최고의 응원

작가 어니스트 헤밍웨이는 소설 『강을 건너 숲속으로Across the River and into the Trees』에서 이렇게 조언한다. "사람들이 말할 때 완전히 집중해서 들으세요. 다음 할 말을 생각하지 마세요."[4]

공감하며 경청하기를 연습할 때는 상대방을 지지하는 태도로 함께 있어 주는 것이면 충분하다. 좋은 말을 생각할 필요도 정의로운 판단을 할 필요도 없다. 들어주는 것은 힘든 시기를 겪고 있거나 갈등을 해결하고 싶어 하는 사람을 존중하는 최고의 행위이며, 그들에게 자신을 표현할 수 있는 공간을 열어주는 일이다. 또한 사람들은 프로포즈, 승진, 자연의 경이로움 등 행복한 순간과 획기적인 사건들을 나누고 싶어 한다. 타인의 기쁨을 경청하는 것 역시 아름다운 공감이다.

경청은 말하기와 매우 다르다. 경청은 조용하고 비언어적인 사랑의 표현이며, 완전히 집중된 마음으로 상대와 함께 있는 정신적 연대의 행위이다. 이를 '수동적 경청'이라고도 하는데, 질문을 하거나 의견을 주고받으며 대화하는 '능동적 경청'과는 다르다. 버진 애틀랜틱의 창립자인 리처드 브랜슨 경은 성공적인 리더가 되는 비결로 "말을 하는 것보다 더 많이 듣는 것"을 꼽는다.[5] 열린 마음으로 상대에게 귀를 기울일 때 진정한 마법이 일어날 수 있다.

나는 삶의 갈림길에서 이런 깊이 있는 경청을 경험하는 축복을 누렸다. 1980년대에 나는 소중한 친구이자 멘토인 스테판 A. 슈워츠를 처음 만났다. 그는 미래학자이자 과학자이며 사파리 조끼를 입은 모험가로, 고차원의 의식 상태에 관한 연구에 평생을 헌신했다. 우리는 종종 로스앤젤레스 시내에 있는 단골 일본 식당에서 만났다. 당시 나는 환자 치료에 직관을 활용하는 문제를 세상에 밝힐지 말지 고민하고 있었다. 직관이 신뢰할 만한 도구인지 확신이 서지 않았고, 동료 의사들이 어떻게 생각할지 걱정됐다.

스테판은 나의 두려움을 친절하게 들어주었다. 또한 내가 어릴 때 예지몽으로 인해 느꼈던 수치심에 대해서도 들어주었다. 내 꿈들이 실제로 이루어지자 부모님은 불안과 놀라움이 교차하는 눈빛으로 "이 집에서 다시는 그 얘기를 꺼내지 마라!"라고 말했다. 그 이후로 여러 해 동안 나는 스스로를 '뭔가 잘못된 이상한 사람일지도 모른다'고 의심하며 홀로 괴로워했다.

놀랍게도 스테판은 그 이야기를 듣고도 움찔하거나 거리를 두지 않았다. 그는 내 맞은편에 앉아 내가 털어놓는 비밀을 열심히 들어주었다. 수년간 직관적인 목소리를 억누르며 살아온 나에게 그것은 엄청난 치유 경험이었다. 그는 결코 내 말을 끊지 않았고 심지어 메모까지 했다. "주디스, 나중에 다시 얘기할 수 있도록 모든 걸 메모해 둘게요. 환자들과 상담할 때뿐만 아니라 다른 상황에서도 직관을 사용하는 방법을 내가 알려줄게요"라고 말하면서! 그 말을 들은 순간 내 마음은 녹아내렸다. 그렇게 조건 없는 경청을 언제 경험했는지 기억나지 않았다.

우리 모두 이런 수준의 경청을 서로에게 선사할 수 있다. 방법은 간단하다. 한 사람이 하나의 문제에 대해 정중하게 자신의 의견을 표현하고, 상대방은 경청하며 말을 덧붙이지 않는다. 가끔 고개를 끄덕이거나 따뜻하게 미소 짓거나 '그렇군요' 같은 몇 마디 말을 하는 것은 좋지만, 끝날 때까지 대화는 최소화한다. 그러면 상대방은 당신이 그들과 함께 있고, 당신의 마음이 딴 곳에 있지 않다는 것을 알 수 있다. 그들이 이야기를 마쳤을 때 짧은 피드백이나 응원의 말을 요청할 경우 편안하게 느껴진다면 말해줘도 좋다.

서로 시간이 맞을 때 좋아하는 장소에서 부담 없이 만나는 게 가장 좋지만, 건강 문제나 관계의 파탄 등 당장 처리해야 하는 위기 상황에서는 짧게라도 시간을 내어 이야기를 들어주는 것이 좋다. 분명히 말하지만, 이 시간은 상담 치료가 아니며 상황을 비판하거나 상대의 잘못을 지적할 기회도 아니다. 이는 어디까지나 경청을 통해 마음을 나누는 것을 목적으로 한다.

대화하기 전, 그리고 대화하는 중에 어떻게 해야 할지 모르겠다면 다음의 일반적인 원칙을 참고하길 바란다.

경청할 때 해야 할 일과 삼가야 할 일

할 일

- 상대방이 자신을 표현할 수 있는 안전한 공간을 조성한다. 판단이나 심문 없이 편안하게 자신의 이야기를 털어놓을 수 있는 분위기를 만든다.
- 더 많이 듣거나 말을 줄이거나 조용히 있어 준다.
- 아량 있는 태도를 지닌다.
- 친절한 목소리 톤을 사용한다.
- 사랑과 수용의 마음으로 다가간다.

- 배려와 관심을 보여준다.
- 눈을 부드럽게 마주친다.

삼가야 할 일
- 상대방의 고통을 해결하거나 치유하려고 한다.
- 자신 또는 다른 사람의 비슷하거나 더 안 좋은 경험을 들려줘서 대화의 주도권을 빼앗는다.
- 대화 중간에 해결책을 제시하거나 자신에게 효과가 있었던 방법을 조언한다.
- 상대의 말에 끼어들거나 대신 문장을 끝맺거나 말을 가로막는다.
- 상대방이 말한 내용이나 말투를 바로잡는다.
- 상황을 판단하거나 과소평가한다.
- 꼼지락거리거나 하품하거나 휴대전화를 확인하거나 지루한 표정을 짓는다.

모든 '삼가야 할 일' 중에서 사람들을 가장 화나게 하는 것은 자신이나 다른 사람이 겪은 비슷한 경험을 장황하게 설명하여 대화의 초점을 자신에게로 돌리는 것이다. 예를 들어 "나랑 제인도 똑같은 일이 있었어. 작년에 제인이랑 휴가를 갔을 땐데…"라는 식으로 대화의 주도권을 빼앗는 사람들이 있다. 물론 자기 경험을 공유하는 게 상대에게 도움이 될 것 같다고 강하게 느낄 수도 있다. 하지만 경청할 때는 적절하지 않다. "이해해요. 저도 비슷한 일을 겪었거든요" 정도로 공감만 표현하거나 상대가 요청할 때 짧게 얘기하는 게 좋다. 경청하는 동안에는 자기 생각을 잠시 멈추고 상대방의 에너지와 말에 집중해야 한다.

공감적 경청을 위한 10단계

공감하며 경청하기는 타인을 위해 마음의 공간을 비워 두는 일이다. 서둘러 문제를 해결해 상대를 제자리로 돌려보내는 것이 아니라 진심으로 지지하며 차분하게 곁에 있어 주는 것이다. 공감의 진정한 힘은 판단하는 자아를 넘어서서 다른 사람의 감정과 관점에 연민을 가지고 귀 기울여 듣는 데 있다.

특히 상대가 당신과 개인적인 갈등을 겪고 있다면, 비난하거나 망신을 주거나 분노하거나 공격하지 않는 것이 기본이다. 이 경계를 지키며 상대가 머무를 수 있는 마음의 자리를 마련하라. 그리고 답변하기 위해서가 아니라 이해하려는 목적으로 경청하라. 공감하며 경청하기의 핵심은 '행동'보다 '곁에 있기'에 있다. 당신의 태도는 생각보다 큰 변화를 만들어낼 수 있다.

다음에 설명하는 10가지 단계를 연습하면 다양한 상황에서 타인을 위한 마음의 공간을 마련하는 데 도움이 될 것이다.[6]

1단계 : 중립을 지키고 목격자가 되라

경청자로서 당신은 타인의 고통과 혼란(또는 즐거움)에 지나치게 개입하거나 간섭해서는 안 된다. 당신은 목격자가 되어야 한다. 미소와 끄덕임, 따뜻한 말 한마디로 공감은 하되, 반응하거나 문제를 바로잡으려 하지 않는다. 한 워크숍 참가자는 "해결책을 원하는 게 아니에요. 그저 들어줄 사람이 있으면 좋겠어요. 보통은 내가 스스로 해결할 수 있어요. 무엇보다도 내가 괜찮을 거라는 확신을 얻고 친구가 곁에 있다는 걸 알고 싶어요"라고 말했다.

즉, 경청한다는 건 상대의 몸짓, 목소리 톤, 감정의 폭, 에너지, 말의 의도 등을 살피며 그들을 '지켜봐 주는' 목격자이자 관찰자가 되는 것이다. 그렇게 연민 어린 집중을 유지하며 상대의 상황을 이해하고 공감하는 것만으로도 치유는 시작된다.

2단계 : 최대한 수용하라

자기 생각과 다르거나 자신을 불편하게 만드는 논리에 관대해지도록 노력하라. 친구가 "기침이 심해져도 담배를 끊지는 않을 거야"라거나 "전 상사를 계속 미워하는 건 내 자유야"라고 말해도 그냥 들어줘라. 친구의 의견에 동의하거나 친구의 입장을 용납할 필요는 없다. 그저 서로 다른 신념으로 인해 새로운 것을 배울 수도 있다는 점만 기억하라.

경청이란 단순히 듣는 것이며, 상대방이 어떤 생각을 하는지 알아가는 것이다. 최대한 인내심을 유지하고 반응하지 않도록 하라. 당신을 짜증 나게 하는 언어에 집착하지 마라. 심호흡하고 흘려보내라. 마음속으로는 '이 사람 너무 심한데!'라고 생각할 수도 있다. 그래도 계속 듣는 사람으로 돌아가라.

상대의 입장이 되어 보기 전까지는 다른 사람을 판단하지 않는 것이 일반적인 원칙이다. 학대나 폭력까지 수용하라는 말은 아니다. 다만 누군가의 이야기를 듣는 것은 그들을 어떻게, 얼마나 도울 수 있을지를 결정하는 데 도움이 된다. 이는 그들에게 전문가의 도움을 받도록 제안하는 것을 의미할 수도 있다.

우리는 모두 불완전하며 대부분 최선을 다하고 있다. 하지만 일부 사람들은 정서적 한계가 심각해서 그들의 '최선'이 대단하지 않을 수 있다. 최소한 당신은 그들의 마음이 닫히거나 양심이 결여된 원인에 대해 공감하려고(면죄부를 주는 게 아니다) 노력할 수는 있다. 구체적인 사정은 알지 못하더라도 말이다. 상대방이 존중하는 태도로 이야기한다면 그들의 관점을 자유롭게 표현하도록 허용하라.

수용은 공감하며 경청하기의 강력한 도구다. 내 친구는 물리치료사로 일하다 최근 기능의학 박사학위를 취득했다. 진료에 도움이 되는 지식을 쌓으려는 목적도 있었지만, 자신의 고통스러운 편두통을 치유하기 위해 공부를 시작했다. 그녀는 이렇게 말했다. "내 치유 과정을 전적으로 수용해 준 건 같은 과 학생들이었어. 가족들은 내가 강하게 마음먹고 빨리 회복해야 한다고만 말했지. 공감은 느껴지지 않았어. 반면 친구들은 그 누구도 하지 못했던 방식으로 내 이야기를 들어주고 많은 격려를 해주었어. 그 경청이 내 고통을 치유하는 데 큰 도움이 됐어. 학문적으로 배운 지식보다 훨씬 더."

누군가에게 공감하며 귀 기울일 때 '수용받는 느낌'이 주는 강력한 치유의 힘을 과소평가하지 마라. 정신과 의사 칼 메닝거는 "경청은 자기장과 같은 힘을 지닌 창조적인 행위다. 우리는 자신의 말을 들어주는 친구에게 자연스레 끌린다. 누군가가 우리의 이야기를 들어줄 때, 우리는 자존감을 느끼고 마음을 연다."[7]

3단계 : 어디서 어떻게 대화할지 미리 정하라

도움이 필요한 모든 사람의 말을 들어줄 필요는 없다는 점을 명심하라. 누구의 이야기를 얼마나 오래 들을지(15분 내외), 언제 어디서 만날지 미리 결정하라. 가급적 방해받지 않는 사적인 장소를 선택하는 게 좋다. 언제 이야기를 끝낼지 정하지 않으면 너무 길어져 지칠 수 있으므로, 종료 시점을 명확히 정하는 것이 이상적이다. 이야기하는 사람이 마지막에 피드백을 원한다면 5분 정도 더 할애해도 된다(이 연습은 응답보다 듣기에 더 중점을 둔다).

대화는 다음과 같이 진행될 수 있다. 상담 시간을 예약하는 다소 딱딱한 대화이지만 미리 장소와 시간을 잡는 예시로 참고해

주길 바란다.

> 화자: 친구와 심하게 다툰 이야기를 하고 싶어요.
> 청자: 좋아요, 서로에게 좋은 시간을 따로 정하죠. 오늘 오후 4시에 제 사무실에서 20분 동안 보면 어떨까요?
> 화자: 좋아요.
> 청자: 혹시 제 조언이 필요하신가요?

일단 결정이 내려지면 대화의 구조가 세워진 것이다. 피곤하거나 배고프거나 다른 약속으로 인해 압박감을 받지 않도록 최상의 컨디션을 유지하라. 즉흥적인 만남에서도 공감하며 경청하기를 할 수 있지만, 위와 같이 사전에 조율된 만남에서는 두 사람 모두 더 집중하며 공감과 경청을 할 수 있다.

4단계 : 하나의 주제에 집중하라

한 가지 주제만 다뤄라. 화자가 여러 가지 문제를 한꺼번에 이야기하려고 하면 비생산적일 뿐만 아니라 두 사람 모두에게 부담스러울 수 있다. "가족들이 저를 인정하지 않는 것 같아요"에서 "어머니가 아프세요", "상사에게 화가 났어요"로 넘어간다면 경청하기 어렵다. 화자가 다른 주제로 넘어가면 미소를 지으며 "한 가지 주제에 집중해 주세요"라고 부드럽게 말하자. 한 가지 주제에 집중하면 최고의 결과를 얻을 수 있다.

5단계 : 자기 고민거리는 잊어라

대화가 시작되면 상대방이 편안하게 자신을 표현할 수 있도록 긍정적 관심을 표현한다. 그들이 소중하고 존중받고 있다는 느낌을 받을 수 있도록 하라. 이는 많은 사람이 갈망하지만 거의 경험하지 못하는 일이다. 자기 자신의 문제나 방해 요소는 잊어버려라. 호흡에 집중하며 마음을 안정시키고 긴장을 푼다. 당신의 따뜻한 관심은 상대방에게 '안전한 곳에 있다'는 위로를 줄 것이다.

6단계 : 상대방의 몸짓에 주의를 기울여라

상대의 몸짓을 관찰하고 목소리 톤을 들으면서 그가 말하는 것과 말하지 않는 것을 모두 파악하라. 다음은 몇 가지 예시다.

- 팔짱을 끼거나 다리를 꼬고 있으면 방어적이거나 경계하고 있다는 신호일 수 있다.
- 의자에 몸을 웅크리는 것은 낮은 자존감이나 피로의 신호일 수 있다.
- 당당하게 서 있는 것은 보통 자신감과 에너지가 충분하다는 것을 나타낸다.

- 큰 목소리로 말하는 것은 상황을 통제하려는 시도일 수 있다.
- 부드러운 어조로 말한다면 균형 잡히고 평화로운 상태를 나타내는 것일 수 있다.
- 듣는 사람이 거의 알아들을 수 없을 정도로 빠르게 말하는 것은 긴장이나 불안, 압박감의 신호다.
- 소심하게 속삭이거나 단조로운 어조로 말하는 것은 감정 표현에 대한 두려움이 있을 수 있다.

7단계 : 직관에 귀 기울여라

직관에 귀를 기울이면 상대의 내면 상태를 파악하는 데 도움이 될 수 있다. 직관은 비언어적인 방식으로 공감하고 이해하는 방법이다. 내 직감이 이 사람에 대해 뭐라고 말하는지 스스로에게 물어보면서 직관에 귀를 기울여 보라. 속이 뒤틀리거나 아픈 느낌이 드는가? 그렇다면 당신은 이미 상대의 불편함을 몸으로 느끼고 있을 가능성이 크다. 당신의 직감이 편안하다면 상대방도 편안하다는 신호다.

상대방의 미묘한 에너지에도 주목하라. 그들이 내뿜는 에너지는 따뜻한가, 슬픈가, 화가 났나, 두려운가? 들으면서 기분이 좋아지는가 아니면 가라앉는가? 이 에너지는 다른 사람에게도 영향을 미칠 수 있다. 또한 그들의 말과 에너지가 일치하지 않는 것 같다면, 진짜 동기와 감정을 숨기고 있다는 신호일 수 있다.

머릿속에 갑작스레 떠오르는 어떤 확신이나 이미지에도 주목하라. 예를 들어, 불현듯 외로움이 느껴지거나 그들이 몹시도 가고 싶어 하는 풍경이 떠오를 수도 있다. 이러한 직관들은 그 사람의 경험을 더 온전히 이해하는 데 도움을 준다.

8단계 : 사랑을 담은 거리두기를 연습하라

사랑을 담은 거리두기는 정중하면서도 단호한 경계를 세워 감정적, 에너지적, 신체적으로 건강한 거리를 유지하는 것을 말한다. 이 경계는 벽이 아니라 다리 역할을 한다. 무정한 것이 아니다. 타인의 어려움에 과도하게 동일시되지 않도록 나를 지키는 것이다. 필요한 만큼 충분히 물러서면, 상대방이 병으로 고통받거나 과도한 업무로 지쳤다고 이야기할 때 그들의 스트레스를 흡수하지 않을 수 있다.

사랑을 담은 거리두기를 통해 상대의 고통에 휘말리지 않으면서 공감할 수 있다. 마음속으로 "나는 별개의 존재다. 이 이야기는 그들의 경험이지 내 경험이 아니다"라고 되뇌어라.

이 기술은 연습할수록 더 쉬워진다. 상대가 슬프거나 화가 났

거나 심한 좌절감을 느낄 때일수록 사랑하는 마음으로 거리를 두라. 몇 발자국 떨어져 앉을 수도 있고, 전화나 화상통화를 사용하는 것도 방법이다. 또는 잠시 눈을 감고 원을 그린 후, 상대는 원 안에 있고 당신은 밖에 있는 모습을 상상하는 것도 유용하다. 이 두 가지 전략 모두 상대방의 고통이나 좌절감을 그대로 흡수하지 않으면서 관찰하는 데 도움이 된다.

누군가가 흐느끼거나 눈에 띄게 불안해하면 듣는 사람의 감정도 격앙될 수 있다. 특히 당신이 인지적이고 논리적인 공감을 선호하거나 감각 과부하에 취약한 경우 강한 감정에 압도될 수 있다.

타인의 모습 중에서 유독 당신을 불편하게 만드는 특성은 당신 안에서 치유되지 않은 부분일 가능성이 높다는 점을 기억하자. 이런 특성일수록 거리두기가 어렵다. 만약 상대의 감정에 휩쓸리기 시작했다면, 다음 단계의 보호 전략을 사용하여 거리두기를 유지할 수 있다.

9단계 : 의식적인 호흡과 보호막을 사용하라

마음의 공간을 내줄 때는 자신의 호흡에도 집중해야 한다. 많은 사람들이 스트레스를 받거나 압도될 때 얕게 숨을 쉬거나 몸을 긴장시킨다. 그러므로 불편함, 분노, 두려움, 불안 또는 자신이 경험하거나 상대방으로부터 흡수한 다른 감정들을 심호흡을 통해 내뱉어야 한다. 이렇게 하면 감정이 격해지더라도 마음의 중심을 유지하고 편안하게 경청할 수 있다.

몸 전체를 감싸는 금빛 물풍선을 상상할 수도 있다. 이 풍선은 몸에서 몇 인치 정도 떨어져 있는 방어막으로, 스트레스를 차단하고 과도한 자극으로부터 당신을 보호해 주는 역할을 한다. 하지만 당신은 여전히 상대의 따뜻한 마음과 통찰이 담긴 이야기를 받아들일 수 있다.

에너지 보호막은 타인과의 연결을 차단하지 않는다.
불편하거나 압도적인 요소가 당신이 현재에 집중하는 것을
방해하지 않도록 막아줄 뿐이다.

10단계 : 대화 마무리하기

약속한 경청 시간이 끝나갈 때쯤 상대방에게 "이제 5분 정도 남았습니다"라고 부드럽게 상기시켜 주는 것이 좋다. 그러면 상대방도 생각과 감정을 정리한 상태로 대화를 마무리할 수 있다. 시간을 초과할 때도 있겠지만 가장 좋은 것은 정해진 시간을 지키는 것이다. 할 이야기가 남았다면 나중에 다시 시간을 정하는 편이 낫다. 그래야 의사소통도 더 명확해지고 에너지와 감정을 지나치게 소진하지 않고 일상으로 복귀할 수 있다.

그냥 들어라, 고쳐주려고 하지 말고

이야기가 끝나면 의견을 듣고 싶은지 상대에게 물어보라(모두가 원하는 건 아니다). 원한다면, 상대의 결정을 지지하는 짧고 구체적인 피드백을 제공하라. 꼭 옳은 말(정의로운 말, 사회적 규범에 맞는 말)을 해야 하는 것은 아니다. 옳은 말로 상대를 변화시켜야 한다는 압박감은 오히려 공감을 가로막는 장벽으로 작용할 때가 많다. 그런 부담을 떨쳐내라. 공감은 단순히 누군가의 감정을 인정하거나 기꺼이 이해하려는 마음을 갖는 것을 의미할 수 있다. 많은 사람이 판단이나 비판, 지시를 받는 데 익숙하기 때문에 당신의 애정 어린 지지는 분명 고맙게 받아들여질 것이다.

이 경청 연습에서는 말을 적게 할수록 좋다(더 긴 응답에 대해서는 다음 장에서 다룰 것이다). "경험을 나눠주셔서 감사합니다" 또는 "얼마나 힘드신지 이해합니다" 같은 몇 마디 따뜻한 말만으로도 충분하다. 만약 상대가 무슨 말을 하는지 잘 파악이 안 된다면 "제가 정확히 이해했는지 확인하고 싶네요. ○○에 대해 얘기하고 싶으신 게 맞나요?"라고 물으며, 서로 같은 생각을 하고 있는지 확인하는 것이 좋다. 그리고 나눈 내용에 대해 더 생각할 시간이 필요하면 "좀 더 생각해 보고 다시 연락드리겠습니다"라고 말하라. 절대 그 자리에서 억지로 뭔가를 하려 하지 마라.

다만 상대가 구체적인 피드백을 원하는 질문을 한다면 상황에 대해 간결한 의견을 제시할 수도 있다. 예를 들어 친구가 "시아버지와 대화할 때마다 너무 힘들어. 너무 비판적으로 얘기하시거든. 어떻게 대응해야 할지 모르겠어. 아버님과 이야기를 나눠봤지만 바뀐 게 없어. 내가 어떻게 해야 할까?"와 같은 질문을 한다면 간결하게 피드백을 해야 한다. 단, 문제를 해결하려고 생각하지는 마라. 일단 상대방의 감정을 인정하고 짧은 공감의 말을 전하라. 이 경우에는 "가족에게 비판받는 건 정말 끔찍해. 하지만 시아버지가 완고하다면 큰 변화를 기대하기는 어려울 것 같아. 설령 너희 시아버지가 변화를 원한다 해도 쉽지 않을 거야"라고 말할 수 있다. 그리고 여기서 멈춰라. 친구의 고통에 휘말리지 말고 섣부른 해결책을 제시하지도 마라. 이 경계를 지키면 건강한 의사소통을 할 수 있다.

공감하며 경청하고 마음의 공간을 내주는 기술을 익히면 다양한 사람들과 더욱 따뜻한 만남을 가질 수 있다. 경청의 모든 과정은 결국 치유와 연결되어 있다는 점을 기억하라. 상대의 말에 온전히 집중함으로써 우리는 '돌봄과 사랑'을 실천할 수 있다. 누군가의 이야기를 들을 때 주위를 감싸는 따뜻한 사랑의 에너지를 한번 의식해 보라. 그리고 그 에너지가 나에게서 상대에게로 자연스럽게 흘러가게 두라. 당신이 순수한 의도로 다가가면 공감이 주는 치유의 선물은 더 잘 전달될 것이다.

틱낫한 스님의 저서 『진짜 내 이름으로 불러주세요 Call Me by My True Names』에 나오는 다음의 구절은 우리가 얼마나 간절하게 누군가의 진심 어린 경청을 바라고 있는지 잘 보여준다.

내 말에 귀 기울여 주세요.
나를 사랑한다고 말하는 사람들조차
아무도 내 말에 귀 기울이지 않았답니다.[8]

서로에게 귀 기울이고 소통하는 것이 얼마나 기적 같은 일인지 나는 늘 생각한다. 생물학적으로 인간은 공감 능력을 획기적으로 발전시킬 수 있을 만큼 진화했다. 몇 가지 경청 기술을 배운다면 누구나 가능한 일이다.

내가 당신에게, 당신이 나에게 마음의 공간을 허락한다면 우리는 서로에게 조율될 수 있다. 그러니 귀와 마음으로 듣는, 공감하는 인간으로 진화해 가는 여정을 함께 시작해 보자.

The Genius of Empathy

공감 실천하기

내가 아닌 누군가를 위해 마음의 공간을 마련하라

오늘, 누군가의 고충이나 기쁜 일에 귀 기울여 보라. 긴장을 풀고 마음을 가라앉히고 온전히 현재에 집중하라. 너무 깊이 개입하거나 문제를 해결하려 하지 말고, 그저 진심으로 그들의 이야기를 들어라. 당신은 중립적인 존재이며 지켜보는 목격자다. 그러므로 그들을 판단하거나 건설적인 의견을 제시하지 말고, 그 사람이 자기 모습 그대로 존재할 수 있도록 따뜻하고 편안한 분위기를 만들어 주라. 마음의 공간을 내주는 일은 당신과 타인 모두에게 치유가 될 수 있다.

가족, 친구, 동료에게 공감하기
: 좋건 싫건 함께해야 하는 사람들과 공존하는 법

연결, 인정, 소속감을 갈망하는 것은 인간의 본능이다. 당신은 속마음을 털어놓을 수 있는 믿음직한 친구나 당신을 따뜻하게 안아줄 사랑하는 사람을 간절히 원할지 모른다. 형제자매 간의 싸움을 멈추고 가족이 화목해지기를 바라거나, 직장 동료들이 서로의 의견을 존중해 주기를 바랄 수도 있다. 이러한 바람을 인식하는 것이 공감의 첫 단계다. 하지만 더 행복한 관계를 만들고 사람들과의 갈등을 치유하려면 좀 더 능동적인 공감의 실천이 필요하다.

일상 속에서든 직장에서든 공감을 표현하는 일은 마법처럼 사람의 마음을 치유할 수 있다. 공감은 사랑하는 사람들과의 유대를 깊게 해줄 뿐만 아니라, 좋아하지 않는 사람들과도 연결될 수 있게 해준다. 무엇보다 공감의 탁월한 점은 관계에 어려움이 닥쳤을 때조차 마음을 완전히 닫지 않게 도와준다는 것이다. 가장 힘든 상황도 가장 까다로운 사람도 부드럽게 받아들일 수 있도록 도와주고, 후회할 행동을 하지 않도록 막아준다.

결혼 10년차 부부인 켈리와 피터는 최근 들어 관계가 점점 멀어지는 것을 느끼고 내게 상담을 요청했다. 부부 상담을 시작하자마자 켈리는 남편 피터와 한바탕 싸울 태세였다. 그녀는 따지듯 이렇게 말했다. "당신은 나에게 상처를 줘. 내가 회사에서 겪은 일을 얘기할 때마다 내 말을 끊고 무시하잖아. 그럴 때마다 나는 존중받지 못한다고 느껴. 지금도 마찬가지야. 내 말을 끝까지 들어달라고 몇 번이나 부탁했는데, 또 똑같잖아."

켈리는 상처받거나 무시당했다고 느끼면 공격적으로 반응하며 피터를 밀어내는 경향이 있었다. 이번에도 그녀는 같은 방식으로 대화를 거부할 태세였다. 두 사람 모두 예전의 사랑을 되찾고 싶어 했지만, 대화를 시작하면 언제나 서로를 탓하며 끝이 났다. 나는 먼저 피터와 개별 상담을 하며 이렇게 조언했다. "어떤 판단도 하지 말고 그저 켈리의 말을 들어보세요. 그리고 가능하다면 켈리의 입장에 서서 그녀의 감정을 마음으로 느껴보세요."

얼마 후 다시 부부 대화를 시작했을 때, 피터는 켈리의 말을 자르지 않고 끝까지 들었다. 그리고 차분하고 다정한 목소리로 이렇게 말했다. "켈리, 정말 힘들었겠다. 내가 어떻게 도와줄 수 있을까?" 피터는 켈리의 요구를 존중하려고 애썼고 그 마음이 전해지자 켈리도 마음의 무장을 풀었다. 더 이상 싸움도 비난도 필요 없었다.

피터는 어떻게 이런 변화를 보일 수 있었을까? 개별 상담을 하는 동안 그는 자신이 불안할 때 켈리의 말을 막는다는 것을 깨달았다. 그는 "아내가 힘들어하는 모습을 지켜보는 게 너무 힘들어요. 문제를 해결해 주고 싶은데 방법을 모르겠어요"라고 털어놓았다. 그러다 그 고통이 만성 우울증에 시달리는 아버지를 지켜보며 느꼈던 끔찍한 무력감과 연관되어 있다는 것을 알아차렸다. 그는 자기도 모르게 괴로운 어린 시절의 기억을 밀어내기 위해 켈리의 말을 끊었던 것이다. 이 연결 고리를 깨닫자 피터는 비로소 켈리가 원하는 방식으로 그녀의 말을 들을 수 있게 되었다.

피터의 깨달음은 켈리에게도 중요한 깨달음을 주었다. 지금껏 그녀는 피터가 무관심하고 냉담한 사람이라서 말을 끊는다고 생각했다. 하지만 어린 시절의 불안과 고통에서 벗어나려는 반응이라는 것을 알게 되자, 그를 이해하게 된 것은 물론 피터에게 더 큰 연민과 사랑을 느꼈다. 이 모든 변화가 가능했던 이유는 공감과 경청이 있었기 때문이다.

사랑하는 사람을 적으로 만들지 않는 법

사람들과 어떤 관계를 맺을 것인지는 우리의 선택에 달려 있다. 인간관계는 행복한 삶의 중요한 요소지만 동시에 가장 어려운 과제이기도 하다. 누군가의 성격이 마음에 들지 않을 수도 있고 가치관이 서로 충돌할 수도 있다. 그럴 때 그 사람과의 관계를 어떻게 할지 우리는 선택할 수 있다. 즉시 단절할 수도 있고, '우린 서로 다르지만 당신 안의 영혼을 존중합니다'라는 나마스테의 정신으로 상대를 대할 수도 있다.

공감을 표현하는 것이 왜 중요할까? 그 이유는 간단하다. 우리가 행복하거나 적어도 상호 존중하는 관계를 원하기 때문이다. 극적인 대립, 자존심, 분노보다 연민과 관용을 선택하고 싶기 때문이다. 또한 소중한 사람들이 상처받거나 멀어지거나 떠나가지 않도록 그들을 이해하고 싶기 때문이다. 공감은 관계를 단절시키는 게 아니라 회복하고 돌보는 역할을 한다. 우정이나 결혼 생활을 망치기는 너무나 쉽다. 경청하거나 공감하려는 노력을 멈추고, 계속 논쟁하고 공격하고 비난하면 조만간 관계는 끝난다.

소중한 사람들과의 관계를 돌보는 것은 정원을 가꾸는 일과 같다. 각각의 관계가 건강하게 유지되도록 세심하게 돌봐야 한다. 공감을 발견한다는 것은 관계에 치유를 불어넣는 일이며 서로에게 입힌 상처를 어루만지는 일이다.

감정의 무기를 내려놓고 마음으로 보라.

공감하는 관계를 맺고 싶다면 사람을 대하는 기본적인 마음가짐부터 분명히 할 필요가 있다. 나는 타인을 대할 때 다음과 같은

다짐을 바탕으로 소통하려고 노력한다.

공감 서약

나는 사랑하는 사람들을 적으로 만들지 않겠습니다. 어려운 상황이나 내가 화가 났을 때조차도 공감을 발견하려고 노력할 것입니다.

이 간단한 서약은 사람들의 말을 경청하고 반응하는 데 기준이 되어 준다. 뿐만 아니라 해로운 감정 패턴의 포로가 되어 사랑하는 사람을 악마화하는 것을 막아준다. 예를 들어 배우자는 그저 피곤한 것뿐인데 "당신은 날 신경도 안 써" 하며 비난하거나, 친한 친구가 며칠 동안 프로젝트를 마무리하느라 연락이 없던 것인데 "날 외면하는구나" 하고 단정지어 버리는 경우가 있다. 그것은 현실을 제대로 보지 않는 것이다. 건강한 관계를 유지하려면 상대에게 투사된 두려움을 걷어내고 그의 실제 동기를 이해해야 한다. 물론 받아들일 수 없는 행동에 대해서는 건강한 경계를 세워야 한다.

정서적 또는 신체적인 학대가 있다면 당장 관계를 끊어라. 상대가 빈말만 할 뿐 개선의 기미가 없다면 그 관계에서 시간을 허비하지 마라. 설령 상대가 조금씩 변화하는 중이라고 해도, 충분하고 지속적인 진전이 있을 때까지는 잠시 떨어져 있거나 관계를 정리하는 것이 좋다. 이처럼 단호함과 연민을 동시에 지닌 태도는 진심 어린 소통을 더욱 강화하고 건강하지 못한 관계에는 분명한 선을 긋게 도와준다.

분노와 갈등 없이 소통하는 공감의 대화 5원칙

이번에는 5장에서 살펴본 경청의 기술과 결합할 수 있는 다양한 공감적 반응을 알아보려고 한다. 우리는 각각 독립적인 존재이지만 서로의 행복에 직접적인 영향을 미친다. 사람과 사람 사이에는 '감정의 상호 조절'이라고 불리는 정서적 공명 현상이 존재하기 때문이다. 우리의 신경계는 다른 사람의 신경계와 상호 작용하여 서로의 정서적 균형, 행복, 건강을 지원한다. 특히 가까운 관계일수록 감정과 신경 신호가 서로에게 민감하게 전달된다. 공감은 이런 상호 간의 감정 조율을 도와줌으로써 소통을 개선하고 서로 조화를 이루도록 해준다.

그렇다면 '경청 listening'과 '반응 responding'은 무엇이 다를까? 공감하며 경청하기는 기본적으로 상대방을 조건 없이 긍정적으로 바라보는 비언어적 행위다. 반면, 공감하며 반응하기는 상대방의 상황에 의견을 제시하거나 피드백을 제공하는 것이다. 반응의 방식은 단순히 '이해합니다'라는 말부터 해결책을 제안하는 것까지 다양할 수 있다.

공감의 3A

- **태도**(Attitude) "당신이 얼마나 답답하고 속상한지 알아요"라고 말하며 상대의 감정을 인정하는 배려심 있는 태도를 보인다.
- **주의**(Attention) "무슨 일이 있었는지 말해주세요"라고 말하며 온전한 관심을 기울인다.
- **조정**(Adjustment) "걱정하지 마세요. 함께 이 문제를 해결해 봅시다"라고 말하며 안심시키고 문제 해결을 돕는다.

아울러 다음의 지침들을 함께 활용하면 자기 경계를 허물지 않으면서도 따뜻한 마음을 표현하며 관계를 지켜나갈 수 있다.

1. 반응하되 공격하지 마라

사실 공감 연습은 욱하고 화를 내거나 비난하거나 누군가를 판단하려는 모든 본능적 충동에 어긋나는 일일 수 있다. 그러나 감정을 폭발시키지 않고 멈출 수 있다면 타인뿐만 아니라 자기 자신도 감정의 파괴적 여파로부터 보호할 수 있다.

처음 드는 생각은 통제할 수 없지만 두 번째 생각은 얼마든지 통제할 수 있다. 예를 들어, 가족 중 한 명이 "우리 가족이 이렇게 된

건 다 네가 문제를 일으켰기 때문이야"라고 말한다면 당신의 신경화학 물질은 투쟁 또는 도피, 얼어붙는 반응을 유도할 것이다. 이럴 때는 몸속에서 솟구치는 아드레날린을 이렇게 진정시켜야 한다.

- **긍정적인 자기 대화를 하라.** "나는 이 상황을 감당할 수 있어. 똑같이 화를 내거나 비난할 필요 없어"라고 스스로에게 말한다.
- **심호흡을 하라, 진정될 때까지.** 숨을 천천히 들이쉬고 내쉬면 마음이 안정되고 스트레스가 해소된다.
- **'걱정 돌'을 잡아라.** 이 돌은 엄지손가락만 한 홈이 파인 광택 나는 타원형의 돌이다. 긴장을 풀고 불안을 완화하는 데 도움이 된다. 스트레스가 많은 상황에서 이 돌을 문지르면 마음을 진정시켜 주기도 한다.
- **신성한 멈춤을 연습하라.** 열까지 세거나 잠시 그 자리를 피하라. 흥분이 가라앉을 때까지 이메일이나 문자, 전화는 하지 않는 것이 좋다. 때로는 반응하고 공격하는 순환을 끊기 위해, 두 사람 모두 물리적으로 떨어져 있는 것이 좋다.

많은 사람처럼 아마 당신도 자극을 받으면 본능적으로 공격할 것이다. 당신의 분노는 순식간에 0에서 1000으로 치솟고, 상처받고 분노에 휩싸일 것이다. 하지만 갈등을 치유하고 싶다면 "내가 상처받은 만큼 되갚아 줄 거야. 그게 나를 지키는 방법이야"라는 패턴에 갇혀서는 안 된다. 대신 "그렇게 생각할 수도 있겠네" 하고 받아들여라. 그러면 불필요한 갈등을 줄이고 자신의 욕구도 충족시킬 수 있는 더 좋은 기회를 얻을 수 있다.

2. 의식적인 말하기를 개발하라

우리가 하는 말에는 엄청난 힘이 있다. 그러므로 다른 사람들과 소통하는 방식에 신중해야 한다. 상대방의 강점과 기쁨을 긍정하고 그들의 어려움에 공감하라. 잘못된 점만 찾지 말고 옳은 점도 찾아보라. '네가…', '당신이…'로 시작하는 비난의 말 대신에 '나'를 주어로 이야기하라. 예를 들어 "당신이 그렇게 만들었어" 같은 책임을 떠넘기는 말은 삼가야 한다.

또한 요청하지 않은 조언이나 논쟁은 피하고, 자기 입장을 과도하게 설명하거나 대화의 주제를 자신에게 집중시키지 마라. 피곤하거나 스트레스를 받는다면, 더 중심을 잡을 때까지 갈등을 제기하지 않고 기다리는 것이 현명하다.

다음은 연습해 볼 수 있는 공감하며 반응하기의 예시들이다.

[해야 할 말]
- "정말 힘들었겠네요. 힘든 상황 속에서도 최선을 다하고 있다는 것을 알아요."
- "정말 잘됐네요. 저도 너무 기뻐요."
- "얼마나 큰 용기가 필요했을지 상상도 안 돼요."

- "마음속으로 당신을 응원하고 있어요."
- "정말 안타까워요."

[삼가야 할 말]
- "뭐가 문제인가요? 아무도 그렇게 느끼지 않아요."
- "이런 말도 안 되는 소릴 들을 시간 없어요. 도대체 왜 그랬어요?"
- "그게 힘들다고요? 저는 이런 일도 있었어요…."
- "별일 아냐, 너무 호들갑 떨지 마."
- "넌 왜 네 형처럼 못 하니? 남자답게 굴어야지."

3. 차분하고 공감하는 어조를 사용하라

말과 어조는 평화로운 분위기를 조성할 수도 있고 다툼의 씨앗이 될 수도 있다. 친구가 "비싼 옷을 사느라 또 월급을 다 날렸어. 난 정말 한심한 애야"라고 고백하면 일단 "속상하겠네. 네가 그렇게 쇼핑을 좋아하는지 몰랐어"라고 대답하는 게 좋다. 속으로는 "씀씀이에 문제가 있는 것 같은데…"라고 생각할 수도 있지만, 상대방이 충고를 받아들일 수 있는지 확신이 서지 않는다면 그런 말은 하지 않는 것이 낫다. 당신이 부드럽고 궁금해하는 어조로 반응하면, 친구는 비난받는다고 느끼지 않을 것이고 마음을 더 열 가능성이 크다. 하지만 당신의 어조가 못마땅하다는 듯하면, 아마 친구는 기분이 상해서 더는 이야기하지 않을 것이다.

경계를 설정할 때는 친절하지만 단호한 목소리를 유지해야 한다. 당신이 줄 수 있는 것 이상을 원하는 친구에게는 "한 시간 동안 차 마시는 건 괜찮아"와 같이 명확하게 시간을 제한하는 것이 좋다. 또는 "힘든 시간을 보내고 있다니 정말 안타깝다. 나도 요즘은 스트레스가 너무 많아. 다음 주에 다시 이야기하는 게 어때?"라고 하며 친절하게 거절할 수도 있다.

어조는 거절이 받아들여지는 방식에 큰 차이를 만든다. 공감을 담아 대응하면 긍정적인 거절을 할 수 있다. 좀 더 편한 사람들과 어조를 연습하고 점차 복잡한 관계로 확장해 나가라. 단, 엄마에게 먼저 시작하지는 마라.

4. 자연스러운 눈 맞춤

눈은 영혼의 창이다. 사람들이 눈으로 어떻게 소통하는지 살펴보라. 많은 사람들이 대화할 때 지속적으로 눈을 마주치는 것을 선호한다. 한 환자는 나에게 "눈을 마주치면 집중이 되고 제가 가치 있다고 느껴져요"라고 말했다.

어릴 때 경청을 받지 못했다고 생각하는 내 파트너는 이야기할 때(심지어 다툴 때도) 내가 계속 눈을 마주치기를 바란다. 하지만 초민감자인 내게 눈 맞춤은 그리 편안한 행동이 아니다. 나는 환자들의 이야기에 더 집중하기 위해 1~2분 동안 눈을 감고 듣기만

하는 습관이 있다. 게다가 자라면서 여러 어른들로부터 "애야, 말할 때는 나를 봐!"라는 엄한 말을 자주 들었던 탓에 눈을 맞추라는 요구를 받으면 묘한 거부감이 든다.

우리는 각자의 필요와 경계를 고려하여 타협했다. 어떤 얘기든 대화를 시작하고 처음 몇 분 동안은 부드럽고 다정하게 눈을 마주친다. 그런 다음에는 각자 원하는 방식으로 그때그때 상황에 따라 행동한다. 이 방법은 우리 모두에게 효과가 있었다.

눈 맞춤은 소통의 한 방법이지만, 어떤 사람들에게는 계속 눈을 맞추는 것이 부담스러울 수 있다. 초민감자의 경우 상대방의 미묘한 에너지를 감지할 수 있기 때문에 시각적인 부분에만 집중할 수가 없다. 한 환자는 "에너지가 너무 강렬하게 느껴지기 시작하면 눈을 마주치기 힘들어요. 시선을 피해야 해요"라고 말한 적이 있다. 또 다른 환자는 "사람들이 개인적인 문제를 이야기할 때는 그들을 존중하는 의미에서 오히려 시선을 돌리기도 해요"라고 말하기도 했다.

그런가 하면 자폐 스펙트럼 장애가 있는 사람은 대화할 때 눈을 마주치거나 몸에 손을 대는 것을 피하는 경우가 많고, 주의력 결핍 과잉행동장애가 있는 사람은 집중하기가 어려워 눈 맞춤을 유지하는 것이 힘들 수 있다. 그렇다고 해서 그들이 상대의 말을 듣지 않는 것은 아니다.

눈 맞춤에 대한 선호와 기대치는 사람마다 미묘한 차이가 있을 수 있다. 반드시 눈을 마주쳐야 사랑과 존중, 예의가 지켜지는 것은 아니다. 서로 다른 요구가 있다면 각자의 경계를 허물지 않는 방식으로 변화를 주며 다가가야 한다.

5. 해결하려고 하지 마라

당신이 마음을 연 채로 살아가면 사랑하는 사람뿐만 아니라 친구, 동료, 심지어 낯선 사람까지 당신에게 자기 인생 이야기와 고민을 털어놓고 싶어 할 것이다. 그러면 당신은 그들을 돕고 싶어질 것이다. 사실 많은 사람이 그렇듯, 당신도 '공감한다는 건 누군가의 고통을 함께 짊어지는 것'이라고 배우며 자랐을지도 모른다. 하지만 이는 사실이 아니다. 건강한 공감 반응이란 누군가가 자신의 길을 가도록 존중해 주는 것이다. 그들의 문제를 해결하는 것은 당신의 일이 아니며, 그들이 자기 속도에 맞춰 배우고 성장하도록 내버려두는 것 역시 냉정한 행동이 아니다.

**타인에게 해줄 수 있는 것은 지지와 조언뿐이다.
자기 자신을 치유할 책임은 당사자에게 있다.**

때로 최고의 공감 반응은 상대를 믿어주는 것이다. 가족이나 친구에게 "너라면 잘 해낼 거야"라고 말하는 것은 '나는 널 믿는다'

라는 메시지를 전달한다. 반면, 그들이 어려움에 처할 때마다 개입하여 도와주려고 한다면 오히려 그들을 의존적으로 만들고 스스로 힘을 회복할 기회를 빼앗을 위험이 있다.

공감을 표현하고 싶다면 그저 다정하게 대하라. 우리는 결코 다른 사람이 어떤 어려움을 겪고 있는지 알 수 없다. 만약 당신이 성 프란치스코의 기도처럼 요정 가루를 뿌려 미움이 아닌 사랑을 세상에 전파하고 싶다면, 오티스 레딩의 노래처럼 그 메시지를 부드럽게 전하면 된다. 조건 없이 사람들에게 다정하게 대하라.

때로는 거리를 두는 것이 공감이다

가족 내에서 공감을 보여주는 것은 중요하다. '나는 어떤 사람이고, 타인을 어떻게 대해야 하는지'를 배우는 곳이기 때문이다. 영유아는 태아 시기부터 부모와 강력한 생화학적, 심리적, 에너지적 유대감을 형성하는데, 마치 병아리처럼 부모를 따르며 모방한다. 부모가 공감을 보여주면 자녀와 다른 가족 구성원들도 공감을 자연스럽게 받아들이고 실천할 수 있게 된다.

내 페이스북 공감 지원 커뮤니티의 회원인 페드로는 그의 아버지가 공감의 롤모델이었다고 이야기했다. 그는 "포르투갈에서 아버지는 자원봉사 소방대 운전사로 수년간 일하셨어요. 우리 집에는 항상 구급차가 주차되어 있었는데, 그 차를 볼 때마다 기분이 정말 좋았어요. 부모님은 자원봉사의 가치를 믿으셨고 그 가치를 저에게도 가르쳐주셨죠"라고 말했다.

그러나 부모가 자녀에게, 특히 예민한 성격을 가진 자녀에게 분노, 두려움, 불안을 보이면 자녀도 이런 감정을 모방하게 된다. 예를 들어 부모가 자주 화를 내는 가정에서 자란 아이들은 자신이 가정을 꾸렸을 때도 똑같은 패턴을 반복할 수 있다.

꼭 알코올 중독자나 학대하는 부모 밑에서 자란 사람들만 '공감 결핍 가정 empathy deficient household' 트라우마를 겪는 것은 아니다. 가정에서 일어나는 비교적 '사소한' 사건들도 자녀에게 영향을 미칠 수 있다.

의사였던 부모님은 공감 능력이 매우 높은 분들이었다. 하지만 비판적이고 조급한 어조로 서로를 다그칠 때도 종종 있었다. 내가 답답했던 건, 이런 말다툼이 주로 차 안에서 시작되었다는 점이다. 나는 뒷좌석에 갇힌 심정으로 부모님의 말다툼을 지켜봐야 했다.

엄마는 "테디, 속도가 너무 빨라!" 혹은 "왼쪽으로 가, 아니 오른쪽이야!"라고 잔소리를 했고, 더 심해지면 "당신은 TV를 너무 많이 봐. 내 말은 듣지도 않잖아" 같은 불만들을 쏟아내곤 했다. 그러면 온화한 성격의 아버지도 큰소리로 맞받아쳤다. "맥신, 당신은 항상 불평만 해. 이제 그만 좀 하라고!"

뒷자리에 앉은 나는 신호등 앞에 차가 멈출 때마다 차에서 뛰어내려 목적지까지 평화롭게 걸어가는 상상을 했다. 하지만 실천하지는 못했다. 매번 그 자리에 앉아 움츠러들 뿐이었다. 이런 경험은 내 예민한 성정에 영향을 주어, 벗어날 수 없는 관계에 갇혀 쩔쩔매는 상황을 몹시 두려워하게 만들었다. 이 두려움을 치유하기 위해 나는 인간관계에서 내 목소리를 내고 명확한 경계를 설정하는 연습을 해왔고, 이는 내가 정서적으로 성장하는 과정에서 해방감을 안겨 주었다.

때때로 생각한다. 부모님이 화가 날 때마다 잠시 멈춰 "어떻게 하면 배우자와 딸에게 더 정중하게 말할 수 있을까?"라고 고민했다면, 괴로운 자동차 여행이나 집에서 일어났던 비슷한 사건들이 얼마나 달라졌을까? 분명한 것은 어린 시절 가정에서 경험한 공감 결핍 패턴은 현재 우리가 관계 속에서 보이는 반응을 형성할 수 있다는 것이다.

의견이 충돌할 때 필요한 공감 반응

공감의 목적은 보다 의식적인 소통을 통해 갈등을 치유하고 서로 간의 거리를 좁히는 데 있다. 하지만 논쟁 중에 사랑하는 사람이나 동료가 당신이 경청하고 있다고 느끼게 하려면 어떻게 해야 할까? 예를 들어, 평소 배려심이 많던 동료가 갑자기 "아무도 그렇게 생각하지 않아요! 당신이 이상한 거예요!"라고 쏘아붙였다고 해보자. 당신은 화가 나고 비판받는다고 느낄 수 있다. 그때는 어떻게 반응해야 할까? 만약 당신이 "무슨 말을 그렇게 합니까? 이상한 건 당신이에요. 당신은 정말 무례해요!"라고 응수한다면 (그 순간 진심으로 그렇게 느끼더라도), 아마도 그 말은 동료를 더 방어적으로 만들 것이다. 결국 서로에게 손해인 상황이 되는 것이다.

　이럴 때는 새로운 방법을 시도해 보자. 일단 마음을 진정시키고 갈등 상황을 다시 생각해 본다. 그리고 '나'의 감정과 상황을 솔직하게 전달한다. "난 비판받는다고 느낄 때 상처를 받아요"처럼 말이다. 그런 다음 "어떤 부분이 이해하기 어려운지 차분히 말해준다면 받아들일 수 있을 것 같아요"와 같이 원하는 해결 방법을 구체적으로 제시하라. 눈치를 보며 조심스럽게 행동하라고 조언하는 것이 아니다. 때로 사람들은 무슨 말을 어떻게 해야 하는지 모른다. 그들이 다르게 행동하도록 하려면 당신이 필요로 하는 것과 당신을 행복하게 만드는 것이 무엇인지 명확하게 알려주어야 한다.

　감정적으로 압도될 때 나는 세상과의 연결을 끊고 혼자만의 시간을 가져야 한다. 이때는 다른 사람들과 중요한 문제를 논의하기에 최악의 시기다. 하지만 파트너와는 제때 거리를 두지 못할 때가 있다. 그럴 때는 나도 모르게 "난 누군가와 오래 함께할 수 없어! 예민한 사람에게 그건 너무 힘든 일이야!"라는 잔인한 말을 내뱉곤 한다. 다행히도 함께한 지 10년이 지난 덕분에 그는 "혼자 있을 시간이 필요한 것 같네"라고 공감해 준다. 그럼 나는 홀로 재충전의 시간을 갖고 관계도 전보다 더 좋아진다. 스트레스가 큰 날에는 다음과 같은 긍정의 말을 반복하기도 한다. 이 긍정의 말은 평정심을 잃지 않고 일상의 궤도를 유지하는 데에도 도움이 된다.

> **다투거나 의견 차이가 있을 때 중심을 잡기 위한 확언**
>
> 나는 감당하기 힘들 만큼 피곤하거나 감정이 격해졌을 때 중요한 결정을 내리지 않을 것이다. 반응하기 전에 잠시 시간을 가질 것이다.

그렇다면 논쟁 중에 공감은 어떤 모습일까? 상대를 비난하거나 공격하는 대신 친절하면서도 구체적인 말로 반응하는 것이다. "이렇게 말해준다면 당신의 말을 더 잘 이해할 수 있을 것 같아요"처럼 말이다. 또는 "당신 말이 맞을지도 모르죠, 한번 해볼게요"라고 서로의 방식에 대해 인정할 수도 있다. 아니면 최소한 '동의하지 않기로 동의한다'는 식으로, 돌파구가 생길 때까지 어떤 문제에 대해 서로 의견이 다르다는 것을 존중하며 대화를 잠시 멈출 수도 있다.

때로 공감이란, 상대방과의 차이를 억지로 좁히려 하기보다는 서로의 차이를 존중하며 각자의 공간을 허용하는 것이다. 상대의 관점을 받아들이는 데 시간이 더 필요하다면 그 사실을 솔직히 전달하라. "알겠어요", "이해했어요", "그렇군요" 같은 짧은 말로 상대의 말을 들었다는 것을 알리고, 당신이 더 명확하고 중심이 잡힌 상태가 되어 문제를 다시 논의할 수 있을 때까지 더 긴 토론을 피하는 것도 괜찮다.

나는 논쟁과 의견 불일치를 공감을 찾을 수 있는 기회로 본다. 사실 나는 논쟁을 좋아하지 않는다. 논쟁은 나를 지치게 한다. 하지만 논쟁의 발생은 피할 수 없으며 그 나름의 목적이 있다.

다음과 같은 마음가짐으로 아래 질문들을 자신에게 던져 보라.

- 이 갈등을 통해 무엇을 배울 수 있을까?
- 공감을 표현하지 못하게 막는 것은 무엇일까?
- 나를 자극하는 것(감정의 방아쇠를 당기는 것)은 무엇일까?
- 어떻게 하면 마음을 열고 더 많은 공감을 끌어낼 수 있을까?

논쟁을 의식적으로 조정하는 것은 애정 어린 관계로 가는 과정이다. 공감은 당신이 감정과 말, 행동을 조절하며 갈등 상황을 다룰 수 있도록 도와주며 다른 사람과의 유대감을 강화한다.

당신의 마음을 포함해 모든 사람의 마음은 다정하고 존중하는 방식으로 다뤄져야 한다.

사랑하는 사람이 고통받을 때 필요한 공감 반응

사랑하는 사람이 힘든 상황에 처했을 때 공감을 표현하려면 건강한 경계를 설정해야 한다. 공감이란 상대방의 모든 선택을 지지하거나 단순히 "네가 얼마나 힘든지 알아"라고 말하는 것만을 의미하지 않는다.

예를 들어, 가족이나 친구가 약물 중독이나 반복되는 우울증을 경험하고 있다면 어떻게 해야 할까? 그들이 기꺼이 도움을 받으려 한다면 당신이 그들의 치유 여정에 공감을 표시하는 일이 상대적으로 쉬울 수 있다. 하지만 대부분의 경우가 그렇듯이, 그들이 도움을 거부한다면 어떻게 해야 할까?

내 환자 말라에게는 아들처럼 보살펴온 케니라는 남동생이 있었다. 스물두 살의 케니는 모르핀보다 100배 더 강력한 펜타닐을 사용하는 헤로인 중독자였다. 말라는 마약이 케니의 삶을 망가뜨리는 모습을 무력하게 지켜봐야 했다. 케니는 여러 번 그녀의 눈을 진지하게 바라보며 마약을 끊겠다고 약속했지만 지키지 못했고 이제는 치료를 받으려 하지도 않았다.

말라와 나는 케니에게 공감한다는 것이 어떤 의미인지 이야기를 나누었다. 말라는 스스로를 지원하기 위해 알코올 및 기타 약물 중독자 가족을 위한 12단계 프로그램인 알아넌 Al-Anon 모임에 참석하기 시작했다. 그리고 나와 상담 치료를 하며 자기 공감을 배우고 케니와의 관계에서 건강한 경계를 설정하는 법을 실천해 나갔다.

다음은 말라와 케니의 상황에서 실천했던 몇 가지 사례다.

- **연민 표현하기** 말라는 케니에게 이렇게 말했다. "널 사랑하지만 마약 중독으로 망가지는 모습을 지켜보는 건 고통스러운 일이야. 네 인생이 걱정돼. 네가 도움받을 준비가 되면 내가

곁에 있어 줄게."

- **단호한 사랑 실천하기**   말라는 케니가 돈을 빌려달라고 요구할 때 "안 돼"라고 말할 수 있을 만큼 강해졌다. 사랑하는 마음에 금전적 지원을 한 것이 손쉽게 마약을 구할 수 있는 환경을 만들어준 셈이었다는 것을 깨달았기 때문이다.

- **자기 파괴적인 행동에 공감하기**   말라는 케니의 상처받고 반항적인 내면, 즉 고통과 혼란을 일으켜 마비시키고자 했던 부분에 공감하려고 노력했다. 그의 행동을 정당화하는 것이 아니라 그 감정에 공감하려 한 것이다. 만약 사랑하는 사람이 힘들어하는 부분이 작게나마 자신에게도 있다면, 그 부분에 공감함으로써 비판적인 마음을 누그러뜨릴 수도 있다. 이는 누군가를 어둠에서 끌어내려고 도울 때 매우 중요하다.

- **과도하게 도우려는 욕구 억제하기**   말라에게 과잉보호를 하지 않는다는 것은 케니에게 더 이상 돈이나 쉼터를 제공하지 않는다는 의미였다. 말라는 '나쁜 누나'가 되었다는 죄책감을 느꼈지만, 사실은 그렇지 않다고 의식적으로 계속 생각했다.

- **처벌하려는 유혹 피하기**   말라의 경계 설정은 케니를 처벌하기 위한 것이 아니었다. 그녀는 동생을 사랑하고 기도하면서도

그의 중독을 지원하지 않음으로써 사랑을 담은 거리두기를 실천했다.

- **고쳐야 한다는 욕구에서 벗어나기** 말라는 케니를 고치려는 욕구를 내려놓으려고 애썼다(어차피 그녀의 능력 밖의 일이었다). 그것은 해결되지 않는 거대한 문제와 자신의 분노, 걱정, 고통과 함께 살아가는 법을 배우는 일이었다. 그런 가운데서도 케니가 치유될 수 있다는 희망은 계속 품었다.

우발적인 약물 과다 복용과 치명적일 수 있었던 자동차 사고, 수감 생활 등 몇 년간 혹독한 시간을 보낸 끝에 케니는 마침내 도움을 받을 준비가 되었다. 케니는 주거 치료 프로그램을 마치고 중독자 재활 시설에 들어갔다. 현재 케니는 마약 중독자 갱생 모임의 적극적인 회원이며 마약을 끊은 지 2년이 되었다. 말라는 여전히 케니의 가장 든든한 지지자다.

그러나 마약 중독은 재발이 매우 흔하기 때문에 하루도 마음을 놓을 수가 없다. 다시 예전으로 돌아가지 않으려면 감정적으로도 새로운 도전과 보상이 있어야 한다. 즉, 고통스러운 감정을 약물 없이 건전하게 처리하는 법을 스스로 터득해야 한다. 케니는 지난 2년 동안 분노가 치밀어 오르거나 약물로 세상을 잊고 싶을 때와 같이 재발로 이어질 수 있는 위험 신호들을 계속 인식해야 했다. 다행히 말라와 케니 모두 케니 자신이 이룬 진전에 감사하는 동시에 계속해서 주의를 기울여야 한다는 것을 잘 알고 있다.

말라와 케니의 경우처럼 고통받는 사람의 상태에 따라 공감의 의미는 매일 달라질 수 있다. 때로는 '예'라고 말하는 것이 공감이지만, 때로는 '아니오'라고 말하는 것이 공감일 수도 있다. 아니면 그저 최선을 다하고 그 결과를 받아들이는 것을 의미할 수도 있다.

이러한 원칙은 어리석은 선택을 반복하는 사랑하는 사람에게도 적용된다. 가족 중 누군가가 혈압, 혈당, 콜레스테롤 수치가 위험 수준인데도 운동을 하지 않거나 해로운 음식을 고집한다고 가정해 보자. 이런 상황에서 어떻게 공감해야 할까?

당신이 도와줄 능력이 없거나 당사자가 거부하는 등 어렵고 곤란한 상황에 직면했을 때는 희망과 기도가 강력한 치유의 힘이 될 수 있다. 자기 공감 역시 중요한 부분이다. 그러나 사랑하는 사람이 그 자신이나 타인에게 위험한 존재가 된다면 119에 전화하거나 24시간 자살 및 위기 상담 센터에 문자를 보내는 등 더 직접적인 개입이 필요하다.

영화 〈세인트 빈센트〉의 주인공 빈스는 삶에 지친 괴팍한 노인이지만 자기만의 방식으로 주변 사람들을 돕는다. 그는 치매를 앓고 있는 아내를 만나러 요양원에 갈 때마다 자신을 알아보지 못하는 아내가 놀라지 않도록 흰 의사 가운을 입고 들어간다. 빈스는 의사처럼 청진기로 아내의 심장 소리를 듣고 반사 신경을 검사한 다음 이렇게 묻는다. "진단 결과가 뭔지 아세요?" 이어서

아내가 "뭐죠, 의사 선생님?" 하고 물으면 그는 미소를 지으며 이렇게 말한다. "당신이 아름답다는 거예요. 정말 아름다워요." 두 사람은 킥킥거리며 웃다가 짧은 몇 초 동안 아내가 그를 기억해 내며 감동적인 순간을 나눈다.

사랑하는 사람의 고통과 투쟁은 그 사람만의 치유 여정이 아니다. 그것은 당신의 치유 여정이기도 하다. 우리는 상대방에게 공감하며 자연스럽게 나에게 필요한 공감이 무엇이었는지 깨닫게 된다. 또한 그 과정에서 마음을 다해 사랑한다는 것이 무엇인지 깨달을 수 있다.

인생에서 변하지 않는 것은 없다. 그러니 힘든 시기에도 꿋꿋이 버텨라. 반드시 새로운 새벽이 올 것이다. 그리고 어떤 형태로든 열린 마음을 유지하라. 혼돈의 시기에 공감과 연결되는 유일한 방법은 그저 심호흡을 하는 것일 수도 있다. 때로는 그것만으로도 충분하다는 것을 기억하라.

가족이나 친구가 고통받을 때는 "사랑하는 사람이 힘들어하거나 걱정한다고 해서 나까지 힘들고 괴로운 날들을 보낼 필요는 없다. 나는 좋은 하루를 보낼 자격이 있다"라고 되뇌며 건강한 분리감을 유지하는 게 중요하다. 다시 한번 말하지만, 경계를 설정하는 것은 이기적인 게 아니다. 나를 지키며 타인과 함께하는 첫걸음이다.

직장에서 공감지수를 높이는 법

자신과 타인에게 공감하는 연습은 직장 생활도 행복하게 만들 수 있다. 직장에는 다루기 어려운 행동을 하는 사람들이 많다. 자기애가 강한 상사나 끊임없이 불평하는 후배, 말을 멈추지 않는 동료가 그 예다. 또한 사내 정치를 하는 사람들 때문에 에너지와 인내심이 고갈될 수도 있고, 공감 능력이 부족한 리더 때문에 일할수록 허무감만 커질 수도 있다.

부정적인 분위기를 바꾸려면 그들의 이해하기 힘든 행동에 휘말리지 않는 것이 중요하다. 온라인에서든 직접 대면이든 다음과 같이 먼저 공감을 표현해 보자.

- 동료들에게 자주 감사 표현을 한다.
- 힘든 하루를 보내고 있는 사람에게 이해한다는 마음을 표현한다.
- 공감하며 경청하기를 실천한다. 동료들과 대화할 때는 휴대전화를 확인하거나 산만하게 행동하지 않고 온전히 집중한다.

이러한 공감 행동은 긍정적인 정서를 전염시켜 주변 동료들까지 서서히 긍정적인 관점을 갖게 만든다.

직장에서 당신의 공감지수는?

지능지수IQ로 지능을 측정할 수 있듯이, 공감지수EQ를 통해 공감 능력도 평가할 수 있다. 다음 퀴즈를 통해 자신의 공감지수를 알아보라.

- 동료들의 요구에 관심을 갖고 민감하게 반응하는가?
- 머리로만 듣지 않고 마음으로 경청하는가?
- 다른 사람이 프로젝트에 대해 이야기할 때 끼어들지 않고 끝까지 듣는가?
- 누군가의 문제를 해결하려고 생각하지 않고 경청할 수 있는가?
- 지치게 하는 동료들과 건강한 경계를 설정할 수 있는가?
- 동료들의 요구사항이나 창의적인 아이디어에 열려 있는가?
- 회사의 이익뿐만 아니라 세계, 지구 전체의 이익에 관심이 있는가?

'예'라고 답한 문항이 6~7개라면 EQ가 높은 것이다. 4~5개 문항이 '예'라면 다소 높은 EQ, 2~3개 문항이 '예'라면 보통, 0~1개 문항이 '예'라면 낮은 EQ를 의미한다. 점수에 상관없이 공감 능력은 언제든지 높일 수 있다

동료 신뢰하기

직장에서의 공감은 어떤 모습일까? 공감은 다른 사람의 관점을 존중하고 문제에 대해 창의적인 해결책을 함께 논의하는 것을 의미한다. 이는 동료들을 신뢰하고 귀하게 대해야 한다는 뜻이다. 이런 태도가 없으면 팀으로서 큰 성과를 거두기 어렵다.

내 환자 이브는 완벽주의 성향이 강한 기술 감독관이다. 매사를 꼼꼼하게 처리해야 직성이 풀리는 그녀는 종종 직원들의 실수에 집착했다. 예를 들어 팀원인 조가 보고서를 제출하면 그녀는 결점부터 찾아내 지적했다. 유능한 엔지니어였던 조는 이브가 비판적인 말을 할 때마다 기운이 빠지고 인정받지 못한다고 느꼈다. 긴장한 나머지 실수도 더 잦아졌다.

보고서에 관해 얘기할 때가 아니면 항상 관계가 좋았기 때문에 조는 용기를 내어 이브에게 말했다. "이브, 당신은 더 이상 나를 신뢰하지 않는 것 같아요. 제 업무 능력을 걱정하는 것처럼 보입니다." 이브는 깜짝 놀랐다. 그녀는 자신의 지적이 조에게 부정적인 영향을 끼칠 수 있다는 것을 생각조차 못했다. 조의 솔직함에 이브는 그의 입장에 공감하고 기꺼이 변화하려는 모습을 보였고, 그들은 다시 신뢰를 쌓을 수 있었다.

동료를 신뢰하는 것은 성공의 열쇠다. 서로를 지지해야 한다. 직장에서 누군가가 팀(또는 개인)의 신뢰를 저버리는 일이 생기면, 그 문제는 이브와 조의 경우처럼 세심하고 솔직하게 다뤄져야 한다. 그래야 팀이 다시 조화를 이루며 협력할 수 있다.

경계 존중하기

직장에서는 공감을 주고받는 데 일정한 제약이 있을 수 있다. 예를 들어 포옹을 생각해 보자. 괴로워하는 동료를 포옹하는 것은 자연스러운 반응일 수 있지만 부적절할 수도 있다. 모든 사람이 포옹으로 위로받는 것은 아니다. 어떤 사람들은 접촉을 불쾌하게 생각할 수도 있다. 만약 당신이 포옹을 좋아하는 사람이라면 항상 상대방에게 "내가 포옹해 줘도 될까?"라고 확인하는 것이 좋다. 그럴듯한 말로 부적절한 행동을 하는 나쁜 사람들이 있을 수 있기 때문에 직장에서의 신체 접촉은 가급적 피하는 것이 낫다.

우는 행동이 직장에서 어떻게 받아들여지는지도 생각해 보라. 사무실이 울 수 있는 안전한 환경이 되길 바라지만, 여전히 많은 직장에서는 '강한 사람은 울지 않는다'는 고정관념이 뿌리 깊게 남아 있다. 그래서 눈물을 흘리면 나약하거나 업무를 제대로 수행할 수 없다고 오해받을 수 있다. 이 때문에 내 환자 가운데 일부는 닫힌 사무실 문 뒤에서, 화장실에서 또는 지지해 주는 친구와 함께 산책할 때만 울기로 했다.

미국 직장 문화가 감정적으로 더 성숙해져서 편안하게 눈물을 받아들일 수 있기를 진심으로 바란다. 하지만 현실적인 한계도 고려해야 한다. 직장에서는 누구와 눈물을 나눌지 신중하게 선택하라. 어떤 동료의 언행 때문에 속상했거나 그저 눈물이 나는 날이라면 회사 밖에서 적절한 장소를 찾아라.

함께 일하기 싫은 사람과 공존하는 법

직장에서나 일상에서 우리는 종종 짜증 나게 하거나 좌절감을 안기는 타인의 행동을 마주한다. 그럴 때 당신은 이런 의문이 생길 수 있다. "이런 상황에서 어떻게 공감을 하라는 거지?" 하지만 미리 마음의 대비를 한다면 공감을 연습하는 좋은 기회로 삼을 수 있다.

　상사나 팀원에게 그들의 이해하기 어려운 행동에 대해 직설적으로 감정을 표현하고 싶은 마음이 든다면 잠시 멈춰 최악의 상황을 상상해 보라. 마음이 상하고 피해를 본 건 당신인데 직설적인 말 한마디로 오히려 당신의 평판이 나빠지는 상황 말이다. 극단적인 가정이지만 순간적으로 화가 치밀어 오를 때 즉흥적으로 감정을 표현하면 원치 않는 결과를 초래할 수 있다. 그럴 때는 차분하게 마음을 가라앉히고 재치 있는 말을 떠올리려고 애쓰는 것이 가장 좋다. 차라리 그들을 인간관계에 대한 기대치를 현실적으로 조정해 주는 실습 교사라고 생각하라.

　또한 자신의 치유를 위해 가장 싫어하는 다른 사람의 특성 중에서 자신에게도 있는 특성을 정직하게 파악해 보라. 당신도 이유 없이 불평 불만을 늘어놓거나 고압적이고 비판적인 태도, 경직된 말투 등을 사용하고 있을 수 있다. 이를 통해 '나도 그렇게 행동할 가능성이 있구나'라고 인정할 수 있다면, 다른 사람의 단점을 보고도 덜 자극받고 더 잘 웃을 수 있을 것이다.

나는 "돋보기를 내려놓고 거울을 들어라"라는 표현을 좋아한다. 타인의 결점을 확대해 들여다보는 시선을 거두고 나 자신을 먼저 비춰본다면 이해와 관용이 바탕이 된 관계를 맺을 수 있다.

이 책은 사람들을 온전하게 보는 법을 제안한다. 마음에 들거나 들지 않는 일부가 아니라 그 사람 전체를 바라보는 법 말이다. 그러므로 다음에 나열한 행동들은 우리 자신이나 다른 사람들이 때때로 보이는 곤란한 특성일 뿐이라는 점을 명심하라. 이 특성들은 누군가의 전부가 아니다. 타인(혹은 나)의 사랑스럽거나 도움이 되는 면을 함께 떠올리며 균형 잡힌 시선으로 바라봐야 한다.

싫은 사람에게 공감으로 반응하는 법

1 **불평이 많은 사람** 이런 사람은 대화할 때마다 징징댄다. '내가 제일 불쌍해'라고 생각하기 때문에 대화 내용의 절반 이상이 자기 신세한탄이다. 그러면서도 상대방이 해결책을 제시하면 "맞아요, 그렇지만…"이라고 말하며 부정적으로 대꾸한다. 이들은 변화하기보다는 불평하는 데 더 관심이 있다.

  • **공감 포인트** 습관적으로 불평하는 사람들은 서로의 말을 끊

고 끝까지 들어주지 않는 가정 환경에서 자랐을 수 있다. 자신의 요구나 필요가 가족들에게 받아들여지는 일이 거의 없었을 것이고 귀 기울여 듣는 사람도 없었을 것이다. 그래서 불평함으로써 보상받으려는 경향이 있을 수 있다.

• **공감하며 반응하기** 명확한 경계를 설정하라. 불만 사항을 듣는 시간을 제한하는 것이 중요하다. 예를 들어, 동료에게 최대한 따뜻하게 이렇게 말할 수 있다. "이 일로 얼마나 스트레스를 받고 있는지 느껴져요. 빨리 해결되면 정말 좋겠네요. 지금은 제가 프로젝트 마감에 집중해야 해서 시간이 많지 않아요. 제 상황이 정리되고 당신도 해결책을 찾을 준비가 되면 다시 시간을 잡아 봅시다." 만약 업무 관련 문제라면 도움을 줄 수 있는 담당자를 연결해 주는 것도 방법이다.

2 **지적하고 고치려 드는 사람** 이런 사람은 당신에게 해야 할 일을 지시하고 원치 않는 조언을 해서 위축되게 만든다. 이들은 상사를 대하거나 업무를 처리하는 방식, 심지어 저녁 식사를 요리하는 방법까지 '더 나은' 방법을 제시하며 계속 고쳐준다. 이들은 당신이 '개선'할 수 있도록 결점을 지적하는 것이 자신의 의무라고 생각한다.

• **공감 포인트** 그들은 사사건건 잘못을 지적하며 과도하게 통

제하는 부모 밑에서 자랐을 수 있다. 아이들은 대개 부모를 롤모델로 삼기 때문에 성인이 되면 부모와 비슷한 경향을 보이는 경우가 많다.

- **공감하며 반응하기** 편안하고 배려하는 어조로 동료에게 이렇게 말한다. "말해줘서 고마워요. 당신의 의견을 고려해 볼게요." 직장 동료라면 "피드백을 주셔서 고맙습니다"라고 말한다. 이런 대응은 상대의 의견을 진지하게 듣고 있다는 표현으로, 상대방에게 존중받는다는 느낌을 준다. 나중에 그들의 말에 진실이 담겨 있는지 판단해 보고 직관적으로 가장 좋은 방향을 따라라.

3 **끊임없이 수다를 떠는 사람** 처음에는 이런 사람이 흥미로워 보일 수 있다. 하지만 대화 중에 끼어들 틈도 잡지 못하고 이야기가 끝도 없이 이어지면 점점 지칠 수 있다. 때로는 상대가 말에 너무 몰입한 나머지 거의 숨이 닿을 정도로 가까이 다가올 때도 있다. 한 환자는 그런 동료를 두고 "그 사람을 볼 때마다 장이 경련을 일으킨다"고 말했다.

- **공감 포인트** 이들은 감정을 드러내는 것을 불편하게 느끼는 가정에서 자랐을 가능성이 크다. 계속되는 수다는 거북하고 괴로운 감정이나 더 깊은 문제를 차단하는 방어 기제였을

것이다.

- **공감하며 반응하기** 이런 사람들은 비언어적 신호에 반응하지 않으므로, 냉정하게 느껴지더라도 말을 끊어야 한다. 대화를 끝내기 위해 다음과 같이 말할 수 있다. "방해해서 죄송하지만, 다른 약속에 늦었어요" 또는 "실례지만 화장실에 다녀와야 해요"라고 정중하게 말한다. 당신의 의견을 이야기하고 싶을 때는 동료의 말을 몇 분간 경청한 후 "저도 한마디 보탤게요"라고 분명하게 말한다. 짜증스럽지 않게 간결하고 중립적으로 당신의 요구를 전달하면 상대도 귀 기울일 것이다.

4 **수동적 공격성을 가진 사람** 이 사람은 미소를 지으며 공격한다. 그들은 늘 핑계를 대고 자기 행동에 책임을 지지 않으려는 경향이 있다. 예를 들어, 프로젝트를 도와주겠다고 약속해놓고 아무렇지도 않게 어긴다. 그 때문에 당신이 제출 기한을 맞추지 못했다 해도 "약속이 너무 많았어, 어차피 네가 해야 할 일이잖아"라는 식으로 회피한다. 또는 당신의 업무에 도움이 될 중요한 회의에 일부러 당신을 빠뜨리고 '실수로 그랬다'라고 둘러댈 수도 있다. 이 정도 사건이 일어나면 그 사람을 무작정 신뢰해서는 안 된다. 수동적 공격성을 지닌 사람들은 이러한 패턴을 반복하는 경향이 있으므로 항상 인

지하고 있어야 한다. 그들은 당신의 기분을 상하게 하고 가치 없는 사람처럼 느끼게 만들면서도 겉으로는 '상냥한 척' 할 수 있다.

• **공감 포인트** 그들의 우회적인 공격과 변명은 징벌적인 부모에게 분노를 표현하는 유일한 방법이었을 수 있다. 또한 이러한 행동은 가족 내에서 통제권을 얻거나 스트레스가 많은 상황을 피하기 위한 대처 방식이었을 것이다.

• **공감하며 반응하기** 상대방에게 원하는 것을 정확하게 말하라. 예를 들어 "당신이 프로젝트에 참여하겠다고 약속할 때나 회의에 저를 참여시킬 때 그 약속을 반드시 지켜주세요"라고 말할 수 있다. 그들이 여전히 허점을 노리고 빠져나가려고 할 수도 있지만, 감정적으로 비난하지 않고 단호한 태도를 유지한다면 당신의 요구를 더 잘 들어줄 가능성이 크다.

• • •

내가 아는 가장 멋진, 정서적으로 안정된 사람들은 일상에서 공감을 보여주는 사람들이다. 그들은 '완벽'하지는 않지만 '최선'을 다하는 평범한 사람들이다. 그들은 사랑하는 사람의 행복을 중요하게 생각하고 동료의 욕구를 존중한다. 그들은 자랑하거나 다른 사람을 깎아내려 자신을 높이려고 하지 않는다. 그들은 단순하고 겸손하게 살려고 노력하며 삶이 힘들 때도 감사할 일을 찾는다. 공감하는 삶은 완벽해지는 것이 아니라 당당하고 인간적인 태도로 선을 향해 나아가는 것이다.

공감Empathy, 조율Attunement, 유대감Rapport, 연민Compassion, 이 네 가지 특성을 당신의 인간관계와 삶 전체에서 늘 염두에 두길 바란다. 이런 특성들에 마음이 열려 있다면 조금씩 성장할 수 있다. 최선을 다하는 것만으로도 충분하다.

나는 『도덕경』의 이 단순하면서도 심오한 구절을 좋아한다.

세상에서 가장 부드러운 것이
세상에서 가장 단단한 것을 이긴다.[1]

진실한 방식으로 공감을 표현하라. 지금 당장 표현하지 못하더라도 괜찮다. 공감은 강요하거나 서두르는 것이 아니다. 오히려 행동하기 전에 한발 물러서서 마음을 가다듬어야 할 수도 있다. 나는 거북이처럼 천천히 가는 것을 선호한다. 그렇게 하면 특히 아드레날린이 솟구칠 때 침착함과 내면의 힘을 얻을 수 있다. 자신과 타인에게 인내심을 가져라.

관계 속에서 공감을 실천할 때는 항상 상대방뿐만 아니라 당신의 마음에도 귀를 기울여야 한다. 경우에 따라 친절하지만 단호하게 대할 사람이 있는가 하면, 유연하고 양보하는 태도를 보여야 할 사람도 있을 것이다. 누군가가 변할 수 없거나 변하려고 하지 않더라도 그의 장점이 단점보다 크다면, 공감은 그의 긍정적인 면을 인정하고 그 외의 것들에는 관용을 실천하는 것을 의미한다. 대하기 어려운 사람들과의 관계에서 이러한 균형 잡힌 접근은 더 많은 조화와 치유, 행복을 가져다줄 것이다.

The Genius of Empathy

공감 실천하기

직장에서 경계 설정하기

다정하고 공감하는 태도로 '아니오'
또는 '지금은 안 되겠어요'라고 말하는 연습을 하라.
요청 사항은 명확하게 전달하되 정중하고 따뜻하게 표현한다.
관대한 마음으로 상대방에게 다가가면서
동시에 자신의 요구를 표현하라.

나를 소모하지 않는 베풂의 기술
: 과도한 희생이나
탈진 없이 타인을 돕는 법

베풀고 싶은 마음은 공감에서 자연스럽게 흘러나온다. 타인에게 진심으로 공감하면 자연스럽게 상대를 걱정하고 돕고 싶은 마음이 들며 기꺼이 자기 시간과 에너지를 제공한다. 바쁜 시간을 쪼개 힘든 이혼 과정을 겪고 있는 동료의 이야기를 들어주거나 아픈 이웃을 위해 집안일을 도와주거나 긴장한 이방인에게 친절을 베푸는 일은 공감이 없다면 하기 어렵다.

이렇듯 타인을 돕는 일은 공감을 행동으로 옮기는 친절하고 관대한 치유의 행동이다. 하지만 세상 모든 일이 그렇듯이 베풂도 지나치면 해가 된다. 도움을 '주는' 일과 '받는' 일 사이에는 균형과 조화가 있어야 한다.

이번 장에서는 돕고 베푸는 일이 과도할 때 발생하는 연민 피로와 탈진을 피하는 방법에 대해 알려줄 것이다. 이 방법대로 자신의 에너지 흐름을 의식적으로 관리하면, 자기 행복을 희생하지 않고도 관계의 질을 향상시킬 수 있을 것이다.

베푸는 일은 고결한 행위이지만 도움을 원하지도 않는 사람에게 자신의 모든 것을 희생하며 돕는 것은 스스로를 괴롭게 만드는 어리석은 행동이다. 나는 이런 사람들을 많이 봐왔다. 그들 중에는 타인을 '고쳐주어야 한다'는 생각에 사로잡혀 자기 삶이 망가지는지도 모르는 사람도 있었다. 정서적인 것이든 물질적인 것이든 '베푸는 행위'가 타인과 자신 모두에게 치유가 되려면 분별력 있고 균형 잡힌 태도를 배워야 한다.

건강한 베풂은 '조건적'이다

건강과 에너지를 소진하지 않고 돕는 방법은 무엇일까? 일단 베풂이 무조건적이거나 이타적이어야 한다는 생각부터 버려야 한다. '건강한 베풂'은 조건적이다. 무조건 주기만 하는 것이 아니라 상황에 따라 경계를 설정하고 자기 돌봄을 실천하는 일 역시 베풂의 일부다. 때로 우리는 아무런 기대 없이 그저 누군가를 기쁘게 하고 싶어서 베풀기도 하고, 암묵적 혹은 명시적 합의에 따라 베풀기도 한다. 그 어느 때라도 맹목적인 행위는 서로에게 위험하다.

나는 환자들에게 현명하게 베푸는 방법을 가르친다. 이는 때로는 생사가 걸린 문제일 수도 있다. 특히 지나치게 착한 사람들은 균형을 유지하고 에너지를 아끼는 법을 반드시 배워야 한다. 그래야 자기 행복을 희생하지 않으면서 공감할 수 있다.

다음은 건강한 베풂을 실천하는 사람의 특성이다.

건강한 베풂을 실천하는 사람의 특징

- 자기 에너지를 소진하지 않으면서 공감한다.
- 계획 없이 작은 친절을 베푼다.
- 부드럽게 '아니오'라고 거절할 줄 안다.
- 자기 돌봄, 휴식, 혼자만의 시간을 우선순위에 두고 에너지를 재충전한다.
- 베푸는 행위 자체에서 기쁨과 행복을 느낀다.
- 자신의 한계를 안다.
- 타인의 지원을 기꺼이 받아들인다.
- 책임을 적절히 위임할 줄 안다.
- 타인의 선택을 존중하고, 그의 인생에 간섭하지 않는다.

뇌와 세포, 삶의 질을 향상시키는 베풂의 기술

공감하고 베푸는 사람들이 느끼는 행복감은 단순히 기분의 문제가 아니다. 신경과학은 건강한 베풂의 다양한 건강 효과를 입증

하고 있다.[1] 예를 들어, 자원봉사는 스트레스 수준을 낮추고 우울증을 줄이며 아픔과 통증을 완화한다.[2] 또한 fMRI(기능적 자기공명영상) 스캔 결과, 가치 있는 목적을 위해 기부하면 쾌락 호르몬인 도파민이 증가하는 것으로 밝혀졌다.[3] 뿐만 아니라 공동체에 이바지하면 중독과 사별을 극복하는 능력도 향상된다고 한다.

행복 삼총사

나는 뇌 연구자들이 이름 붙인 '행복 삼총사'에 특히 흥미를 느낀다. 이는 타인을 도울 때 신체가 경험하는 생화학적 기분 상승 반응이다.[4] 그 원리는 다음과 같다. 누군가에게 베풀면 세 가지 강력한 신경 전달 물질인 옥시토신(사랑 호르몬), 세로토닌(행복 호르몬), 도파민(쾌락 호르몬)이 활성화되는데, 이 세 가지 물질이 스트레스 호르몬인 코르티솔을 낮춰 행복감을 느끼게 한다. 또한 베풂은 기분을 좋게 만드는 엔도르핀의 분비도 촉진시켜, 흔히 말하는 '주는 사람의 빛남giver's glow'과 '돕는 사람의 행복감helper's high'을 유발한다.[5] 이러한 사실들이 우리에게 주는 의미는 정말 흥미롭다. 만약 당신이 힘든 하루를 보내고 있다면 나눔을 통해 스트레스를 완화하고 긍정적인 마음과 행복감을 만들어낼 수 있다는 뜻이다.

〈정신신체의학〉 저널에 발표된, 도움을 주는 것과 받는 것의 생물학적 이점을 비교한 연구 결과도 인상적이다. 이 연구에서 참가자들은 도움을 주거나 받은 적이 있는지에 대해 질문받았고, 연구원들은 그들의 응답을 일련의 뇌 영상 검사를 통해 측정했다. 그 결과 도움을 주는 것이 도움을 받는 것보다 스트레스를 줄이고 뇌의 보상 중추를 더 많이 활성화한다고 나타났다. 이 연구 결과는 우리의 뇌가 이타적인 행동에 더 큰 만족감을 느끼고 이기심에 대해서는 그 보상이 덜하도록 설계되어 있다는 것을 시사한다. 이는 인류의 미래에 정말 반가운 소식이다.[6]

공감은 베풀고 싶은 욕구를 자극하고, 베푸는 행위는 뇌와 세포, 삶의 질을 향상시킨다. 나는 미래학자 제이슨 실바가 제안한 '새로운 억만장자'의 정의에 깊이 공감한다. 그는 이렇게 말한다. "10억 명의 사람들에게 긍정적인 영향을 줄 수 있다면, 그 사람이야말로 진정한 억만장자다."[7]

10억 명의 사람들이 행복감을 느끼고 다시 누군가에게 베풂을 실천한다고 상상해 보라. 나는 그런 세상에 살고 싶다.

익명의 기부: 무작위적인 친절을 실천하라

일상에서 공감과 관대함을 기우는 방법 중 하나는 무작위석인 진절과 익명의 나눔을 실천하는 것이다. 길을 건너는 노인을 돕거나 어린 자녀와 함께 있는 엄마를 위해 엘리베이터 문을 잡아 주는 일 등이 이에 해당한다. 이런 작은 친절들은 사람들을 행복하게 할 뿐만 아니라 분주하고 각박한 이 세상에 작은 희망의 빛을 비춘다.

나는 마트 계산대 줄이 길고 더디게 움직일 때 순서를 양보하는 것을 좋아한다. "제 앞에 서시겠어요?"라고 제안하면 마법 같은 일이 벌어진다. 상대방의 눈이 갑자기 빛나며 더 친절해진다. 우리는 짧은 순간에 진심 어린 교감을 나누고, 우리의 짧은 대화는 스트레스 많았던 서로의 하루를 따스하게 감싸며 세상에 긍정의 에너지를 더한다.

익명의 기부란 칭찬이나 인정을 바라지 않고 베푸는 것이다. 아무도 당신의 이름을 모른다. 나는 수년 동안 사람들 눈에 띄는 곳에 소액의 돈을 몰래 놓아두었다. 상점 선반에 5달러를 올려놓거나 사무실 건물 화분에 10달러를 놓아두는 식이다. 돈을 발견한 사람들은 그것을 상서로운 '징조'로 여겼다. 이런 작은 행동이 누군가의 기분을 좋게 할 수 있다는 사실에 아주 신이 난다. 당신도 당신만의 깜짝 선물을 해보라. 받는 사람보다 더 큰 긍정의 에너지를 느낄 수 있을 것이다. 누군가를 도우면 머릿속 생각에서 벗어나 마음으로 다가가게 된다. 아이러니하게도 나는 다른 사람을 돕는 행위가 좌절감을 느끼거나 우울할 때 효험을 발휘한다는 사실을 알게 되었다. 내 경우 그런 때에 누군가에게, 누구에게라도 봉사해야 한다고 생각하면 항상 기분이 나아졌다.

많은 사람들이 만성적인 외로움과 공감 결핍을 느끼며 살아가는 이 각박한 세상에서 우리는 서로에게 든든한 지원군이 되어줄 필요가 있다. 사람들은 겉으로는 아닌 척해도 공감과 존중, 배려를 갈망한다. 다만 너무 바쁘거나 해야 할 일이 많아서 낯선 사람에게 친절하게 대할 시간이 없을 수도 있다. 하지만 한번만 시도해 보라. 아주 작고 평범한 일일지라도 타인에게 친절을 베풂으로써 마음의 상처가 치유되고 행복감이 차오르는 것을 경험할 수 있을 것이다.

누군가 도움을 요청할 때

누군가가 직접 도움을 요청하는 상황은 매우 특별하다. 환영받지 못하고 원하지도 않는 충고를 건네는 것과 달리, 누군가를 도울 정당한 기회가 생기는 순간이기 때문이다. 하지만 그렇다 해도 어디까지 도와야 할지, 얼마나 솔직해야 할지 고민이 될 수 있다. 그럴 때는 길게 고민하지 말고 "솔직하게 말해도 될까요?"라고 물어보는 것이 낫다. 나는 보통 말을 적게 하는 쪽을 선택한다. 내 의도는 상대방을 가르치거나 불안하게 만드는 게 아니라 도움을 주려는 것이기 때문이다. 수년 동안의 경험을 통해 나는 사람들이 "주디스, _____에 대해 당신의 생각은 어떤가요?"라고 물을 때 대개 좋은 소식을 듣고 싶어 한다는 것을 알게 되었다. 그래서 어떤 요청을 받든 그 점을 고려하여 상대에게 공감하면서도 유용한 답변을 제공하려고 노력한다.

   한번은 친구 엘리가 출판사에 보낼 편지를 미리 읽어봐 달라고 부탁한 적이 있다. 편지에는 자신의 첫 책을 제대로 지원해 주지 않은 출판사에 대한 불만이 담겨 있었다. 편지를 읽으며 나는 "이

건 아니지…"라고 생각했다. 편지에는 출판사가 "제대로 일하지 않았다"는 엘리의 분노와 비난이 여과 없이 담겨 있었다.

나는 친구의 기분을 상하게 하고 싶지 않았지만, 그 편지를 보내면 엘리와 책 모두에 해가 될 거라는 것도 알았다. 그래서 나는 엘리에게 "솔직하게 말해도 될까?"라고 물었다. 그녀는 망설임 없이 "물론이지"라고 대답했다.

먼저 나는 대부분의 신인 작가들이 첫 책을 출간할 때 흔히 겪는 많은 어려움에 공감했다. 그러고 나서 비판하지 않고 이렇게 말했다. "엘리, 네가 얼마나 화가 났는지 알겠어. 네 감정을 솔직하게 말하는 건 좋은 거야. 하지만 이대로 편지를 보내면 네 편이 되어야 할 사람들을 멀어지게 만들 수 있어. 대신 이렇게 써보면 어떨까?" 나는 출판팀의 도움에 감사를 표하고 앞으로도 협력을 구하는 편지의 예시를 건넸다. 편지 서두에 "당신들이 부족한 점이 많아요. 책이 더 많이 팔리지 않아서 속상해요!"라고 적는 대신, 출판사의 노력을 인정하고 잘된 점에 감사를 건넨 뒤에 "이런 것이 더해진다면 정말 좋겠어요"라고 제안하라고 말이다. 다행히 엘리는 내 조언을 기분 좋게 받아들였고 효과가 있었다.

사람들이 직접적인 도움을 요청할 때는, 일부 동의하지 않더라도 최소한 그들의 입장에 먼저 공감을 표현하라. 그런 다음 진심으로 걱정하는 태도로 그들이 요청하는 어려운 부분에 대해 이야기하라. 존중과 공감을 바탕으로 솔직하되 애정 어린 조언을 제공하면 상대방도 더 쉽게 받아들일 수 있다.

단, 모든 사람에게 똑같이 베풀 필요는 없다. 어떤 사람에게는 많이 베풀고, 어떤 사람에게는 조금만 베풀거나 전혀 베풀지 않을 수도 있다. 자신의 직관을 믿고 상황에 따라 접근 방식을 조정해야 한다.

절대 해서는 안 되는 공의존적 베풂

공의존Codependency은 관계가 지나치게 가깝게 얽혀서 개인의 힘과 주체성을 잃어버린 상태를 말한다. 공의존적인 특성을 가진 사람은 다른 사람에게 지나치게 책임감을 느끼며 인간관계나 직장에서 그들의 부족한 부분을 대신 채워주려 한다. 이들은 모두가 행복하기를 원하기 때문에 사람들을 기쁘게 하고 평화를 유지하려고 과도하게 노력한다. 그들은 거절당하거나 비난받을까 두려워서 자신의 요구를 주장하는 데도 어려움을 겪는다. 공의존적인 사람이 죽을 때는 그들의 눈앞에 자기 인생이 아니라 타인의 인생이 스쳐 지나간다는 농담이 있을 정도다.

공의존적으로 베푸는 사람은 상대가 실수를 통해 배우도록 한 발 물러서서 지켜보는 것이 어려울 수 있다. 그들은 사람들을 지나치게 도우려 하고 자신이 개입해서 고쳐주어야 한다고 믿는다. 특히 음주, 나르시시즘, 불안 등으로 어려움을 겪는 사람과 함께 사는 사람일수록 이런 신념이 강하다.

초민감자 가운데 다수가 공의존적인 성향을 가지고 있지만, 공의존적인 사람이 모두 초민감자는 아니다. 공의존성은 공감 능력보다는 과도하게 베풀고 돌보려는 본능과 더 관련이 있다. 즉, 공감 능력이 높지 않아도 공의존적일 수 있다는 말이다. 초민감자는 타인의 스트레스와 고통을 자신이 흡수하지만, 모든 공의존자가 그런 것은 아니다. 다만, 두 유형 모두 종종 자신의 경계를 설정하는 데 어려움을 겪고 타인을 분리된 존재로 보지 못할 때가 많다. 이런 어려움에서 벗어나려면 타인의 문제를 자신이 해결해야 한다는 생각을 내려놓고 주의 깊게 경청하는 법을 배워야 한다.

건강한 베풂과 달리 공의존적인 베풂Codependent Giving은 종종 자신보다 타인을 더 우선시하는 경향이 있다. 자신의 요구와 필요는 소홀히 하고 심지어 자신을 함부로 대하는 사람들에게까지 탈진할 정도로 과도하게 베풀어, 자신을 희생하는 순교자적인 태도로 이어질 위험이 있다.

이런 경우에는 베푸는 행위가 전혀 이롭지 않다. 나는 공의존적인 베풂이 내 환자들에게 신체적, 정서적으로 얼마나 큰 타격을 주는지 수없이 봐왔다. 그들은 지치고 인정받지 못한다고 느낀다. 베풂은 기분 좋은 일이어야 한다. 그렇지 않다면 뭔가 잘못된 것이다.

건강한 관계에서는 항상 감정적으로 힘들게 애쓸 필요가 없다.

당신의 베풂은 보답받고 있는가?

공의존적으로 베푸는 사람이 흔히 겪는 딜레마 중 하나는 '내가 힘들 때 나를 챙기지 않는 친구나 가족에게 계속 잘해야 할까?'이다.

마음이 따뜻한 40대 워크숍 참가자 다이애나도 그런 상황에 부딪혀 있었다. 그녀는 참가자 그룹 대화에서 이렇게 말했다. "항상 친구들의 문제에 공감하고 도와주려고 노력해요. 친구들이 지지받고 있다고 느끼길 바라죠. 하지만 정작 제가 아프거나 다쳤을 때 제 곁엔 아무도 없어요. 도움을 요청하는 일도 어렵지만, 요청해도 친구들은 오지 않아요. 그러다 시간이 지나면 또다시 자기 문제로 조언과 도움을 요청하러 오죠. 너무 허무해요."

많은 공의존자처럼 다이애나의 나눔은 한 방향으로만 흘러갔다. 그녀가 이 사실을 스스로 인정하고 워크숍 참가자들 앞에서 고백하자 그녀의 내면에 감춰져 있던 취약한 부분이 건드려졌다. 다이애나는 자신이 동등한 우정을 나눌 자격이 없다고 느꼈고, 사람들의 사랑을 받기 위해서는 무엇인가를 증명해야 한다고 믿고 있었다. 그녀는 또한 자신의 요구를 주장하면 거부당할까 봐 두려워했다.

사실, 지나친 베풂은 버림받을지도 모른다는 두려움과 연결되어 있다. 무의식 속에 '내가 계속 베풀면 사람들이 나를 떠나지 않을 거야'라는 믿음이 숨어 있는 것이다. 게다가 자선을 행하는 보수적인 종교적 가정에서 자란 다이애나는 어릴 때부터 "자비로운 사람은 항상 조건 없이 베푼다. 자기를 돌보고 경계를 세우는 사람은 이기적이다"라고 배워왔다. 이런 주입된 신념들이 그녀를 불균형한 관계 패턴에 묶어 두고 있던 것이다.

워크숍에서 그녀는 다른 사람에게 사랑을 주는 만큼 자기 자신도 받을 자격이 있으며, 그것이 이기적인 것이 아니라는 관점을 받아들이려는 의지를 보였다. 나는 그녀에게 이렇게 조언했다. "부드럽고 비난하지 않는 어조로 친구들에게 이 이야기를 꺼내 보세요. 가장 편한 친구부터 시작하는 게 좋아요. 서로 지지해 주는 관계가 되었으면 좋겠다고 이야기하고 친구들도 그렇게 생각하는지 물어보세요. 그들도 그렇다면 정말 좋은 일이고, 만약 아니거나 말뿐이고 행동으로 이어지지 않는다면 그런 친구들과는 거리를 두는 것도 방법일 수 있어요."

워크숍 이후 다이애나는 용기를 내어 친구들에게 이 문제를 이야기했다. 서툴고 긴장되기도 했지만 그녀는 해냈다! 한 달 후, 다이애나는 나에게 편지를 보냈다. 대부분의 친구가 기꺼이 그녀를 돕겠다고 했다는 내용이었다. 한 친구는 이렇게 말했다고 한다. "넌 항상 베푸는 사람이었잖아. 그래서 난 네가 도움이 필요하다는 걸 눈치채지 못했어." 오직 한 사람만이 방어적인 태도를 보이며 그녀를 '자기중심적'이라고 말했다. 하지만 그 경험조차 현실을 직시하는 좋은 계기가 되었다. 결국 다이애나는 서로 지지할 수 있는 관계만을 선택하게 되었다.

이제 아래 특징들을 통해 당신이 베푸는 방식을 평가해 보라.

타인을 돕는 일이 더욱 균형 있고 만족스러운 경험이 될 것이다.

공의존적으로 베푸는 사람의 특징

- 다른 사람의 요구를 내 요구보다 우선시한다.
- 배려에 보답하지 않는 사람들에게도 계속 베푼다.
- 지나치게 도우려다 지치거나 순교자가 된 기분이 들 때가 많다.
- 늘 다른 사람의 기분을 맞춰 주려 애쓰며, 남을 기쁘게 하려고 과하게 노력한다.
- 거절하거나 도움을 요청하는 것에 죄책감을 느낀다.
- 타인의 삶을 과도하게 통제하거나 간섭하고, 원치 않는 조언을 한다.
- 자신의 요구를 표현하면 거절당하거나 버림받을까 봐 두렵다.
- 사람들을 그들의 문제로부터 '구해내야 한다'고 느낀다.
- 다른 사람과 세상의 고통을 떠안는 것이 자기 역할이라고 믿는다.
- 너무 친절하게 굴어서 사람들을 숨 막히게 만들 때가 있다.

위 특징 중 자신에게 해당하는 항목이 많을수록 공의존적 성향이 강하고 공감 피로를 경험할 가능성도 크다. 단 하나의 특징만 해당하더라도 어느 정도의 공의존성이 존재한다는 의미다. 위의 목록을 읽는 동안 떠오르는 관계나 상황이 있었다면, 관계의 균형을 되찾을 수 있는 몇 가지 건설적인 단계들을 목록으로 만들어보라. 예를 들어 불안해하는 가족이나 친구에게 덜 연락하기, 명확한 경계 설정하기, 타인이 실수를 통해 배우도록 내버려 두기 등이 있다. 우리의 목표는 균형 잡힌 관계 안에서 공감을 표현하고 그 과정에서 순수한 기쁨을 느끼는 것이다. 타인에게만 관대함을 발휘하지 말고 자기 자신에게 너그러워져라.

순교자 콤플렉스

정신분석학에서도 중요하게 다뤄지는 순교자 콤플렉스는 '자신에게 해가 되더라도 희생하려는 강박'을 말한다. 이는 특히 위험한 형태의 공의존이다. 공감을 표현하는 것과 타인의 문제를 떠안는 것은 다르다. 다른 사람의 문제를 대신 짊어지는 것은 심각한 결과를 초래할 수 있다.

 수년간 나는 특별한 이유 없이 지치고 우울하거나 만성 통증이나 자가면역질환을 앓고 있는 수많은 환자들을 만나왔다. 그들 대부분은 매우 따뜻하고 다정한 사람들이었지만 '자비로운 사람이라면 무한히 베풀어야 한다'는 신념을 갖고 있었다. 그래서 자신의 안녕은 뒷전으로 미룬 채 '중재자'나 '순교자' 역할을 하는 데 에너지를 쏟아부었다.

 이렇게 순교자 역할을 자처하다 몸과 마음이 무너져 내린 사람들은 자주 이런 생각을 한다. "가족들이 잘 몰라서 그런 것이니 상처 주는 말을 해도 참아야 해", "난 당신을 돕기 위해 내 시간과 에너지를 희생하고 있는 거야…." 그들은 자주 보람도 없이 고된 일을 하고 있다고 느끼며 괴로워하지만 그 역할에서 벗어나지 못한다. 이는 주변 사람에게도 죄책감을 느끼게 만들어 큰 부담을 줄 때가 많다.

개인적으로 나는 순교자가 되는 삶에는 아무런 매력도 느끼지 않는다. 오래도록 이 일을 계속하고 싶고, 순교자 성향을 지닌 많은 치유자처럼 지쳐버리고 싶지 않기 때문이다. 나는 타인의 고통과 문제를 짊어지지 않고도 자비로운 치유자이자 공감자가 될 수 있다는 사실을 늘 되새긴다.

때때로 누군가에게 지나치게 책임감을 느끼고, 도우려는 마음이 너무 커져서 무리하고 있다는 생각이 들 때면 알코올 중독자 가족 모임인 알아넌에서 가르치는 3C의 원칙을 떠올린다.

내가 원인Cause이 아니다.
내가 통제Control할 수 없다.
내가 치료Cure할 수 없다.[8]

자기희생의 유혹에 빠져들 때 이 '세 가지 C'를 상기하라. 다시 한번 말하지만, 순교자 콤플렉스는 공감이 아니다.

베풂과 방조의 차이

어느 주말, 나는 오리건 해안에 사는 다정한 괴짜 예술가 친구 두 명을 방문했다. 두 사람은 배려가 넘치는 유쾌한 친구들이었지만, 나와는 달리 담배와 술을 즐겼다.

그들을 만날 생각에 너무 기뻤던 나는 흡연과 음주가 내게 미칠 영향을 과소평가했다. 며칠 정도는 참을 수 있겠거니 생각했는데, 몇 시간 만에 눈이 따갑고 폐가 자극받았으며 옷에서는 담배 냄새가 진동했다. 게다가 실내 공기를 가득 채운 스카치위스키 냄새는 피할 길이 없었다.

하지만 손님으로서 나는 친구들의 마음을 불편하게 하고 싶지 않았다. 그래서 그들의 행복한 삶을 간섭하지 않으면서 함께 있을 수 있는 방법을 생각해 보았다. 내가 찾은 방법은 매일 아침 친구들이 자는 동안 재떨이를 비우는 일이었다. 상쾌한 아침에 할 만한 즐거운 일은 아니었지만 친구들이 고마워하는 모습을 보니 기분이 좋았다.

누군가는 "니코틴 습관을 방조하는 것 아니냐"고 반문할 수도 있다. 하지만 그렇지 않다. 왜냐하면 나는 친구들과 즐겁게 지내려고 그곳에 간 것이지 그들을 변화시키려고 간 것이 아니었기 때문이다. 내가 재떨이를 비우든 말든 그들은 굴뚝처럼 담배를 피웠을 것이고 술을 끊을 생각도 없었다. 방조enabling란 누군가의 문제 행동을 더 악화시키거나 덮어주는 것을 의미한다. 내가 찾은 방법은 우리가 함께 있는 동안 그 공간을 좀 더 쾌적하게 만들려는 선의의 행동일 뿐이었다.

  우리는 함께 식사하고 바닷가를 산책하며 즐거운 시간을 보냈다. 하지만 솔직히 말해서 작별 인사를 하고 술 냄새 없이 상쾌한 공기와 달콤한 향기가 가득한 내 집으로 돌아오니 안도감이 들었다.

  어떤 상황에서는 도움을 주는 데 한계가 있다. 문제가 있다고 인식돼도 현실적인 부분을 고려해야 한다. 자기 관점에서만 도움을 베풀어서는 안 된다. 그 시점에 상대방이 무엇을 받아들일 수 있는지를 고려해야 한다.

타인의 스트레스를 떠안지 않고 공감하는 방법

내 환자들이 공통적으로 가진 두려움은 "사람들이 내가 줄 수 있는 것보다 더 많은 것을 요구하면 어떡하죠? 거절하면 죄책감을 느낄 것 같아요"다.

  타인을 돕기 위해 100% 이상을 쏟아부을 필요는 없다. 때로는 너무 많은 것을 해주지 않아도 괜찮다. 중심을 유지하기 위해서는 일상의 책임에서 벗어나 자기 돌봄을 위한 휴식을 취하며 어지러운 세상에서 잠시 떠나 있을 필요가 있다. 자신에게 그런 선물을 줘라. 타인을 도울 때는 각 상황을 개별적으로 고려하고, 항상 자신의 에너지 수준과 신체, 정서적 한계를 고려하여 얼마나 줄 수 있는지를 평가하라. 이것은 이기적인 게 아니라 오히려 현명한 태도다. 병간호처럼 엄청난 희생이 요구되는 상황에서는 다른 방법을 찾아야겠지만, 일반적으로 단호한 경계가 있는 건강한 베풂은 자신도 성장시킨다.

다음은 건강한 베풂에 도움이 되는 5가지 전략이다.

1. 큰 것이 아닌 작은 것을 줘라

작은 선물의 힘을 인식하라. 포옹, 꽃 한 송이, 신선한 샐러드, 생일 카드, 오후 내내가 아닌 5분, 10분만 등이 해당한다. 어떤 사람들은 누군가에게 할애하는 시간을 하루에 한 시간으로 제한하기도 한다. 가능하다면 더 작은 단위로 질 높은 베풀기를 실천하도록 훈련하라.

2. 연민 어린 마음으로 분명하게 한계를 정하라

모든 요청에 '예'라고 대답해야 한다고 느낀다면 한계를 설정하는 연습이 필요하다. "초대해 주셔서 감사하지만 참석은 어려울 것 같아요." 또는 "요청해 주셔서 감사하지만 지금은 더 이상 약속을 잡을 수 없네요." 또는 "기꺼이 돕고 싶지만 한 시간밖에 시간이 없어요."라고 답할 수 있다. 한계를 설정하는 것에 죄책감을 느끼더라도 일단 해라. 두렵고 망설여지더라도 행동을 바꿔 실천하면 마음가짐이 변할 수 있다. 죄책감에서 완전히 벗어나지 못하더라도 원칙을 세우듯 한계를 정해 두는 것이 좋다.

3. '부재중' 모드로 전환하라

항상 다른 사람들의 부름에 응하는 것은 건강하지 않다. 에너지를 절약하려면 몇 분, 몇 시간 또는 그 이상 동안 전자기기를 끄고 전화를 받지 않으면서 다른 사람들을 위한 '호의'를 멈춰라. 그러면 타인의 요구에서 벗어나 휴식 시간을 가질 수 있다. 대부분의 사람이 나 없이도 한동안 잘 지낼 수 있다는 것을 깨닫고 놀랄지도 모른다.

4. 할 만큼 했다고 인식하라

정신 또는 신체 건강을 유지하려면 반드시 지켜야 하는 한계선이 있다. 더 이상 타협할 수 없다고 느끼는 순간이 오면 그 한계선은 더 명확해진다. 한 친구는 나에게 이렇게 말했다. "난 아이를 원하지 않았어. 그런데 언제부턴가 남편이 아이처럼 행동하더라. 그것도 정말 손이 많이 가는 어린 아이처럼. 그는 평생 철들지 않을 것 같았어. 아무리 얘기해도 소용이 없었거든. 그 사실을 깨닫자마자 이혼했어"라고 말했다. 결과적으로 이혼은 그녀에게 긍정적인 결정이었다. 때로는 자신을 보호하기 위해서 큰 결단이 필요하다. 관계를 정리하는 일은 어려울 수 있지만 떠나야 할 때라고 절실하게 느꼈다면 받아들이는 것이 현명하다.

5. 명상하고 기도하라

누군가를 돕기 위해 더 이상 할 수 있는 일이 없거나 그들이 도움을 거부하는 경우, 그 사람의 안녕과 최선의 결과를 위해 할 수 있는 일은 기도뿐일 수 있다. 이 기도는 구체적인 내용보다는 사랑과 치유의 힘을 기원하는 일반적인 내용이 좋다. 다음은 '평온을 비는 기도 Serenity Prayer'*를 내가 조금 각색한 것이다.

> *"신이시여, 제게 평온함을 주소서.*
> *제가 바꿀 수 없는 사람이나 상황을 받아들이고,*
> *제가 바꿀 수 있는 것을 바꿀 수 있는 용기를 주소서.*
> *그리고 그 차이를 알 수 있는 지혜를 주소서."*

누군가를 돕는 데 너무 힘을 쏟고 있다면 잠시 멈춰 보라. 그 사람을 있는 그대로 받아들이고, 그들을 바꿔야 한다는 사명감을 거부하라. 베풀어야 할 때가 있고 자신을 채워야 할 때가 있다. 그때는 다른 사람이 보내는 위험신호를 사랑으로 해결하려고 애쓰

---

* 신학자인 라인홀트 니버가 쓴 기도문으로, 미국의 알코올 중독자 모임(Alcoholics Anonymous)이나 국제 원조 프로그램인 12단계 프로그램(twelve-step program)에서 채택하고 있다. —옮긴이 주

지 않은 굳은 다짐이 필요하다. 건강한 베풂은 여유롭고 우아하며 당신과 타인 모두를 미소 짓게 한다.

부모님을 간병하는 사람들에게

신체적, 정서적, 정신적 어려움을 겪는 사람을 돌보는 것은 공감 능력이 절대적으로 필요한 일이다. 온종일 돌보든 잠깐씩 보조하는 역할이든, 돌봄 제공자라면 취약한 상태에 있는 타인의 요구와 필요에 응답해야 하는 다양한 상황에 놓일 수 있다.

나는 돌봄이 공감과 자기 돌봄, 책임 위임을 배우는 혹독한 속성 과정이 될 수 있다는 것을 잘 안다. 내 경우, 부모님 두 분이 각기 다른 시기에 병에 걸렸고 돌아가실 때까지 내가 병간호를 맡았다. 이 신성한 책임은 내 마음을 확장해 주는 동시에 내가 미처 알지 못했던 다양한 감정을 불러일으켰다. 나는 더 이상 어린 아이가 아니었다. 물론 머리로는 진즉부터 그 사실을 알고 있었다. 하지만 부모님의 병상 옆에 앉아 내가 중요한 의사 결정을 내려야 하는 때가 되자 세계관이 붕괴하듯, 더 이상 아이가 아니라는 사실이 너무나 명확해졌다. 돌아가시기 몇 달 전, 어머니는 가슴 아프도록 냉철하고 슬픈 어조로 이렇게 말했다. "내가 너를 지원하고 네 문제를 들어줄 수 있는 시간은 끝났단다. 나는 이제 모든 에너지를 암과 싸우는 데 쏟아야 해." 그때부터 어머니와 나는 부모와 자식의 역할이 뒤바뀐 완전히 새로운 영역에 들어섰다.

병간호를 하다 보면 때로는 결코 보고 싶지 않고 느끼고 싶지 않은 것들을 보고 느끼게 되는 순간이 있다. 나는 몇 달 동안 어머니가 끔찍한 고통과 괴로움을 겪으며 그녀의 '자아'를 잃어가는 모습을 지켜봐야 했다. 어머니에 대한 깊은 공감이 나를 관통했고, 어머니의 고통은 곧 내 고통이 되었다. 탈진, 무감각, 버려질 거라는 두려움, 상실에 대한 분노, 존경심, 사랑, 헌신이 모두 밀려와 나를 휩쓸었다. '한 사람이 이렇게 많은 감정을 느낄 수 있을까?' 하는 의문이 들 정도였다. 겉으로는 능숙해 보였던 내 안에서 억눌려 있던 수많은 불안들이 떠올랐다. 그때 나에게 필요했던 치유의 교훈은 나 자신에게 연민을 갖는 것이었다.

5년이 흘러 이번에는 아버지를 돌보게 되었고 그가 치매 증상을 보이고 파킨슨병으로 인해 점점 거동이 불편해지는 모습을 지켜봐야 했다. 하지만 어머니와 아버지가 돌아가시기 전까지 내가 곁을 지킬 수 있었던 것은 축복이었다. 그것은 가장 가슴 아프면서도 친밀하고 감동적인 경험이었다.

부모님이 병을 앓으셨던 1990년대에는 내가 나 자신을 돌보는 보호 기술을 배우지 못한 상태였다. 그때 그런 기술들을 알았다면 탈진한 몸과 마음을 회복하는 데 도움이 되었을 것이다. 가까이에 친척도 없이 외동딸이었던 나에게, 아니 누구에게나 그것은 감당하기 힘든 일이었다. 하지만 다행히 나는 전문가들의 도움을 받을 수 있었고, 그들은 신의 선물과도 같았다. 이 자비로운 사람들 덕분에 나는 일도 하고 휴식도 취할 수 있었다.

어머니와 아버지가 생의 마지막 순간에 더 평화롭고 안정된 시간을 보낼 수 있어서 감사하게 생각한다. 두 분 모두 사랑의 눈길 안에서 외롭지 않게 지낼 수 있었다. 나는 그들의 옹호자이자 버팀목이었고, 폭풍 속에서 익숙하고 따뜻한 얼굴로 그들을 지켜주는 존재였다. 아버지는 다른 사람들에게 "우리 주디스가 나를 날개 안에 품고 있어"라고 말하곤 했다.

운 좋게 오래 살다 보면, 노령의 사랑하는 사람을 돌봐야 할 때가 올 수도 있다. 병간호하는 사람이 겪을 엄청난 경험과 변화를 당신이 완전히 대비하도록 할 수는 없지만, 부모님을 돌봤던 일은 내 인생에서 가장 중요한 역할 중 하나였다고 말하고 싶다. 그 경험은 내가 마음을 더 열고, 두려움을 내려놓고, 나를 키우고 아껴준 소중하고 불완전한 사람들에게 봉사할 수 있게 해주었다.

돌봄 스트레스를 피하는 5가지 지침

자신에게 공감하는 마음은 타인을 진심 어린 마음으로 돌볼 수 있게 해준다. 건강한 돌봄이란, 때로는 돌보는 사람에게서 잠시 벗어나 명상, 수면, 건강 관리, 재미있는 영화 감상, 친구와의 대화 등을 하며 자신을 위한 시간을 갖는 것을 의미한다.

다리가 부러져 움직이지 못하는 친구를 돕든 부모님을 간병하든 다음 다섯 가지 실용적인 조언을 따른다면 도움이 될 것이다.

1. 상대방을 숨 막히게 하는 과도한 배려를 조심하라

때로는 너무 많은 도움을 주려다가 과도한 친절로 상대방을 숨 막히게 할 수 있다. 자신도 모르게 지나치게 간섭하거나 주변을 맴돌며 계속 신경을 쓰거나 "이제 좀 나아졌어? 아직도 아파?" 하며 불안하게 호들갑을 떠는 식으로 말이다. 그러면 도움을 받는 처지에서는 자신을 무력한 아기처럼 대한다고 느껴질 수 있다. 누군가가 당신에게 의존하고 있을 때 이런 메시지를 전달하는 것은 도움이 되지 않는다. 물론, 그들의 고통을 과소평가하라는 얘기는 아니다. 하지만 아픈 사람을 바라볼 때는 그 사람의 강점을 보고 그 강점을 그들이 인식할 수 있도록 도와주는 것이 중요하다.

2. 슈퍼 기버의 장단점을 인식하라

슈퍼 기버super giver는 누군가의 삶에 이바지한다는 목적의식이 있다. 에너지 넘치는 그들은 일처리가 정확하고 환자의 강력한 지지자가 된다. 한 암 생존자는 "치료 초기 단계에서 슈퍼 기버가 옆에 있었던 덕분에 회복하는 일에만 전념할 수 있었다"고 말했다.

  하지만 슈퍼 기버라고 해서 모두 강한 것은 아니다. 그들 중에는 버림받거나 거절당할까 봐 두려워서 과도하게 헌신하는 사람들도 있다. 없으면 안 될 존재가 됨으로써 상대방이 떠날 가능성을 줄이려는 것이다. 하지만 그런 기대를 가질수록 도움을 받은 사람이 느끼는 부담도 커져서 결국 상처를 받는 일이 생긴다.

만약 당신이 슈퍼 기버라면 열정적으로 돕되 자기 행복도 존중하라. 위기 상황에서는 활력이 넘치지만 위기가 끝나면 무너질 수 있다. 그럴 때는 벽을 멍하니 바라보거나 필요한 만큼 잠을 자는 것이 치료 효과가 있다. 자신을 돌보며 균형을 유지해야 원망 없이 다른 사람을 도울 수 있다.

3. 걱정과 관심의 차이를 알라

걱정은 당신이 돌보는 사람의 건강처럼 특정 문제에 불안감을 집중시키는 것이다. 만성적으로 걱정하는 사람의 경우 상황에 대한 통제권을 갖고 싶거나 무력감을 극복하려는 의도가 잠재되어 있을 수 있다. 또한 걱정하지 않으면 충분히 돌보지 않는다고 여길까 봐 그럴 수도 있고, 나쁜 일이 일어날 것이라는 미신이나 징조 때문에 그럴 수도 있다. 예를 들어, 우리 어머니처럼 못 말리는 걱정꾼인 유대인 어머니 밑에서 자란 내 친구가 있다. 한번은 내 파트너가 그녀에게 안부 전화를 했는데, 그녀가 숨을 헐떡이며 전화를 받았다. "무슨 일이죠? 당신과 주디스는 괜찮아요?" 파트너는 "아무 일도 없는데요. 왜 그렇게 생각하셨죠?"라고 물었고, 그녀는 "당신이 전화하는 일은 거의 없잖아요"라고 대답했다. 그녀와 나처럼 걱정 많은 부모 밑에서 자란 아이들은 걱정이 하나의 사고 패턴일 수 있다.

누군가가 아플 때는 응당 걱정이 생기지만, 문제는 걱정이 관심을 넘어 고통의 영역으로 흘러간다는 것이다. 걱정은 인간적이지만 실질적인 도움은 되지 않을 때가 많다. 오늘 산을 오르면서 내일 일어날 모든 스트레스를 걱정한다면 등반은 매우 힘들어질 것이다.

그러니 돌봄 제공자로서 걱정이 든다면 깊이 숨을 들이마시고 천천히 내쉬며 현재에 집중하라. 현재에 집중하면 눈앞의 과제를 더 잘 해낼 수 있다고 느낄 것이다. 그리고 편안한 태도와 걱정 없는 눈빛으로 아픈 사람을 대하면 그들도 걱정을 덜 하고 더 빨리 회복하는 데 도움이 될 것이다.

4. 관용과 인내심을 키워라

급성 또는 만성 통증이나 질병으로 고통받거나 거동이 어려운 사람들은 짜증을 내거나 심술궂은 기분에 빠질 수 있다. UCLA 정신과 레지던트 시절, 나는 병원에서 오랫동안 근무한 직원들에게 심술궂은 환자들은 오래 살고 친절한 환자들은 쉽게 세상을 떠난다는 이야기를 들었다. 심술궂은 행동을 옹호하는 것은 아니지만, 때로는 그것이 심각한 질병을 앓는 환자들이 보이는 강한 생존 의지일 수도 있다.

만약 당신이 까다롭거나 심술궂은 사람을 돌보고 있다면, 그들이 왜 그런 행동을 하는지 이해하려고 노력하라. 특히 그 사람이 죽음을 앞두고 있다면 너그러운 마음을 갖고 그들을 바꾸려는 시도를 멈춰라. 우리가 감당하거나 지켜보기 힘들더라도, 그 사람은 자신이 선택한 방식으로 죽음을 맞이할 권리가 있다.

관용이란 누군가의 신념이나 행동을 고치려 하지 않고 '있는 그대로 받아들이는 것'을 의미한다. 병간호의 경우에는 관용이 누군가의 짜증스러운 태도나 지속적인 고통을 참아내는 것을 의미할 수 있다. 그들에게 인내심을 가져라. 아울러 이 책에서 소개하는 건강한 경계를 설정하는 법을 배운다면 당신의 에너지도 보호할 수 있을 것이다.

또한 중요한 것은 자신에게도 인내심을 갖는 것이다. 병간호를 하는 동안 당신은 매일같이 극적인 상황을 겪을 수 있다. 피곤하고 짜증이 나는 것은 당연하다. 병간호가 너무 버겁게 느껴진다면 잠시 휴식을 취하고 자기 자신에게 공감하며 중심을 찾아라.

5. 도움과 인력을 구하라

만성 질환이나 말기 질환을 앓고 있는 사람을 돌보는 중이라면 도움을 요청하고 일을 분담하는 것이 중요하다. 모든 일을 혼자서 해내고 싶은 마음이 들 수도 있다. 이해한다. 환자를 가장 잘 알고 있고, 가장 사랑하는 사람도 당신이기에 '낯선 사람'을 들이는 것이 불편할 수도 있다. 하지만 장기 돌봄의 경우 지원을 요청하는 법을 배우지 않으면 돌보는 사람도 돌봄을 받는 사람도 위기를 맞을 수 있다.

지원 요청에는 여러 가지 방법이 있다. 시간제 또는 전일제 전문 인력을 고용할 여유가 있다면 간병 서비스를 활용하여 시간을 확보하라. 또는 주기적으로 집안일을 해줄 수 있는 사람을 찾는 것도 도움이 된다. 이렇게 하면 마음의 평온을 찾고 덜 혼란스러운 환경을 만들 수 있다. 미국정신질환연맹NAMI은 정신질환자를 돌보는 사람들을 위한 서비스에 연결해 주는 헬프라인을 제공한다. '모임'이나 '단체 활동'을 선호하지 않는 사람이라면, 온라인 커뮤니티를 활용할 수도 있다. 이런 방식으로 도움을 요청하는 것이 익숙하지 않을 수 있지만, 당신이 겪고 있는 일을 이해하는 사람들을 찾는 것은 정신과 신체 건강에 필수적이다.

돌봄이 끝난 후 무력감에서 벗어나는 법

언젠가는 당신이 돌봄을 제공할 필요가 없는 순간이 올 것이다. 이러한 전환은 당신이 목격한 트라우마를 놓아 주는 애도 과정이라고 할 수 있다. 이 단계는 끝났고, 이제 앞으로 나아가야 한다. 하지만 어떻게 해야 할까?

어떤 사람들은 '이 역할을 하지 않으면 나는 누구인가?'라는 정체성 위기를 겪기도 한다. 만일 그런 마음이 든다면 무작정 억누르지 말고 떠오르는 모든 감정을 느껴라. 그리고 다른 사람을 돌보는 일에 헌신했던 자기 안의 선의를 다시 돌아보고 칭찬하

라. 그렇게 스스로에게 집중하다 보면 남을 돌보는 역할이나 긴박한 생존 모드에서 벗어날 수 있다.

한때 나는 몇 달 동안 허리 수술을 받은 사촌의 회복을 돕기 위해 온 힘을 다했다. 마침내 그녀가 회복하고 간병이 끝났을 때 나는 엄청난 피로감과 허탈감을 느꼈다. 나 자신을 재충전하기 위해서는 그녀에게 쏟았던 엄청난 양의 에너지를 되찾아야 했다. 나는 명상을 하면서 스스로에게 의식적으로 말했다. "그녀는 완전히 회복했고 충분한 지원을 받고 있어. 간병인으로서 내 역할은 끝났어. 이제 내 에너지를 나를 위해 채워야 해." 이런 의식적 훈련을 통해 나는 온전한 활력을 되찾을 수 있었고 그 시기를 마무리할 수 있었다.

일반적으로 돌봄에는 시작과 끝이 있다. 돌봄을 시작할 때나 돌봄이 끝날 때 자신에게 공감하는 것을 잊지 마라. 당신은 혼자 남겨지는 것이 아니다. 이제 당신의 에너지를 당신 자신에게 온전히 쓸 수 있는 시간이 된 것이다.

The Genius of Empathy

공감 실천하기

간호하는 이를 위한 명상

집이나 안전한 장소에서 심호흡에 집중하며 몸에 쌓인 스트레스를 느껴보라. 어깨나 목이 긴장되어 있는가? 머리가 멍한가? 피곤하거나 짜증이 나나? 이 모든 것은 당연한 반응이다. 느껴지는 모든 통증과 괴로움, 불안, 걱정, 우울, 피로감에 공감하라. 그리고 각 감정에 사랑의 숨을 불어넣어라. 당신은 다른 사람을 돌보고 있고 이는 아름다운 공감의 행위다. 자신의 에너지와 영혼에 연결되는 것을 느껴보라. 당신은 성장하고 있다. 당신은 사랑을 주고 있으며 당신의 마음은 더 깊어지고 있다. 돌봄의 경험에서 오는 강렬한 힘과 애틋함을 느껴보라.

나르시시스트, 소시오패스, 사이코패스
: 파괴적이고 해로운 사람들과 한계를 설정하는 법

어떤 사람들은 신경학적으로나 정서적으로 타인에 대한 공감 능력이 부족하게 타고난다. 행동 과학자들은 이러한 상태를 '공감 결핍 장애empathy deficient disorder'라고 정의한다. 공감 능력이 부족한 이런 사람들은 자신의 욕구에만 집중하고 타인의 감정은 무시하거나 신경 쓰지 않으며 도덕적 나침반이 결여되어 있다.

이번 장에서는 해로울 수 있고 교묘하게 기만적인 성격을 가진 사람들을 알아보는 법을 배울 것이다. 그들의 매력이나 공허한 약속에 현혹되지 않고 자신의 공감 능력을 보호하려면, 그들이 당신의 편이 아니라는 사실을 깨달아야 한다.

이런 사실에도 불구하고, 나는 누군가가 공감 능력이 부족하다는 사실을 받아들이는 데 어려움을 겪는 환자들을 많이 보아왔다. 당신도 그들처럼 "어떻게 그럴 수 있지?"라고 생각하거나 "내가 _____만 해준다면 그들을 치유하고 변화시킬 수 있을 텐데"라고 믿을 수도 있다. 나도 그러기를 바란다. 하지만 수년간의 임상 경험을 통해 확인한 결과는 '그렇지 않다'이다(물론, 우리는 여전히 공감 결핍 장애에 대해 더 많은 것을 배우고 있는 중이다).

특히 사랑하는 사람이나 동료에게 공감 결핍 장애가 있는 경우, 그들에게 다가갈 방법이 없을 수도 있다는 점을 깨닫지 못할 때가 많다. 일부 환자들은 이런 사람들에게 과하게 공감하며 현실을 부정하기도 한다. "선생님 말씀은 알겠지만, _____는 예외예요. 그 사람은 불행한 어린 시절을 보냈고, 저는 그의 진정한 잠재력을 느낄 수 있어요." 그들은 선의를 가지고 상대의 사랑을 얻거나 고통을 치유하려고 노력하지만, 결국 관계가 파탄 나고 나서야 선천적으로 공감이 결여된 사람이 있다는 것을 깨닫는다.

누군가를 포기하거나 그들의 결함을 인정하는 일은 어려운 일이다. 하지만 당신이 어떤 노력을 해도 공감을 주고받는 마음이 없는 사람을 당신이 바라는 따뜻한 사람으로 만들 수는 없다.

공감을 전혀 못하는 사람이 있다는 게 여전히 믿어지지 않는다면, 그래도 괜찮다. 다만 그런 상황에 직면할 수 있다는 사실만은 인지하길 바란다. 그래야 당신을 지킬 수 있다.

이제부터는 공감 결핍 장애의 본질과 그런 특성을 지닌 사람들을 식별하는 방법 및 자기 자신을 보호하는 방법에 대해 알아볼 것이다. 나르시시즘과 같은 공감 결핍 장애가 있는 사람들은 '자신'이 얼마나 강력한 존재인지 당신이 인정해 주길 바란다. 반면,

진정으로 타인을 배려하는 사람들은 '당신'이 얼마나 강한 존재인지 '당신 자신'이 깨닫기를 바란다.

공감 능력 스펙트럼

공감 능력은 다양한 스펙트럼으로 존재한다. 스펙트럼의 중간에는 타인을 배려하는 '일상적인 공감 능력'을 가진 사람들이 있다. 그보다 상단에는 삶을 아주 강렬하게 느끼고 소음이나 빛과 같은 감각 자극에 쉽게 과부하를 느끼는 '민감한 사람들'이 있다. 그리고 스펙트럼의 최상단에는 '초민감자'가 있는데, 이들은 민감한 사람들의 특성을 모두 가지고 있으면서 타인의 감정을 스펀지처럼 흡수하는 경향까지 있다. 반면 스펙트럼의 최하단에는 공감 결핍 장애가 있는 사람들이 있다. 우리가 앞으로 살펴보게 될 나르시시스트, 소시오패스, 사이코패스, 약자를 괴롭히는 사람들이 바로 그들이다.

누구와 관계를 맺을지는 당신의 선택이다. 하지만 많은 사람이, 특히 타인에게서 좋은 점을 보려고 노력하는 사람들이 공감 결핍 장애를 제대로 식별하지 못해서 상처를 받는다. 그래서 나는 자기 욕구를 소중히 여기고 파괴적이거나 해로운 사람들과는 한계를 설정하는 법을 이 책의 핵심 주제 중 하나로 삼았다. 너무 많은 아이들과 어른들이 건강하지 못한 관계에 갇혀 엄청난 고통을 겪고 있다. 만약 당신이 과거에 잘못된 관계를 맺었다면 지금부터 더 현명하게 행동하는 법을 배울 수 있을 것이다.

**배울 수만 있다면 잘못된 길은 없다.
단지 어떤 길은 다른 길보다 더 고통스러울 뿐이다.**

유형 1. 나르시시스트

여기서 말하는 나르시시스트는 자기애성 성격장애가 있는 사람들을 의미하며, 단순히 몇 가지 나르시시즘적 특성을 가진 사람들과는 구분된다. 몇 가지 특성만 가진 사람들은 심리 치료를 통해 공감 능력을 키우고 성장할 가능성이 있다.

연못에 비친 자기 모습에 반한 그리스 신화의 비극적인 인물 나르키소스처럼 나르시시스트들은 자신에게 푹 빠져 있다. 모든 것이 자신을 중심으로 돌아가며, 어떤 만남에서도 오직 자기 한 사람만 존재한다. 거대한 자아로 인해 비호감을 갖게 하는 나르시시스트도 있지만, 대부분은 지적이고 재치 있으며 흥미롭고 매력적이다. 유혹의 전문가인 그들은 상황 파악에 능하며 당신이 듣고 싶어 하는 말을 정확히 해주고, 당신과의 관계가 엄청난 발전 가능성을 가지고 있다고 달콤하게 말한다.

무의식적으로든 의도적으로든, 그들은 마음의 에너지를 이용하는 방법을 알고 있다. 단기간에 당신을 특별한 존재로 느끼게 해 순응하게 만드는 '애정 공세love bombing'라는 유혹의 기술도 자주 사용한다. 애정 공세에는 과도한 칭찬, 선물, 나쁜 행동에 대한 사과, 빠르고 강렬한 감정 표현, 끊임없는 문자나 전화, 혹은 당신이 꿈꿔왔던 모든 말들이 포함될 수 있다. 나르시시스트들은 가짜 모습을 만드는 데 능숙하다. 공감하는 척하거나 심지어 구원자인 척하며 "내가 당신 문제의 해답을 가지고 있다"고 자주 말하는데, 그 말은 진심이 아니다.

그들의 관계는 조건적이다. "네가 이걸 해주면 나도 이걸 해줄게"가 바로 그들의 진심이다. 나르시시스트의 전형적인 패턴은 당신을 이상화하고, 평가절하하고, 결국에는 버리는 것이다. 당신이 그들에게 동의하지 않거나 그들의 계획에 저항하면, 그들은 냉담해지고 벌을 주는 태도를 보여 마치 버림받은 것처럼 느끼게 한다. 그러면 당신은 그들의 인정을 다시 획득하기 위해 노력해야 한다.

또한 당신이 그들을 기쁘게 하려고 온갖 노력을 다하게 만들어 당신을 지치게 한다. 심지어 당신의 반응이 '비정상'이라고 믿게 만드는 가스라이팅을 할 수도 있다. 예를 들어, 불륜을 저지른 사실을 들켜도 끝까지 부인하거나 "그냥 커피 한잔 마셨을 뿐인데, 당신은 피해망상이야!"라고 주장할 수 있다.

이들은 또한 '투사'라는 심리적 방어 기제를 사용하여 사람을 조종한다. 예를 들어 당신이 "네가 너무 화를 내서 상처받았어"

라고 말하면 그들은 오히려 그 말을 역이용하여 "내가 아니라 네가 지금 화를 내고 있잖아"라고 되받아친다. 당신이 그들에게 의문을 제기하거나 자신을 옹호하면, 그들은 직간접적으로 "내 방식을 따르든지 아니면 끝내"라는 메시지를 전달한다. 당연히 이러한 태도는 친밀감을 형성하는 데 치명적이다.

게다가 그들은 자주 "넌 정말 무능해"와 같은 독성 메시지를 반복해서 주입하는데, 그러다 보면 당신도 그 말을 믿게 될 수 있다. 실제로 반복은 광고주들이 자주 사용하는 설득 기법이다. 심리학 연구에 따르면, 단순한 단어나 문구를 반복하는 것만으로도 사실이 아닌 것을 사실이라고 믿게 만들 수 있다고 한다.

나르시시스트로 판단되는 유명한 역사적 인물로는 율리우스 카이사르, 나폴레옹, 마리 앙투아네트가 있다.

나르시시스트들은 대부분 다음과 같은 특징을 가지고 있다. 이 중 한두 가지 특징만 보인다고 해도 나르시시즘적인 성향을 가지고 있을 가능성이 크다.

나르시시스트의 일반적인 특징

- 칭찬과 인정, 확인을 받고 싶어 한다.
- 으스대고 조종하려 하며 특권 의식이 있다.

- 공감 능력이 부족하다.
- 타인을 지배하고 평가절하한다.
- 타인의 관심을 끌기 위해 감정의 부스러기를 던져 준다.
- 가스라이팅하거나 거짓말을 한다.
- 애정 공세를 한다.
- 냉담함, 침묵, 다양한 형태의 방치로 상대를 벌준다.

나르시시즘은 크게 과시형(공공연함)과 취약형(은밀함), 두 가지로 나눌 수 있다. 과시형은 우리가 흔히 생각하는 전형적인 나르시시스트로, 자랑하고 주목받는 것을 좋아하며 자신을 중요하게 여기고 자신에게 동의하는 '충성스러운' 사람들로 주변을 채운다. 외모, 성공, 부에 집착하며 세상에는 멋진 모습을 보여주지만, 사적으로는 사랑하는 사람들을 학대하고 이용한다. 일부는 사람들을 매료시키고 중심을 잃게 만드는 카리스마를 발산하기도 한다.

반면 취약형은 주목받는 것을 싫어하기 때문에 더 숨겨져 있고 미묘하며 알아차리기 힘들다. 그들은 불안감, 우울증, 낮은 자존감 때문에 위축될 수도 있다. 그들의 취약성은 진짜이지만 이를 이용해 타인을 조종하기도 한다. 양의 탈을 쓴 늑대처럼, 유려하게 말하고 수줍음이 많기 때문에 겸손하고 배려심이 있는 것처럼 보일 수 있다. 하지만 나중에는 관대함을 이용해 사람을 통제하고 빚을 졌다고 느끼게 만든다. 상대의 감사와 의존은 그들에게 먹이가 된다. 또한 동정심에 호소하며 '피해자' 역할을 하기도 한다.[1]

과시형이든 취약형이든, 나르시시즘 성격장애는 공감 능력이 부족한 교묘한 유형부터 가장 학대적이고 공격적이며 가학적인 유형에 이르기까지 다양한 정도로 나타날 수 있다. 영적 지도자 파라마한사 요가난다는 파괴적인 성격을 가진 사람들에 대해 "어떤 사람들은 다른 사람의 머리를 잘라서 자기 키를 키우려고 한다"고 말했다.[2]

나르시시즘의 공급원

나르시시스트는 당신이 힘든 하루를 보내고 집에 돌아왔을 때 "오늘 어땠어?"라고 묻지 않을 것이다. 나르시시스트들은 애정, 사랑, 생각을 공유하기보다는 타인에게 권력을 행사하기를 원한다. 칭찬, 공감, 관심 그리고 타인의 순종과 숭배는 그들의 먹이가 된다. 그들은 자신의 위대함을 인정받고 싶어 하는 끊임없는 욕구, 즉 '나르시시즘적 공급원'을 필요로 한다.

그들은 타인을 속이고 조종할 때 힘을 느끼는데, 이러한 지배감이 그들의 공급원이 된다. 상대가 혼란스럽고 감정적으로 동요할수록 그들은 더 큰 힘을 받는다. 그들은 상대가 중심을 잃는 모습을 보고 싶어 한다. 상대가 흔들릴수록 자신의 통제력이 강하다고 생각하기 때문이다. 또한 나르시시스트들은 유혹, 분노, 처벌, 괴롭힘을 통해 자기 욕구를 채운다. 그들은 공감 능력이 부족한 탓에 양심의 가책 없이 사람들을 학대한다.

나르시시즘의 원인

그렇다면 나르시시즘을 유발하는 요인은 뭘까? 나르시시스트는 타고나는 걸까, 만들어지는 걸까? 사실 양육과 유전 모두 영향을 미친다고 볼 수 있다.

   나르시시즘은 아이가 부모와 건강하게 유대감을 형성하지 못하거나 사랑과 보호를 제대로 받지 못해 발생하는 초기 애착 트라우마와 관련이 있다. 그로 인해 사람과 환경을 조종하고 통제하는 생존 기술을 개발하여 대처하게 된 것이다. 부모의 행동 또한 영향을 미칠 수 있는데, 일부 아이들은 나르시시즘적인 부모의 행동을 따라한다. 또한 연구에 따르면 과대망상이나 특권 의식과 같은 특정 특성은 유전된다.[3] 이 장애의 모든 원인은 아직 완전히 밝혀지지 않았으며, 관련 연구가 계속 진행 중이다.

나르시시스트는
"내가 나르시시스트일까?"라고 절대 묻지 않는다.
그들은 아무것도 자기 잘못이 아니라고 믿는다.

나르시시즘은 치료될 수 있을까?

심리 치료에서 나르시시스트를 치유하는 일은 어렵거나 불가능하다고 본다. 덜 통제적이고 덜 이기적으로 보이도록 적응하는 방법을 배울 수는 있지만, 약간의 압박이나 실망감을 느끼면 대개 조종하는 행동이 다시 나타난다.

미국 정신의학협회의 『정신 질환 진단 및 통계 편람DSM-5』은 나르시시스트를 소시오패스와 함께(사이코패스는 포함되지 않음) 치료가 어려운 성격장애로 분류한다. 일반적으로 이들은 갈등 상황에서 자신의 책임을 인정하지 않고 다른 사람을 비난한다. "누구, 나? 난 잘못한 거 없어"라는 태도를 보인다.

나르시시스트들은 자신의 거짓말을 믿거나 그 거짓말을 퍼뜨리는 것이 자신의 권리라고 생각한다. 만에 하나 그들에게 개선될 희망이 보인다면, 나르시시즘 치료 경험이 있는 정신과 의사나 정신 건강 전문가와 함께 피나는 노력을 해야 할 것이다. 경험이 부족한 치료사들이 나르시시스트에게 놀아나 그들의 이야기를 믿고 파트너, 동료 또는 가족 구성원을 악마화하는 경우를 나는 너무 많이 봐왔다.

안구 운동 민감 소실 및 재처리 요법EMDR과 같은 트라우마 치료는 나르시시즘적 특성을 가진 사람들에게 도움이 될 수도 있다. 일부 정신분석가들은 수년간의 정신분석이 나르시시스트에게 유용할 수 있다고 생각한다. 또한 12단계 프로그램도 일부 나르시시스트에게 도움이 될 수 있다. 알아넌 같은 모임은 겸손과 봉사를 강조하는데, 나르시시스트들도 베풀고 관용하는 법을 조금은 배울 수 있다. 30년 동안 알코올 중독자 모임 회원이었던 전직 사기꾼이자 코카인 중독자이며 자신을 나르시시스트라고 인정한 한 사람은, 술을 끊기 전에는 다른 사람에게도 욕구가 있다는 것을 전혀 몰랐다고 말했다! 이제 그는 매일 최소한 한 명을 돕는 것을 목표로 삼고 있다.

나르시시스트로부터 자신을 보호하는 8가지 방법

나르시시스트와 관계를 맺고 있다면 특히 상사, 동료, 친척과 같이 피할 수 없는 사람이라면 자기 자신에게 공감해야 한다. 그들의 조종에 휘말리더라도 마음을 가다듬고 새롭게 시작하면 된다. 다시 중심을 잡으면 더 명확한 선택을 할 수 있다.

다음의 8단계를 따라 자신을 보호하라.

1. 다음과 같은 말을 자주 하는 사람은 나르시시즘 성향이 있을 수 있다.
- "내가 뭘 얻을 수 있는데?", "나한테 무슨 이득이야?"
- "내 전 애인들은 다 미쳤어."
- "예민하게 굴지 마, 난 그렇게 말 안 했어."
- "넌 항상 내 말을 오해해."
- "왜 또 과민반응이야? 넌 너무 비이성적이야."

- "내가 네 친구들보다 중요하지 않다는 거야?"
- "내 잘못이 아니야, 네가 그렇게 만들었어."

2. 다음과 같은 자기애적인 행동을 보이는 사람이 있는지 잘 살펴보라.
- 당신에 관해 묻지 않고 자기 얘기만 한다.
- 잘난 척하며 원하지도 않는 조언을 한다.
- 당신을 비난하거나 깎아내린다.
- 당신의 고통에 공감하지 않고 자기 얘기로 돌려버린다.
- 원하는 게 있을 때만 당신에게 관심을 보인다.

3. 사소한 의견 충돌을 일으켜 보라.

누군가가 자기애적 성향이 있는지 확실하지 않다면 작은 갈등을 일으켜 보라. 당신이 원하는 걸 해줄 때는 순순히 따르겠지만, "싫어"라고 말하면 태도가 돌변할 것이다. 만약 당신이 "오늘 저녁엔 못 나가"라고 말한다면 "넌 우리 관계를 중요하게 생각하지 않는구나"라고 비난하거나 심술궂게 굴 수도 있다. 그들의 반응을 보면 정확하게 판단하는 데 도움이 될 것이다(전문가의 도움을 받으면 더 정확하게 알아볼 수 있을 것이다).

4. 현실을 받아들여라.

당신은 그들을 옹호하거나 그들의 행동이 변할 거라는 희망을 놓지 않을 수 있다. 하지만 고통스럽더라도 현실을 직시해야만 자신을 지킬 수 있다.

5. 기대치를 낮춰라.

나르시시스트와 함께 있으면 항상 외로운 감정을 느낄 것이다. 그들이 당신에게 무조건적 사랑이나 공감을 줄 수 없다는 사실을 받아들여라. 따뜻함과 친밀감은 다른 사람에게서 찾아라.

6. 자존감을 그들에게 의존하지 마라.

나르시시스트는 통제하고 싶어 하므로 종종 당신을 깎아내리려 할 것이다. 부모에게 받지 못한 사랑을 얻으려고 노력하는 함정에 빠지지 마라. 그들에게 인정받으려 하지 말고 자신의 가치를 스스로 믿어야 한다.

7. 필요에 따라 그들의 자존심을 세워줘라.

상사, 시댁 식구 또는 쉽게 관계를 단절할 수 없는 사람이 나르시시스트일 때, 당신의 아이디어가 그들에게 이득이 있음을 보여줘라. 감정이 아닌 사실에 집중하라. 예를 들어, "제가 이 날짜에 휴가를 가면 회사의 재정에 도움이 될 것입니다"라고 말하는 것이다. 그들의 자존심을 높여주는 일이 지겹고 피곤할 수 있지만, 이 기술을 사용하면 당신의 요청이 더 자주 받아들여질 것이다.

8. 당신의 감정적 방아쇠를 인식하라.

나르시시즘적 성향을 가진 사람들과 싸우지 마라. 취약한 감정은 그들에게 공급원이 될 뿐이다. 감정이 흔들리면 잠시 멈춰 숨을 고르고 가능한 한 빨리 만남을 끝내라.

나르시시스트와의 관계 끝내기: 공급원 차단하기

당신이 나르시시즘적 성향이 있는 누군가에게 작별 인사를 할 준비가 되었다면, 그들이 저항할 것이라는 사실을 알아야 한다. 공급원이 끊긴 그들은 원하는 것을 얻기 위해 무슨 짓이든 할 수 있다. 그들이 평화롭게 떠나는 경우는 거의 없다. 그들은 당신의 결정을 이해하고 지지하며 당신에게 상처를 줘서 미안하다고 말하지 않을 것이다. 대신 떠나려는 이유를 의심하게 만들려고 안간힘을 쓸 것이다.

나르시시스트가 변할 것이라는 희망은 버려라.

민감하고 사랑이 넘치는 사람들은 나르시시스트를 이해하려고 노력하는 데 많은 공감 능력을 낭비한다. 그들은 상대방이 변하기를 바라며 너무 오랫동안 관계를 유지한다. 그러나 변화하는 데 관심이 없는 사람에게 공감하면 역효과를 낳는다.

이러한 관계에서는 자신을 먼저 구해야 한다. 상대방을 고치려 하거나 감정을 표현하려는 시도를 멈춰라. 대신, 모든 공감 능력을 자신의 치유에 집중하여 서로 배려하는 관계를 찾도록 노력해야 한다.

자기 공감은 자신에게 다음과 같이 말하는 것을 의미한다.

- 나는 잘못한 것이 없다. 이 상황에 휘말리게 된 것에 대해 내가 비난받을 이유는 없다. 나는 나르시시즘에 대해 배운 적이 없다.
- 나는 고통을 겪었다. 나는 지쳤고 힘들다. 나는 이 관계를 유지하기 위해 충분히 노력했다. 이제 떠날 때가 되었으니 나 자신을 회복하고 치유 과정을 시작해야 한다.

관계를 끝내면서 힘을 되찾고 에너지 흐름을 바꾸려면 한계를 명확히 설정하고 이를 확실히 지켜야 한다. 여전히 나르시시스트와 접촉해야 하는 경우, 자신의 요구를 정기적으로 밝혀라. 중립을 유시하고 상대방의 요구를 들어줄 수 없을 때는 단호하게 '아니오'라고 말하라. 예를 들어 "아니요, 당신이 불친절하거나 짜증을 부린다면 당신 곁에 있을 수 없습니다"라고 말하라. 무엇이든 자신만의 거절 목록을 만들어 자신 있게 표현하라.

'회색 바위 기법 grey rock method'은 나르시시스트의 조종에 대처하는 데 도움이 될 수 있다. 목표는 회색 바위처럼 반응하지 않는 것이다. 지속적인 눈 맞춤이나 의무적인 포옹, 악수와 같은 신체 접촉을 피하고 단호하고 흔들림 없는 태도를 유지하라.

감정적으로 휘둘리거나 극적인 상황을 만들지도 마라. 이 사람들은 갈등과 감정 폭발에서 힘을 얻는다. 해결해야 할 문제가 있다면 해결 지향적인 태도를 보이고 대화를 짧게 유지하라. 노출을 제한하고 미끼를 물지 않으면 나르시시스트의 공급원이 차단되어 파괴적인 행동이 줄어든다.

때로는 완전하게 단절할 수 있다. 예를 들어, 공동 양육하는 자녀가 없거나 나르시시스트가 직장 동료, 친척 등 꼭 교류해야 하는 사람이 아닌 경우다.

만약 나르시시스트 파트너와 헤어질 준비가 되었다면 단호하게 관계를 끊는 것이 최선이다. 완전히, 모든 연락을 끊어야 한다. 상대방의 소셜 미디어 계정을 확인해 그들이 어떻게 지내는지 알아보려고 하지도 마라. 핸드폰과 모든 소셜 미디어에서 그들을 차단하라. 그러면 상대방의 심리 게임이나 관계를 유지하고 싶은 유혹에 맞서 싸울 필요가 없어진다. 비로소 해방되는 것이다.

물론, 관계를 단절하면 이별에서 오는 불편함과 갈망을 견뎌야 한다. 이것은 마치 강력한 약물의 금단 증상을 겪는 것처럼 괴롭겠지만, 일기를 쓰든 명상을 하든 자신의 내면을 바라보며 고통을 견뎌내라. 장담컨대 오래 지나지 않아 나아질 것이다.

지원이 필요하다면 주저하지 말고 나르시시즘과 트라우마 회복 전문 치료사에게 도움을 요청하라. '익명의 공의존자들CODA' 처럼 온라인 또는 오프라인에서 무료로 이용 가능한 건강한 관계 형성 프로그램도 있다. 격려와 지원을 받으면 회복 과정이 더 쉬워질 것이다.

나르시시스트와의 관계에서 치유되는 데 얼마나 걸릴까?

나르시시즘적 관계에서 회복되려면 자기 공감 능력도 회복해야 한다. 처음 헤어질 때는 큰 안도감을 느끼는 것이 일반적이다. 그러다 두려움, 분노, 복수심, 자기 의심이 스멀스멀 밀려오면서 갑작스럽게 좌절감을 느낄 수 있다. 이러한 감정은 자연스러운 것이다. 걱정하지 말고 행복해지는 것이 최고의 복수라는 것을 기억하라. 일기장이나 공감하는 친구에게만 감정을 표출하고 감정을 행동으로 옮기거나 나르시시스트에게 표현하지 마라. 그들과 거리를 둘수록 더 빨리 치유될 것이다.

  치유하는 데 걸리는 시간은 사람마다 다르지만, 이별 후 몇 달이 지나면 환자들이 안도감을 느끼는 시간이 더 길어진다. 이러한 접근 방식을 고수하고 계속해서 자신에게 공감하면 자존감이 상승한다. 다음은 『나는 초민감자입니다』에서 소개했던 '관계 끊기 시각화' 연습이다. 나르시시스트와의 관계를 놓아버리고 미련을 없애는 데 도움이 될 것이다.

> ### 관계 끊기
>
> 침착한 상태에서 두 사람을 연결하는 빛줄기를 머릿속으로 그려본다. 뼈아픈 교훈을 준 관계라도 거기서 배운 것들을 생각하며 고맙다고 인사한다. 그리고 다음과 같이 단호하게 선포한다. "이 관계는 끝났다. 지금부터 영원히 우리의 인연을 끊는다." 그런 다음 상상 속의 가위로 연결줄을 싹둑 잘라서 에너지 연결이 끊어지는 모습을 상상한다.

치유의 다음 단계는 자신의 삶에 집중하는 것이다. 헤어진 후에는 과거에 연연하거나 상대방이 무슨 생각을 하는지, 누구와 함께 있는지 생각하지 마라. 모든 긍정적인 생각과 행동을 자신과 세상을 위해 좋은 일을 하는 데 집중하라.

주의해야 할 나르시시스트의 4가지 조종 기술

작별 인사를 할 준비가 되었다면, 나르시시스트가 당신의 마음을 바꾸기 위해 엄청난 유혹과 설득의 기술을 사용할 수 있다는 점을 명심하라. 맹공격이 시작되더라도 포기하지 말고 강하고 일관된 태도를 유지하라. 아울러 그들이 당신을 통제하기 위해 사용하는 다음과 같은 심리 게임에 주의하라.

1. 후버링 – 다시 끌어들이기

후버링Hoovering은 전 세계적으로 유명한 진공청소기 브랜드 후버Hoover에서 유래된 말로, 마치 진공청소기처럼 상대방을 다시 자기 영역으로 끌어들이려는 조작적 시도를 뜻한다.

나르시시스트는 매우 진실해 보이는 척하며 "나는 당신 없이는 살 수 없어", "치료받을게", "당신과 아이들과 시간을 더 보낼게. 내가 변할게"와 같은 공허한 약속으로 당신을 다시 유혹하려 할 수 있다. 또는 "당신이 보고 싶어", "당신을 생각하고 있어" 같은 미련 가득한 문자를 보내 당신의 저항을 약화하려 할 수도 있다. 이때 그들이 노리는 것은 당신이 스스로를 의심하며 '어쩌면 정말 우리 관계를 소중하게 생각할지 몰라', '과거에 너무 학대당해서 그런 걸 거야', '나에게 멍청하다고 말한 건 진심이 아니었을 거야'라고 생각하는 것이다.

그럼에도 불구하고 당신이 반응하지 않는다면 그들은 예고 없이 집 앞에 나타나거나 꽃이나 선물을 보내거나, 당신에게 전화를 걸어 놓고 끊거나 여러 개의 메시지를 남기는 등 후버링 강도를 높일 수 있다. 심지어 사립 탐정을 고용하여 당신을 뒷조사하고 당신에게 불리한 증거를 찾아낼 수도 있다.

2. 거짓 칭찬

나르시시스트는 다른 사람들도 자신처럼 감언에 잘 반응한다고 믿는다. 그래서 그들은 당신을 치켜세워 원하는 것을 얻으려고 한다. 그들은 당신을 이용하기 위해 달콤한 말을 내뱉을 것이다. 만약 당신이 수줍음이 많고 내성적인 성격을 자책한다면 그들은 "나는 조용하고 사려 깊은 사람들을 좋아해요. 정말 드문 특징이죠"라고 말한다. 또는 직장에서 인정받지 못한다고 느낀다면 "당신은 특출한 재능이 있어요. 나는 당신을 잘 알아요. 정말 존경스러워요"라고 칭찬한다. 물론 인정받으면 기분이 좋아지지만, 이런 전략적인 칭찬을 모두 진심이라고 생각해서는 안 된다. 그들은 당신을 조종하고 다시 끌어들이기 위해 그런 말을 사용할 뿐이다.

3. 네깅

네깅Negging은 최근 대중문화와 소셜 미디어에서 등장한 용어로, 상대방에게 돌려깎기식의 칭찬이나 헷갈리는 메시지를 전달하는 행위를 말한다. 예를 들어 "보기보다 똑똑하네"와 같은 말을 듣는다면 '어? 무슨 뜻이지?' 하고 속뜻을 생각하게 된다.

네깅은 대개 상대방의 자신감을 깎아내리고 결심을 흔들기 위해 사용된다. 만약 당신이 끊임없이 누군가의 말이나 행동의 의미를 해독하려고 애쓴다면, 그것은 네깅의 신호일 수 있다.

4. 거짓말과 이간질

나르시시스트는 비열하게 행동한다. 당신이 그들의 조종에 저항하면, 그들은 당신의 주변 관계를 훼손하거나 사회적 지위를 위태롭게 하겠다고 위협할 수 있다. 당신의 삶을 비참하게 만드는 것은 그들에게 당신에 대한 권력감을 회복시켜 준다. 그들은 공감 능력 결핍 장애가 있고 양심이 부족하기 때문에 당신에게 상처를 주면서도 죄책감을 느끼지 않는다. 오히려 그런 행동이 정당하다고 느낀다.

따라서 그들은 당신의 자녀, 동료 또는 누구에게든 당신을 험담하는 것을 주저하지 않는다. 또한 사랑하는 사람들을 자기 편으로 만들기 위해 근거 없는 거짓말을 하기도 한다. 이혼 소송 중이라면 당신이 부적합한 부모라거나 이기적이고 무책임하다는 등의 거짓말을 퍼뜨릴 수 있다. 혹은 자신의 명예를 지키기 위한 수단으로 아이들의 양육권을 두고 싸우거나 당신의 면접권을 제한할 수도 있다. 그리고 막상 아이들을 만나기로 한 날에는 '잊어버린 척' 나타나지 않을 수도 있다. 이러한 행동들은 그들의 존재감과 통제감을 높여주고, 그들의 공급원을 계속 유지해 준다.

> **나르시시스트와의 게임에서 이기려고 하지 마라.**
> **그들과는 게임을 하지 말아야 한다.**

나르시시스트를 상대할 때는 자신의 요구를 주장하되, 즉각적으로 그들의 행동에 반응하지 말고 감정적으로 중심을 잡는 것이 중요하다.

당신이 그 관계에서 벗어나는 중이라면 당신의 작은 발전 하나하나를 음미하라. 나르시시스트와의 혼란스럽고 가슴 아픈 관계에서 벗어날 수 있다면, 그 경험은 당신에게 자기 공감을 실천하고 인간 본성의 어둠을 물리치며 자신의 가치와 내면의 힘을 깨닫는 귀중한 교훈이 될 것이다.

유형 2. 소시오패스와 사이코패스

나르시시스트와 소시오패스(반사회적 인격장애)는 과장된 자아상, 엄청난 조종 능력, 공감 능력 결핍 등 많은 특징을 공유한다. 이러한 공통점 때문에 이들은 종종 두 가지 진단을 모두 받는다. 하지만 나르시시스트가 모두 소시오패스는 아니다. 전반적으로 소시오패스는 무모하고 충동적인 성향이 더 강하다고 알려져 있다. 그들은 법을 어겨 감옥에 갈 수도 있다. 반면 나르시시스트는 겉으로 그럴듯하고 성공적으로 보이며 존경받고자 하는 강한 욕구가 있는 더 능숙한 조종자다. 나르시시스트는 소시오패스보다 다른 사람들의 의견에 더 신경을 쏜다.

소시오패스라고 알려진 사람들 중에는 수천 명의 은퇴자와 다른 사람들의 예금을 가로챈 자금 관리자 버니 매도프, 수려한 외모를 이용해 피해자를 유인해 살해한 연쇄 살인범 테드 번디, 가장 유명한 여성 살인범 중 한 명인 아일린 워노스, 사이비 교주이자 살인범 찰스 맨슨 같은 악명 높은 범죄자들이 많다.

소시오패스들은 다음과 같은 유사한 특징을 지닌다.

소시오패스의 일반적인 특징

- 사회 규칙을 무시하는 사기꾼이다.
- 금전적으로 타인을 착취하며, 이를 게임처럼 즐긴다.
- 사람을 속이는 일에 양심의 가책을 느끼지 않는다.
- 파괴적이고 위험하게 행동하며 스릴을 추구하는 경향이 있다.
- 분노와 격노를 자주 표출한다.
- 자신이 나쁜 행동을 하고 있다는 걸 알지만 자기 행동을 합리화한다.
- 직장이나 가정생활을 오래 유지할 수 없다.

누군가가 소시오패스인지 확인하려면 그들의 말이 아니라 행동에 주의를 기울여야 한다. '위험을 즐기는 사람인가?', '나라면 그런 행동을 할 수 있을까?', '그 행동이 안전한가?'라고 자문해 보라. 그들은 자신의 매력을 이용해 좀도둑질이 흥미진진하다고 설득하거나 불확실한 금융 투자에 당신을 끌어들이려 할 수 있다. 그들이 원하는 것을 얻기 위해 다른 사람에게 기꺼이 해를 끼치는지 살펴보라. 그리고 때로는 직감을 믿어라. 그들의 생각이

왠지 모르게 불편하거나 마음속 깊은 곳에서 '조심해야 한다'는 신호가 느껴진다면 소시오패스를 상대하고 있을 수도 있다.

이와 비슷하게 카리스마가 넘치면서 공감 능력이 부족한 성격 유형이 바로 사이코패스다. 사이코패스는 소시오패스와 나르시시스트의 극단적이고 더 치명적이며 교활한 버전이지만, 미국 정신의학협회에서 발행한『정신 질환 진단 및 통계 편람』에는 공식적인 진단이 없다. 그들은 관심 있는 척할 수 있지만 실제로는 그렇지 않다. 또한 때로는 범죄 활동을 감추기 위해 평범한 가정생활을 유지하는 것처럼 위장하기도 한다. 그들은 통제의 달인이며 냉혹한 살인자다. 그들은 내적인 죄책감을 느끼지 못하기 때문에 더 쉽게 살인을 저지른다. 사이코패스는 또한 당신이 도덕성과 상식을 버리고 그들의 지배에 굴복하도록 만드는 묘한 능력을 갖고 있다.

소시오패스나 사이코패스가 되는 원인은 무엇일까? 연구에 따르면 뇌 결함 및 부상뿐만 아니라 어린 시절의 트라우마가 원인이 될 수 있다.[4] 다른 이론에서는 이 두 유형의 성격 장애는 투쟁-도피 반응을 일으키는 자율 신경계가 위협적인 상황에서 활성화되지 않는다고 주장한다. 따라서 그들의 행동에는 '멈춤'이 거의 없다. 일부 연구에서는 사이코패스가 관계에서 안정감을 조성하는 데 도움이 되는 부교감신경의 작용에 덜 반응한다고 주장하기도 한다. 위험에 대한 그들의 무딘 정서 반응은 다른 사람들이 두려워할 상황에서도 침착함을 유지하게 한다.[5] 실제로 연구에 따르면 사이코패스가 동요하는 듯 보일지라도 다른 사람을 해칠 때 내면적으로 더 침착해질 수 있다고 한다.[6]

일부 사람들은 소시오패스는 만들어지고 사이코패스는 타고난다고 말한다.[7] 사이코패스는 행동 패턴이 평생 지속되지만, 소시오패스의 행동은 학교에서 '나쁜 아이들'과 어울리거나 범죄적인 생활 방식을 미화하는 문화에서 자라는 등의 상황에서 학습될 수 있다고 그들은 말한다. 하지만 이 생각을 모든 전문가 집단에서 동의하는 것은 아니다.

나르시시스트는 소시오패스나 사이코패스보다 더 흔하지만, 마찬가지로 피하는 것이 상책이다. 그들이 아무리 매력적이고 설득력이 있더라도 그러한 관계에 휘말리는 것은 별 이득이 없다. 만약 그들이 계속 연락해야 하는 가족이라면, 한계를 명확히 설정하고 그들의 금전적 또는 기타 범죄 계획에 휘말리지 마라. 만약 그들이 상사라면 다른 직장을 알아보고 모든 부정한 사업 행위에 참여하지 않는 것이 최선이다. 물론 사이코패스는 다른 사람들에게 신체적 위험을 초래할 수 있으며 저항하기 힘든 카리스마를 가지고 있다. 따라서 매우 카리스마 넘치는 사람들은 그들이 신뢰할 수 있고 언행일치를 증명할 때까지 경계해야 한다.

공감 결핍자들의 괴롭힘에 대처하기

상습적으로 타인을 괴롭히는 사람들은 종종 나르시시즘, 소시오패스 또는 사이코패스 성향을 보이며 공감 능력 결핍 장애도 있을 수 있다.[8] 그들은 과장되고 오만하게 행동하며 다른 사람의 업적이나 개인적인 자질을 깎아내리는 경향이 있다.

괴롭힘을 가하는 사람들은 '약하다, 결함이 있다, 자신을 지킬 수 없다'고 생각되는 사람들을 표적으로 삼는다. 그들은 무엇을 원할까? 주로 사람들에 대한 지배력을 갖고 싶어 한다. 그리고 다른 사람들을 모독하고 비인간화함으로써 이를 얻는다(내면 깊숙한 곳에서는 열등감이나 무력감을 느끼기 때문에 그렇다).

괴롭힘의 동기는 무엇일까? 몇 가지 주된 요인을 꼽자면 해결되지 않은 트라우마, 낮은 자존감, 취약한 자아, 불안감, 부모의 잘못된 역할 모델 등이 있다. 괴롭힘 가해자들은 잔인하게 굴거나 복수하는 것에서 쾌감을 얻는다. 그들은 상대를 나쁘고 열등하며 이상한 사람으로 만들면 자신의 분노와 증오, 폭력이 정당화된다고 생각한다. 그래서 타인의 가치를 부정하고 주변 친구들을 끌어들여 군중심리를 조성해 상대에 대한 통제력을 확보하려 한다.

그러나 이러한 역학 관계가 존재한다고 해서 괴롭힘 행위가 정당화되는 것은 아니다. 이는 단지 괴롭힘의 동기와 가해자의 공감 능력이 무딘 원인을 설명할 뿐이다. 정신의학계에서는 이러한 두려움과 트라우마에 대처하기 위한 방어 기제를 '비인격화'라고 부르는데, 이는 타인을 자신과 관계없는 존재로 만들거나 인간성을 부정하는 것을 의미한다.

괴롭힘을 당하는 상황이라면 다음의 전략을 실천해 보라.

괴롭힘 대처 요령

- 괴롭힘당하는 것을 부끄러워하며 숨기지 말고 신뢰할 수 있는 사람에게 알려라. 부모님, 배우자, 친한 친구, 학교 상담사, 직장의 인사 담당자 등 지원을 제공할 수 있는 사람에게 도움을 요청하라.
- 괴롭히는 사람이 당신에게 공감할 것이라는 기대를 버려라. 대부분은 그렇지 않다.
- 괴롭히는 사람을 이해하려는 노력을 포기하라. 그들이 자신의 상처를 동기로 삼아 타인에게 실질적인 해를 끼칠 수 있다는 사실을 받아들여라.
- 괴롭히는 사람의 전략에 감정적으로 반응하지 마라. 그들은 약자를 지배함으로써 자신이 강하다고 느낀다. 침착함을 유지하고 가능한 한 빨리 그 상황에서 벗어나라.
- 가까운 사람이 정서적 괴롭힘을 가하는 경우, 숨기지 말고 다른 가족 구성원에게 도움을 요청하고 접촉을 최소화하라.
- 괴롭히는 사람이 직장 상사인 경우 새로운 직장을 알아봐라.
- 신체적 학대나 괴롭힘을 당하는 경우, 경찰에 연락하고 법적 도움을 받아 접근 금지 명령을 받아라. 당신의 단호한 태도와 굴복하지 않는 모습은 괴롭히는 사람의 행동을 약화하는 데 도움이 된다.

공의존 관계에서 벗어나지 못하는 사람의 특징

때로는 건강하지 못한 관계에서 벗어나고 싶은 마음이 간절하지만 갈등을 느낄 수 있다. 새롭게 시작하고 싶은 마음과 상처를 주는 사람에게 자꾸 끌리는 마음이 공존할 수 있다. 자책하지 마라. 당신은 변화하고 치유할 수 있다. 일단, 더 건강한 관계를 맺는 것을 방해하는 요인이 무엇인지 알아내라.

다음은 나쁜 관계를 청산하지 못하게 막는 흔한 걸림돌들이다. 자신이 어디에 해당하는지 살펴보라.

상처받은 동반자 관계

상처받은 동반자 관계란 서로의 상처, 트라우마, 고통을 기반으로 유대감을 형성하는 파괴적인 패턴에 갇힌 상태를 말한다. 이런 관계는 연인 사이든 단순히 호감을 느끼는 사이든 매우 강렬하고 친밀하게 느껴질 수 있다. 하지만 실제로는 강렬함을 친밀함으로, 통제를 배려로 혼동하는 것이다. 사람들은 자신과 똑같은 사람을 찾았다는 사실에 감탄해 그들을 소울메이트나 소울프렌드로 착각한다. 그래서 약물을 남용하는 사람들이 서로에게, 그리고 비슷한 상처가 있는 사람들에게 끌리는 경우가 많다. 또는 타인의 자기 의심과 취약성을 교묘히 조종할 수 있는 나르시시스트와 관계를 맺게 된다.

내 환자 로이스는 학대하는 연인으로 인해 고통을 겪었던 일을 이야기하면서 이렇게 고백했다. "전 힘든 어린 시절을 보낸 사람들에게 더 공감하는 것 같아요. 저도 어린 시절이 힘들었거든요. 그 사람과 저는 누구보다 서로를 이해했어요." 로이스는 서로 잘 통하는 것 같았던 관계가 왜 실패했는지 여전히 혼란스러워했다. 비슷한 상처를 지닌 파트너가 오히려 그 상처를 덧나게 할 수도 있다는 점을 그녀는 알지 못했다. 또한 공통된 경험에서 비롯되는 강렬한 '끌림'이 항상 사랑과 동일시될 수 없다는 것도 몰랐다. 이런 관계는 종종 불안정하고 학대적인 관계로 변한다. 로이스는 상담 치료를 통해 고통과 상처를 공유한 동반자 관계에 맹목적으로 빠져드는 자신을 인지할 수 있었다. 그리고 누군가의 사랑을 얻기 위해 무조건 헌신해야 한다는 믿음이 잘못됐다는 것을 깨달으면서, 건강한 친밀감이 무엇인지도 알게 되었다.

**누군가의 힘든 과거에 공감한다고 해서
현재의 학대적인 행동을 받아들여야 하는 것은 아니다.**

　상처받은 동반자 관계에서 벗어나는 첫 번째 단계는 자신의 패턴을 인지하는 것이다. 해로운 관계를 반복하는 사람들은 대개 사랑에 관한 잘못된 믿음을 가지고 있다. '사랑은 고통을 견디는

것이다', '사랑하는 사람이 나를 통제하고 강압하는 건 나를 보호하기 위해서다', '가족이 내게 소리를 지르는 이유는 걱정하기 때문이다'라고 믿는다. 이러한 믿음을 '사랑은 서로 존중하는 것이다', '건강한 친밀감은 편안하고 따뜻하게 느껴진다'와 같은 더 치유적인 믿음으로 하나씩 대체하라. 그러면 같은 상처를 지닌 사람에게 느끼는 연민을 사랑으로 착각하지 않고, 정서적으로 교감할 수 있는 파트너에게 마음을 열 수 있을 것이다.

트라우마 유대감

트라우마 유대감은 상처 주는 사람과의 관계에서 벗어나지 못하게 만드는 강력한 연결 고리다. 예를 들어, 나르시시스트 성향을 지닌 사람들은 종종 '간헐적 보상'이라는 전략을 사용하여 트라우마 유대감을 강화한다. 즉, 사랑과 관심을 조금씩 보여주다가 중단한다. 이러한 행동은 마치 중독처럼 뇌에 갈망 반응을 일으킨다.

우리는 자신에게 필요하고 좋은 사람이 아니라 익숙한 사람에게 끌릴 수 있다. 따라서 부모 중 한 명 또는 두 명 모두 나르시시스트 성향이 있다면 비슷한 성향의 파트너를 선택할 수 있다. 사랑의 부스러기를 받는 기분, 간헐적 보상을 받을 때의 밀고 당기는 기분이 어떤 것인지 잘 알고 있기 때문이다. 당신은 어린 시절 그랬던 것처럼 혼자 남겨지는 것이 두렵고 그 사람 없이는 살 수 없다고 믿기 때문에 이런 관계에서 너무 오래 머문다. 또한 그들의 인정을 갈망하며 상처 주는 행동을 정당화하고 그들의 사랑을 얻으려고 계속 노력할 수 있다.

트라우마 유대감은 슬롯머신이 사람들을 길들이는 방법과 비슷하게 작동한다. 뇌의 신경화학적 반응 연구를 살펴보면, 항상 이기는 것보다 언제 이길지 모르는 상황이 더 강력한 중독을 유발한다. 관계에서도 친절과 무시 또는 학대가 불규칙하게 반복되면 친밀한 유대감을 형성하는 옥시토신과 탈진을 유발하는 코르티솔이 번갈아 생성되어 만성적인 불안감을 유발하고 더 많은 것을 갈망하게 만든다.

타인의 비위를 맞추는 습관

타인의 비위를 맞추는 행동과 환심 사기는 '공의존'의 한 형태로, 갈등과 비판을 피하기 위해 자신의 욕구를 무시하고 타인의 욕구에 과도하게 집중하는 것을 의미한다. 이런 경우 '지나치게 친절'해지고 자신의 책임이 아닌 일에도 과도하게 사과하며, 경계를 설정하는 데 어려움을 겪는다. 이는 나르시시즘적 성향을 지닌 사람의 통제적인 행동에 대처하기 위한 트라우마 반응인 경우가 많다. 위의 패턴에 자신이 해당된다고 느낀다면 자신이 겪어온 일들에 공감하고 치유할 준비를 하자.

우리가 만나는 모든 사람은 사랑을 주었든 그렇지 않든 우리의 성장에 밑거름이 됐다. 그러니 공감 능력 결핍 장애가 있는 사람과 관계를 맺었다고 해서 자책하지 마라. 대신 그 관계로부터 얻을 수 있는 교훈을 배우자. 건강한 경계를 설정하고 학대에 '아니오'라고 말하는 것이다. 학대적인 사람에게 끌리는 마음을 차단하는 것은 감정적으로 큰 해방감을 주며, 삶에 더 많은 사랑과 신뢰를 불러올 수 있다. 자신을 소중히 여겨라. 당신은 존중과 배려 받는 관계를 누릴 자격이 있다.

관계의 주도권을 되찾는 법

공감 능력 결핍 장애가 있는 사람이나 괴롭힘을 가하는 사람들은 배려를 약점으로 오해하여 상대를 학대의 대상으로 삼을 수 있다. 그러한 관계를 견뎌왔다면 자신에게 공감하는 것이 정말 중요하다. 그렇다면, 가해자들의 정서적 트라우마에 공감하는 것은 어떨까? 그러한 공감이 적절하거나 건강한 것일까?

이 경우 공감은 피해자의 선택이다. '사회적으로 옳다'거나 '화목한 분위기'를 위해 강요해서는 안 된다. 일부 내 환자들처럼 당신도 "그 괴물들에게 절대 공감을 표하고 싶지 않다"고 강하게 거부할 수 있다. 그것은 당신의 권리다. 당신이 상처받고 트라우마를 겪었다면 분노를 느끼는 것은 당연하다.

그럼에도 불구하고 치유 과정에서 공감을 시도해 보는 것이 좋겠다고 느껴지는 지점에 도달할 수도 있다. 누군가의 행동을 용서하거나 잊는 것이 아니라 정서적으로 깊은 상처가 있는 한 인간에게 공감해 보려고 시도하는 것이다. 한 환자는 이러한 시도가 타인의 힘든 사연에 희생되어서는 안 된다는 것을 기억하는 데 도움이 됐다고 말했다. 그들은 가해자의 나쁜 행동과 그 원인에 공감하면서 자신을 보호할 수 있었다. 중요한 것은 그들에게 면죄부를 주는 것이 아니라 그들의 정신병리의 심각성을 이해하는 것이다.

고통을 준 사람들에게 공감하는 것이 이해되지 않을 수도 있다. 하지만 이런 급진적인 선택은 예상치 못한 이점을 가져다줄 수 있다. 바로 힘의 균형이 이동한다는 것이다. 이제 당신은 결정권자가 되어 더 건강한 관계를 주도하는 사람이 된다. 상대에게 휘둘리는 관계가 아니라 자기 자신을 위한 선택을 한다. 그러면 트라우마에서 해방되고 상처를 준 사람에게 덜 얽매이며 감정적으로 자유로워진다. 더 이상 고통에 갇혀 있지 않고 더 깊이 숨을 쉴 수 있다. 그리고 마침내 큰 안도감과 함께 훨씬 수월하게 앞으로 나아갈 수 있게 된다.

만약 당신이 공감 능력이 부족한 사람들에게 끌리는 경향이 있다면(배려심 많은 다수의 사람이 그렇듯이) 지금이 당신의 힘을 되찾을 때다. 당신의 힘을 빼앗으려는 사람들을 조심하라. 직관적으로 옳지 않다고 느껴지는 행동은 절대 하지 마라. 법을 어기거나 누군가의 마음을 아프게 하거나, 배신하거나 해를 끼치라고 요구하는 사람에게 복종하지 마라. 공감 능력이 부족한 사람들은 당신이 머뭇거리면 당신을 무너뜨릴 것이다. 그러니 그들에게 끌려가지 마라.

대신 인간 세상에 빛을 비추는 사람들에게 다가가라. 트라우마 유대감에 이끌렸던 사람들은 종종 건강한 관계를 지루하다고 착각한다. 이는 배려심 많고 안정적인 사람과의 관계에 익숙하지 않기 때문이다. 새로운 사람들을 '착하지만 지루한' 사람으로 치부하기 전에 그들과 시간을 보내면서 안전함을 느끼는 것에 익숙해져라. 그들은 약속을 잘 지키고 선한 마음을 가지고 있다. 또한 당신과 건강한 유대감을 형성할 수 있는 정서적 여유도 가지고 있다.

The Genius of Empathy

공감 실천하기

패턴 바꾸기, 사랑 선택하기

건강하지 못한 관계에서 받은 상처에 공감하는 시간을 가져라.
치유하고 자신을 사랑하겠다고 다짐하면서
내면의 자유가 커지는 것을 느껴보라.
그리고 공감 능력이 부족한 사람들과 관계를 맺었던
과거의 자신에게 공감하며 현재의 새로운 자신에게 감사하라.
더 이상 그 누구에게도 자신의 권리와 힘을
넘겨주지 않겠다고 결심한 지금의 당신을 칭찬하라.

인간 진화에서 가장 중요한 요소는
가장 잘 적응한 자가 아니라 가장 자비로운 자의 생존이다.
– 찰스 다윈, 『인간의 유래』

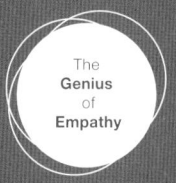

3부

세상 치유하기

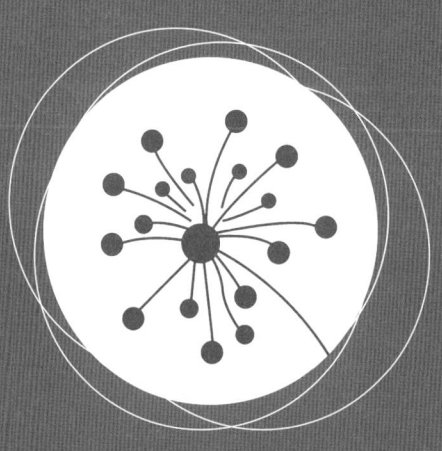

공감하는 리더의 힘
: AI 시대 인간만이 할 수 있는 일

전 세계 기업, 정부, 의료 기관, 소규모 사업체 등 많은 조직에서 공감 리더십에 대한 요구가 커지고 있다. 공감은 세상을 변화시키는 힘이다. 우리는 지금보다 더 따뜻하고 사람을 배려하는 조직과 세상이 필요하다.

시인이자 슬로건 창작의 대가인 내 친구 렉스 와일더는 이렇게 말했다. "인류여, 두 가지 다 되어라. 인간답고 친절하게. Humankind, Be both" 이것은 개인으로서 그리고 리더로서 우리의 책무이며, 이 책에서 지속해서 강조하는 행동 촉구의 메시지다.

한번 상상해 보라. 당신의 요구를 경청하고 지지해주는 상사와 당신이 창의적이고 생산적이며 행복한 모습으로 일할 수 있도록 영감을 주는 팀 리더, 팀원들이 서로 협력하도록 돕고 스트레스가 심한 갈등 상황에서 긴장을 완화하는 방법을 아는 관리자를!

공감 리더십은 이 모든 것을 가능하게 한다.

오프라 윈프리는 "리더십의 핵심은 공감입니다. 사람들의 삶에 영감을 주고 힘을 실어주기 위해서는 사람들과 연결되는 능력이 가장 중요합니다"라고 말한다.[1] 그렇다면 공감하는 리더란 어떤 사람일까? 그리고 어떻게 구현할 수 있을까?

공감하는 리더의 5가지 특징

미국의 식품 회사 KIND의 설립자이자 CEO인 다니엘 루베츠키는 "공감하는 직장을 만드는 방법을 고민하고 있다면 이미 다른 사람들보다 앞서가고 있다"라고 말했다.[2]

공감하는 리더는 진실성을 중요시하고 다른 사람의 관점을 이해하는 것에 진정으로 관심이 있다. 그들은 팀원들이 무엇을 중요하게 생각하는지, 무엇에 영감을 받는지, 어떤 감정을 느끼는지 알고 싶어 한다. 그리고 팀원의 재능과 강점을 키우고 감사와 보상, 격려를 통해 탁월함을 장려한다.

예를 들어, 공감하는 리더는 팀원이 어려움을 겪을 때 압박감을 더하거나 비판을 해서 동기를 부여하지 않는다. 조바심을 내서 사람들을 얼어붙게 하거나 당황하게 만들지도 않는다. 대신 그들은 팀원이 팀에 이바지한 바에 감사를 표한다. 그러고 나서 배려하는 어조로 팀원이 겪고 있는 어려움을 이야기하고 목표를 달성하기 위한 전략을 함께 모색한다.

조바심보다는 공감으로 팀원에게 다가가는 것은 리더가 만만하거나 유약하거나 경계를 설정하지 못한다는 의미가 아니다. 오히려 강인함과 공감을 결합하여 리더십을 발휘하는 것이다.

한번은 내가 여러 번의 회의가 필요한 프로젝트를 진행하고 있었는데, 가족 중 한 명이 수술을 받는 바람에 회의 날짜를 변경해야 했다. 나는 프로젝트 매니저에게 팀에 불편을 끼쳐 미안하지만 일정을 바꿀 수 있겠냐고 물었다. 그러자 그는 아무런 감정 없이 "일정을 미루면 팀 전체가 너무 뒤처지게 됩니다. 예정대로 회의를 진행하는 것이 좋겠습니다"라고 대답했다. 냉담한 그의 반응에 나는 깜짝 놀랐다. 마침 수술 시간이 늦춰져 회의에 참석하긴 했지만 존중받지 못한 것 같아 기분이 좋지 않았다.

내가 하고 싶은 말은, 동료와 팀원에게 더 많은 공감을 보여주면 리더에게 도움이 된다는 것이다. 그때 프로젝트 매니저가 이렇게 말했더라면 어땠을까? "주디스, 가족이 수술받는지 몰랐네요. 빠른 쾌유를 빌겠습니다. 장담할 순 없지만 회의 일정을 다시 잡을 수 있도록 최선을 다할게요."

직장에서는 작은 친절이 큰 힘이 되고 호의를 만들어낸다. 때로는 불편하더라도 동료에게 약간의 여유를 주는 것이 필요하다. 그러면 동료는 그 친절을 기억할 것이고 팀은 더욱 끈끈해질 것이다.

하지만 여전히 많은 사람들이 직장에서 자신의 요구를 직접적으로 표현하는 것을 어려워한다. 특히 공감하지 못하는 상사를 둔 경우에는 분노, 수치심, 좌절감까지 느낄 수 있다. 이런 상황에서는 분별력을 갖는 것이 중요하다. 배려심이 있는 상사에게 말할 때는 예의를 갖추고 진심을 말하는 것이 생산적일 수 있다. 그러나 공감 능력이 부족하여 당신의 요구를 중요하게 생각하지 않는 상사를 둔 경우에는 그의 배려를 바라지 않고 기대치를 낮춰 요청사항을 전달하는 것이 현명할 수 있다.

공감하는 리더의 다섯 가지 특징

1 **공감과 협력의 본보기가 된다.** 팀원들에게 "나는 여러분의 고민과 가치를 중요하게 생각합니다. 함께 해결해 봅시다"라고 말한다.
2 **감성 지능이 높다.** 틀에 박힌 사고에서 벗어나 다른 사람들의 창의적인 아이디어를 격려한다. 갈등 상황에서도 중심을 잃지 않고 논리와 공감을 결합하여 문제를 해결한다. 다른 사람의 어려움에 공감하면서도 자신의 감정을 인지하고 조절할 수 있다.
3 **직관에 귀를 기울인다.** 의사 결정에서 자신의 직감을 믿고 팀원들도 그렇게 하도록 지원한다.
4 **감사를 표현한다.** 팀원들의 시간, 노력, 기여를 소중히 여기고 그 가치를 적극적으로 표현한다.
5 **유연하다.** 다른 사람의 요구와 감정을 빠르게 읽으며 새롭게 변화하는 상황에 융통성 있게 대응한다.

> "사람들은 당신이 얼마나 아는지보다
> 당신이 얼마나 마음을 쓰는지를 알고 싶어 한다."
> — 시어도어 루스벨트[3]

진정한 리더십은 권력이 아닌 배려에서 나온다

초민감자 리더는 팀을 관리하면서 어려움을 겪을 수 있다. 모두가 행복하기를 바라고 다른 사람의 감정을 상하게 하는 것을 꺼리기 때문에 팀원의 업무 성과가 떨어질 때 더 나은 건설적인 피드백을 주는 데 어려움을 느낀다. 하지만 리더라면 그런 이야기를 분명하게 전달할 수 있는 의사소통 기술을 배워야 한다.

예를 들어, 당신이 상사로서 한 팀원이 완벽주의에 빠져 프로젝트 진행을 가로막고 있다는 것을 알게 되었다고 가정해 보자. 그 팀원이 힘들어하고 불가능한 기준에 맞추려고 애쓰는 모습을 보면서 아무 말도 하지 않는다면 그에게 도움이 되지 않는다. 대신 그를 따로 불러 지지하는 어조로 "당신은 우리 팀의 중요한 일원이에요. 당신의 아이디어를 지지해요. 하지만 너무 완벽해지려고 애쓰다 스스로 발목을 잡는 것 같아요. 그렇게 느끼지 않아요?"라고 말한다면 대부분의 경우 상대도 공감할 것이고 함께 방법을 논의할 수 있을 것이다.

공감형 리더가 되려면 사람들의 낡은 고정관념이나 편견 어린 시선에 맞설 준비가 되어 있어야 한다. 나는 뉴질랜드 전 총리 저신다 아던의 이 말에 감동했다. "내가 직면했던 비판 중 하나는 충분히 공격적이지 않고 단호하지 않다는 것입니다. 그 말은 내가 공감하려고 하기 때문에 약해 보인다는 의미이기도 했습니다. 하지만 나는 이런 비판에 동의하지 않습니다. 나는 자애로움과 강인함을 동시에 가질 수 없다는 생각을 결코 받아들일 수 없습니다."[4]

공감을 약함과 동일시하는 것은 잘못된 생각이다. 공감은 강압과 반대로 마음에서 우러나오는 힘이다. 그리고 진정한 힘은 권력보다는 배려에서 나온다. 강압은 언제나 최후의 수단이어야 한다. 직원에게 자기 방식대로 하라고 강요하는 대신, 더 현명하고 친절하게 문제 해결 방식을 보여줄 수 있어야 한다.

공감형 리더가 더 높은 이익을 창출하는 이유

최근 포브스에서 실시한 대규모 연구 조사에 따르면 '공감'이 가장 중요한 리더십 기술로 꼽혔다고 한다.[5] 공감은 긍정적인 업무 성과를 끌어내고 스트레스를 받는 직원들에게 치료 효과가 크다고 나타났다. 특히 리더가 팀에 공감을 표현했을 때 팀의 혁신과 참여도가 증가했고, 고객 서비스가 향상됐으며, 가정과 직장 생활의 균형을 맞추는 데도 도움이 되었다고 한다.

버진그룹 창업자이자 억만장자 리처드 브랜슨은 "공감을 이해하고 다양한 배경을 지닌 사람들의 경험을 이해하는 것은 비즈니스 리더에게 중요한 기술이다"라고 말했다.[6] 마이크로소프트 CEO 사티아 나델라도 비슷한 확신으로 "공감은 고객의 충족되지 않은 요구를 해결하려는 우리의 노력에 영향을 미치는 중요한 특성이다. 그리고 사회가 모두를 위한 새로운 기회를 창출하는 데 도움이 된다"라고 말했다.[7]

〈하버드 비즈니스 리뷰〉에 게재된 '글로벌 공감지수 Global Empathy Index'에 따르면 윤리적으로 행동하고 공감하는 기업의 수익성과 생산성이 더 높다고 한다.[8] 전직 해군 특수부대 사령관 마크 디바인은 그의 저서 『미해군 특수부대의 길』에서 운동선수, 특수 기동대, 응급 구조대원, 특수부 대원 지망생들에게 정신력과 직관, 마음을 결합하는 훈련 방법을 소개하기도 했다.[9]

공감 리더십은 고위 경영진이나 예민한 감수성을 가진 사람들만을 위한 것이 아니다. 어떤 기질을 가졌든 어떤 직책을 맡았든 공감은 중요한 역량이다. 지금 우리에게는 그 어느 때보다 인간적인 '연결'이 필요하기 때문이다.

나는 빅테크 기업이나 의료 기관 등 다양한 조직에서 공감 훈련을 제공한다. 이 훈련을 통해 팀원과 관리자들은 직장에서 공감을 실천하고 까다로운 성향의 동료와 유연하게 함께 일하는 방법을 배운다. 공감 기술을 적용하면 어떤 회사든 전반적인 분위기와 건강을 개선할 수 있다.

한 병원 직원들을 대상으로 진행된 공감 훈련에서 수술실 간호사 노라와 그녀의 상사 린다가 서로 의사소통에 어려움을 겪고 있다고 털어놓았다. 나는 각자에게 어떤 어려움이 있는지 설명해 달라고 요청했다. 모든 이야기에는 양면이 있기 마련이니까. 노라는 이렇게 말했다. "얼마 전 린다가 프로젝트와 관련해 제게 질문을 했는데, 제 대답이 길어지자 '요점만 말해요' 하며 말을 끊었어요." 노라는 린다가 그런 식으로 말을 끊을 때마다 무시당하는 기분이 든다고 말했다.

반면 린다는 노라의 설명이 항상 너무 길어서 하는 말일 뿐 다른 뜻은 없다고 대답했다. 실제로 그날은 프로젝트 마감이 임박한 상황이어서 누구라도 노라의 말을 끝까지 들을 수 없었을 거라고도 했다. 노라는 자신이 느리고 길게 말하는 스타일이라는 것은 인정했지만 "린다가 1분만 더 들어준다면 좋겠어요. 제 의견이 존중받지 못한다고 느껴요"라고 하소연했다.

나는 두 사람이 서로의 상황을 이해할 수 있도록 도왔다. 린다는 자신이 너무 바쁘고 압박감을 느끼고 있기 때문에 자기 말투가 얼마나 퉁명스럽고 냉정하게 들렸는지 생각조차 못 했다는 것을 인정했다. 린다는 자기 입장을 몇 분 동안 변호하다가 피드백을 받아들이고 행동을 수정하려는 의지를 보였다. 한편, 노라도 자신의 긴 설명이 린다를 조급하게 만든다는 것을 깨닫고 말을 줄이기로 했다.

사람들이 대화가 통하지 않는다고 느끼는 지점은 굉장히 사소할 수 있다. 하지만 이런 작은 신호들을 무시해서는 안 된다. 관계가 망가지고 조직이 무너지는 불화는 이런 비생산적인 패턴들이 쌓이고 쌓여 발생하기 때문이다. 그러므로 서로 아주 조금씩만 양보해서 문제를 해결할 수 있을 때 솔직하게 이야기하고 공감하는 훈련을 해야 한다.

나는 UCLA에서 레지던트 과정을 마친 후 25년 넘게 공감 훈련 프로그램을 운영하며 정신의학과 레지던트들을 지도하고 있다. 나는 그들에게 공감하는 법을 보여주고, 기존의 정신의학 지식과 함께 환자 치료에 공감을 접목하는 방법을 알려준다. 우리는 까다로운 환자에게 공감하는 방법부터 수면 부족에 시달리며 혹독한 수련의 생활을 견디는 자기 자신에게 공감하는 법에 이르기까지 다양한 주제를 다룬다.

〈뉴잉글랜드 의학저널〉에서 평가한 대로, 내가 말하는 공감적 접근 방식은 간단하다. "환자의 말을 들어라"이다.[10] 최첨단 디지털 시대가 열리면서 많은 의사들이 환자에게 온전히 주의를 기울이기보다 환자의 증상을 컴퓨터에 입력하는 데 더 집중하는 경향이 있다. 한 숙련된 내과 의사도 나를 진료할 때 절반 정도만 내게 집중하는 느낌을 받았다. 내가 좀 더 집중해 줬으면 좋겠다고 언급하자 그는 예의 바르게 "죄송합니다. 새로운 기록 보관 규정이 생겨서 어쩔 수가 없어요. 일정이 너무 바빠서 나중에 메모를 입력할 수가 없거든요"라고 대답했다. 안타깝게도 그 뒤에도 환자의 이야기를 온전히 들어주는 일은 없었고, 결국 나는 더 집중해 주는 다른 의사로 바꾸게 되었다. 눈맞춤과 경청, 공감은 서로 연결되어 있다. 환자들은 자신의 건강 문제를 이야기할 때 종종 취약해지고 두려움을 느낀다. 그들은 의사에게 의지하고 의사가 자신에게 주의를 기울이고 위로해 주기를 바란다. 실제로 이 다정한 행동들은 치유 효과를 발휘한다.

공감하는 리더는 의료계, 기업, 정부, 그 외 다양한 분야에서 공감을 가르치고 모범을 보일 수 있는 최적의 위치에 있다. 나는 그들에게 제안하고 싶다. 조직 안에 최고 공감 책임자(또는 전담 공감 부서)를 두어 직원들을 지원하는 것이다. 최고 공감 책임자는 팀 내 또는 임원과 다른 관리자 간의 갈등을 해결하는 데 도움을 줄 수 있을 것이다. 그렇게 되면 직장에서 발생하는 다양한 개인 및 조직 문제에 대해 현명하고 배려 깊은 해결책을 찾을 수 있는 안전한 공간이 마련될 수 있다.

에너지 뱀파이어들이 활개치지 못하는 조직을 만드는 비결

목표 중심 리더는 조직의 목표를 직원들의 요구보다 우선시한다. 직원들은 업무를 최우선으로 생각해야 하고 프로젝트가 완료될 때까지 개인적인 삶을 뒤로 미루는 경우가 많다.

목표 중심 모델에서 공감은 거의 발견하기 어렵다. 이 구식 모델은 팀원들이 절대 권력을 가진 감독에게 지시를 받고 의문을 제기하지 않는, 전통적인 스포츠 패러다임에 기반을 두고 있다.

직장에서도 마찬가지다. 이러한 위계적이고 가부장적인 시스템은 리더가 권위적으로 조직을 운영하고 공감은 거의 없다. 이런 리더들은 자신에게 의문을 제기하는 직원을 해고하거나 강등시킨다. 그들의 메시지는 명확하다. "나는 상사고 당신은 직원이야. 내가 시키는 대로 해."

이런 방식은 강압적이고 불안한 분위기를 조성하여 나르시시스트나 소시오패스 같은, 약자를 괴롭히는 사람들이 활개 치도록 만든다. 결과적으로 이러한 업무 환경에서는 직장생활을 고역으로 여기는 불행한 직원들이 생겨난다. 그들은 단순히 생계를 위해 일할 뿐 일에서 만족감이나 기쁨을 느끼지 못한다.

다행히도 팀원들에게 훈계하거나 이래라저래라 지시하거나 그들의 요구를 무시하는 방식은 적어도 일부 분야에서는 과거의 유물이 되고 있다. 이러한 태도는 사람들을 소외시키고 두려움으로 동기를 부여하거나 원망을 키울 뿐이다.

반면 사람 중심 모델에서는 직원들을 존중하고 그들의 말에 귀 기울이며, 상사를 신뢰할 수 있는 사람이라고 느끼게 한다. 당신은 단순히 회사의 이익을 위해 일하는 직원이 아니라 온전한 인격체로 존중받는다. 사람 중심 리더의 원칙은 '내가 대접받고 싶은 대로 남을 대하는 것'이다.

예컨대 한 팀원이 회의에 재차 지각했다면, 사람 중심 리더는 진심으로 걱정하며 "평소와 다르던데, 요즘 스트레스받는 일이 있나요? 문젯거리가 있다면 알려줘요. 함께 해결하고 싶어요"라고 말하며 직원이 문제를 해결하도록 도울 것이다.

　이상적인 세상에서는 사람 중심의 가치들을 굳이 말로 표현하지 않아도 자연스럽게 공유되고 실천될 것이다. 그러나 지금처럼 직장 문화가 변화하는 시기에는 각 개인의 요구를 우선시하는 것이 명확한 방침으로 정해져야 한다. 이 방침이 확실하게 세워지면 팀 내에 존중과 동료애가 형성되고 리더와 동료들이 '우리 팀'이라고 부르는 긍정적인 공동체가 만들어진다. 사람들을 화합하게 하는 조직에는 마법 같은 무언가가 있다. 당신이 함께하는 다양한 협업 속에서 그 마법을 발견해 보라.

목표 중심 리더와 사람 중심 리더의 차이

목표 중심 리더
- 조직의 목표와 성과를 사람의 요구보다 우선시한다.
- 팀원의 재능 있는 관점을 고려하지 않고 결정을 내린다.
- 비난과 수치심을 이용하여 직원들을 동기 부여한다.
- 이기기 위해 수단과 방법을 가리지 않는 냉혹한 방식의 업무수행을 장려한다.
- 공감을 관계 형성의 기술로 가르치거나 본보기로 삼지 않는다.

사람 중심 공감 리더

- 사람의 요구를 최우선으로 생각한다.
- 유쾌하고 즐거운 환경을 조성한다.
- 협업, 타인에 대한 봉사, 직원의 경험을 소중히 여긴다.
- 팀원들이 자신 안에 있는 위대함을 발견하도록 돕는다.
- 지배가 아닌 공감과 따뜻함으로 통솔한다.

팀 리더를 위한 5가지 스트레스 해소 전략

다음은 공감하는 리더로서 마주할 수 있는 다섯 가지 스트레스 상황과 이를 세심하고 효율적으로 처리하는 방법이다.

상황 1. 업무 과부하 관리하기

이미 과중한 업무를 처리하고 있는 팀원이나 팀에게 추가 업무가 주어지면 압박감과 스트레스가 성과를 저해할 정도로 커질 수 있다. 이럴 때는 인센티브를 강조하며 무조건 밀어붙이기보다 과도한 업무량을 인정하고(변명하지 않고) 개인이나 팀이 겪는 부담감과 긴장을 완화해야 한다.

[해야 할 말]

"원래 계획보다 더 많은 일을 하고 있다는 것을 잘 알고 있습니다. 압박감을 느끼지 않을 수 없겠죠. 하지만 조금만 서로를 지지하며 이 상황을 헤쳐나가 봅시다. 업무 비중을 줄일 수 있는 방법을 계속 찾아볼게요. 힘든 시기를 함께하는 여러분 모두에게 감사합니다."

[삼가할 말]

"옛날에는 지금보다 업무량이 훨씬 더 많았어요. 바쁠 땐 가족과의 약속도 취소해야 했죠. 그러니까 불평 그만하고 일이나 해요."

상황 2. 팀원의 실수 관리하기

누군가 실수를 했을 때는 질책하거나 압박감을 높이기보다는 격려해 주어야 한다. 실수한 사람에게 공감하기 위해 자신이 실수했던 경험을 떠올리며 그때 어떻게 대우받고 싶었는지 생각해 보라. 완벽한 사람은 없다. 물론 그 실수가 자신에게까지 영향을 미칠 때 화가 나는 것은 당연하다. 하지만 그 감정에 빠져 동료를 비난하는 것은 건설적이지 않다. 서로를 더욱 힘들게 할 뿐이다. 무슨 일이 있었는지 돕고 싶다는 의사를 분명히 표현하면 생산적으로 문제를 해결할 수 있다.

[해야 할 말]

"이 프로젝트에 열심히 노력해 주셔서 감사합니다. 이번 실수는 의도한 게 아니라는 걸 알아요. 다시는 이런 일이 발생하지 않도록 방법을 함께 찾아봅시다."

[삼가할 말]

"어떻게 이런 실수를 할 수 있죠? 당신의 업무는 회사 기준에 미치지 못해요. 당신은 팀 전체에 피해를 줬어요."

상황 3. 실패와 저조한 성과 다루기

때때로 팀원이 슬럼프에 빠질 수 있다. 그들의 창의성과 에너지가 사라지는 것 같을 때 공감하는 리더는 그들과 대화를 나눠 상황을 파악하려 한다. "요즘 지쳐보이고 의욕이 떨어진 것 같네요. 괜찮다면 무슨 일인지 이야기해 줄래요? 내가 도울 수 있을지도 모르잖아요"라고 말하는 것이 좋다.

이러한 방식으로 리더는 팀원이 자신의 상황을 편안하게 공유할 수 있는 비판 없는 환경을 조성한다. 그들은 배우자가 해고되어 걱정하고 있을 수도 있고, 단순히 일에 지루함을 느껴 새로운 프로젝트가 필요할 수도 있다. 편안하게 말할 수 있는 분위기를 제공하면 그들이 어떻게 지원받고 싶은지 알 수 있고, 이를 통해 그들의 업무 경험을 개선할 수 있다.

[해야 할 말]

"저는 당신이 회사에서 행복하기를 바랍니다. 최근 당신의 관심사와 에너지가 조금 바뀐 것 같은데, 마음에 둔 새로운 계획이 있나요? 도움이 되고 싶어요."

[삼가할 말]

"솔직히 말해서 당신의 태도와 업무 성과가 걱정됩니다. 평소보다 생산적이지 않고 불행해 보여요. 직장에서는 정신을 차리고 개인적인 문제는 잊어버려야 해요."

상황 4. 팀원의 불쾌한 행동 다루기

모든 팀에는 논쟁적이고 완고하고 비판적이거나 방어적인 태도를 보이는 팀원이 있기 마련이다(우리 모두 그럴 수 있듯이). 하지만 대부분의 경우 그들의 분노나 상처를 헤집기 싫어서 문제를 직접적으로 언급하지 않는다. 특히 섬세하고 민감한 기질의 사람들은 누군가를 불편하게 만드는 것을 견디지 못해서 그냥 참는 쪽을 택한다. 그 결과 모두가 알고 있지만 아무도 말하지 않는 불편한 존재가 탄생한다. 공감하는 리더라면 어떤 상황에서도 당사자와 이야기할 준비가 되어 있어야 한다. 공감은 잘못을 눈감아 주는 게 아니다. 엄격하게 지적해야 할 때도 연민 어린 마음과 부드러움을 잃지 않는 것이 공감하는 리더가 해야 할 일이다.

[해야 할 말]

"당신이 마이크가 승진에서 탈락한 걸 두고 험담하는 것을 봤어요. 고의로 그의 마음을 다치게 한 건 아니었겠지만, 험담은 상처를 주고 용납될 수 없어요. 직장 분위기를 해칠 수 있습니다. 왜 그랬는지 이야기를 해주세요. 이 문제를 함께 해결하고 싶어요."

[삼가할 말]

"어떻게 그렇게 생각 없이 못되게 굴 수 있죠? 마이크가 승진에 탈락해서 얼마나 힘들어하는지 알잖아요. 도대체 뭐가 문제죠? 부끄러운 줄 아세요!"

상황 5. 팀원의 퇴사에 대처하기

조직 생활을 하다 보면 동료가 퇴사를 결심하는 경우가 있다. 그들은 단지 변화가 필요한 것일 수도 있고, 더 높은 급여나 장기 휴가가 필요한 것일 수도 있다. 혹은 가족 위기나 건강 문제가 있을 수도 있다. 어쨌든 팀원의 이탈은 가깝게 지낸 사람이든 아니든, 팀 모두에게 혼란스러움을 줄 수 있다. 응집력 있는 팀은 마치 하나의 유기체와 같아서 한 부분이 변하면 나머지 구성원도 영향을 받는다.

하지만 그렇다고 해도 퇴사하는 팀원의 선택에 의문을 제기하거나 죄책감을 느끼게 하기보다는 공감을 표현하는 것이 좋다. 팀원들이 함께 모여 작별 인사를 하고 감사를 표현하는 것은 아름다운 의식이다. 또한 팀원이 떠난 후에는 슬퍼할 수 있는 여유가 필요하고 새로운 팀원을 환영하는 공간을 마련하는 것도 중요하다. 새로운 사람은 떠난 사람과 다를 것이다. 새로운 팀원이 팀에 불러오는 특별한 강점을 인정해야 한다.

[해야 할 말]

"당신이 정말 그리울 거예요. 함께 일해서 즐거웠어요. 의견이 맞지 않을 때도 있었지만 서로 존중하며 헤쳐나갔죠. 당신의 에너지, 의견, 미소에 항상 감사할게요. 앞으로도 계속 성공하기를 바랍니다."

[삼가할 말]

"어떻게 아무도 모르게 그런 결정을 내릴 수 있죠? 지금이 얼마나 중요한 시기인지 알잖아요. 당신이 프로젝트 중간에 우리를 버릴 줄 알았다면 이 일을 맡기지도 않았을 겁니다. 당신이 마무리하지 못한 일은 우리 팀의 발전에 해가 될 겁니다."

구글이 놀이터 같은 사무실을 만든 이유

직장은 수많은 회의와 업무 요청으로 긴장감이 팽배해 있을 수 있다. 하지만 엄숙하고 진지한 분위기 속에서도 웃음과 재미를 통해 균형을 맞출 수 있다. 유쾌한 분위기를 조성하면 긍정적인 에너지가 생긴다.

 많은 사람이 일에 대해(그리고 다른 모든 것들에 대해) 지나치게 신경을 써서 몸과 마음이 경직되고 웃는 것을 잊어버린다. 압박감을 느낄 때 우리의 머리는 멈추고 마음은 차갑게 얼어붙기 때문이다. 따라서 그럴 때는 고군분투를 잠시 멈추고 편안하게 쉬며 활력을 채우는 '신성한 일시 정지'가 필요하다. 긴장된 환경은 고통스러운 일터를 만들지만, 잠시 휴식을 취하며 즐거움을 찾으면 창의성, 공감, 직관이 샘솟고 개인과 조직의 건강이 증진된다.

 캘리포니아 베니스에 있는 구글에서 공감을 주제로 강연할 때 나는 이 회사가 '놀이'를 기업 문화의 일부로 녹여내기 위해 얼마나 노력했는지 직접 확인할 수 있었다. 건물 입구는 거대한 쌍안경 모양이었고 선명하고 밝은 실내 색감과 서프보드, 옛날식 전화 부스 등 예상치 못한 것들이 즐거움을 선사했다. 다른 곳에는 농구 코트도 있었다. 이처럼 '놀이'를 강조하는 환경은 활기찬 분위기를 조성하고, 실용성만을 중시하는 무미건조한 업무 공간에 창의성을 추구할 수 있는 여유를 제공한다.

 회사가 이런 문화를 장려하지 않더라도 자신의 업무 공간을 재미있게 꾸며 유쾌한 업무 환경을 만들 수도 있다. 반려동물이나 사랑하는 사람의 사진을 가져다 놓거나, 동료와 함께 휴식 시간을 갖고 좋아하는 취미 활동에 관해 이야기해 보라. 이는 긴장된 업무 환경에서 진지함을 깨는 데 도움이 된다.

AI 혁명의 급류를 기회로 만드는 법

공감은 전통적으로 국제 외교에서 소프트 파워로 여겨진다. 이는 다른 나라를 군사 행동이나 기타 위협으로 강압하는 대신 협력과 협상을 통해 원하는 것을 얻는 능력을 의미한다. 세계적인 공감 리더는 전쟁을 막기 위해 어떤 방법이든 다 찾아보려는 사람이다. 대표적인 글로벌 공감 리더로는 달라이 라마, 넬슨 만델라, 뉴질랜드 전 총리 저신다 아던, 미얀마의 인권 운동가이자 노벨 평화상 수상자 아웅 산 수 치 등이 있다. 에이브러햄 링컨의 시대를 초월한 두 번째 취임 연설도 영감을 준다. "누구에게도 악의를 품지 말고 모든 사람에게 자비를 베풀라."[11]

알베르트 아인슈타인은 "평화는 힘으로 지켜지는 것이 아니라 이해를 통해 유지된다"라고 말했다. 전쟁은 수천 년 동안 지구를 괴롭혀 왔다. 우리는 모두 내면에 잠재된 호전성을 지녔으며, 이것이 통제되지 않으면 끔찍한 해를 끼칠 수 있다. 이를 극복하기 위해서는 우리 자신이 그러한 본성보다 더 고귀한 자질을 가졌다는 점을 인식해야 한다. 우리의 원초적인 공격성을 부정해서는 안 되지만, 의식적으로 다른 방향으로 나아가려고 노력해야 한다.

세계 지도자와 비즈니스 리더가 공감과 친절의 힘을 보여줄 때 우리 역시 그들의 예를 따를 수 있다. 공감하는 리더는 겸손함을 중요하게 생각한다. 그들은 직접 의자를 접어 옮기는 사람이지 남에게 시키는 사람이 아니다. 공감의 겸손한 힘은 다양한 직업군,

정부, 기업 그리고 사람 간의 관계에서 대대로 전해질 수 있다.

때로는 우리 사회에 큰 변화를 일으킬 수 있는 기회가 찾아온다. 더 배려하는 관계로 발전할 수 있는 거대한 '리셋'의 기회가 생기는 것이다. 나는 지금이 바로 그런 시기라고 생각한다. AI 혁명의 급류 속에서 인류는 더 친절하고 깨어 있는 방식으로 적응해 나갈 필요가 있다.

함께 성공하는 더 인간 친화적인 방식을 옹호하자. 나는 우리 각자가 만들고 싶은 변화를 몸소 실천해야 한다고 굳게 믿는다. 세상이 이 메시지를 더 깊이 받아들이도록, 공감이 도울 것이다.

The Genius of Empathy

공감 실천하기

삶 속에서 공감하는 리더가 되라

조용한 순간에 스스로에게 물어보라. 일터에서, 혹은 삶의 다른 영역에서 공감하는 리더가 되려면 어떻게 해야 할까? 어떤 자질을 가져야 할까? 어떻게 하면 더 친절해질 수 있을까? 동료가 힘들어할 때 어떻게 하면 더 잘 공감할 수 있을까? 친구나 동료의 스트레스를 덜어주려면 어떻게 도와야 할까? 감성 지능이 높은 공감형 리더가 되기 위해 어떤 자질을 키우고 싶은지 열린 마음으로 명상하는 시간을 가져보라. 그런 다음 직장과 삶에서 그것을 실천할 준비를 하라.

공감과 용서의 심리학
: 진짜 치유와 자유를 찾는 법

공감이 지닌 놀라운 치유 능력 중 하나는 누군가를 용서해 소모적인 분노와 원한을 해소하는 데 도움이 될 수 있다는 점이다. 당신이 공감을 선택한다면 과거의 상처로 인한 고통에서 벗어날 길이 열리게 된다. 원한의 무게가 덜어질 때 만끽할 자유로움과 창조성을 상상해 보라.

용서란 무엇일까? 용서는 크고 작은 원한을 자비롭게 해소하는 감정적인 정화이자 불필요한 부정적인 감정을 공감하는 마음으로 놓아주는 일이다. 원한은 타인을 향할 수도 있고 자신을 향할 수도 있다. 그것은 누군가에게 상처받았을 때 느꼈던 분노와 복수심 안에 그대로 머무는 것이며, 인생, 사랑, 인간관계에서 실망한 후 그 아픔을 계속 간직한 채 살아가는 것을 의미한다.

용서를 통해 우리는 원한을 풀어낼 수 있다. 여기서 내가 말하는 용서는 상처를 준 행동이 아니라 불완전한 인간이라는 존재 자체를 용서하는 것이다. 무례하고 해를 끼치는 행동을 하게 만든 원인인 그 사람의 결점, 한계 그리고 치유되지 않은 감정의 상처들(그들이 알든 모르든)을 이해하는 것이다. 그들이 숨겨진 문제로 인해 고통받고 있다는 점에 공감하면 나의 원한을 푸는 데 도움이 된다. 그리고 그 사람과 그가 초래한 상처에서 벗어나 자유롭게 앞으로 나아갈 수 있다.

**용서는 상처를 준 사람을 변화시킨다기보다
자신을 치유하는 것에 더 가깝다.**

용서는 상황에 따라 다양한 의미를 지닌다. 예를 들어, 당신을 해칠 의도가 없었거나, 단지 미성숙하고 부주의하고 배려심이 부족할 뿐인 사람들은 용서하기가 더 쉬울 수 있다. 우울증, 불안, 인지력 제한 같은 정서적 문제를 가지고 있으면서도 최선을 다하고 있는 사람이라면, 그 사람도 용서할 수 있다. 또는 친구가 상황을 잘못 판단하여 본의 아니게 당신을 곤란하게 만들었지만 진심으로 미안해하고 잘못을 바로잡으려고 노력한다면 그 친구에게도 두 번째 기회를 줄 수 있다.

나는 내 삶에서 몇몇 사람을 미리 용서했다. 예를 들어, 충고를 아끼지 않는 나의 솔직한 친구 베레니스가 그랬다. 그녀는 나에게 자기 견해를 확고히 지키는 법을 가르쳐준 매우 자비로운 사람이었지만 가끔은 까칠하고 굉장히 비판적이었다. 하지만 나는 그녀와 평생 친구가 될 것임을 직감했고, 실제로 그녀가 93세에 세상을 떠날 때까지 우정을 나눴다. 그리고 그보다 훨씬 전에, 나는 베레니스가 내게 하려고 했던 모든 비난과 비판을 미리 용서했다. 베레니스처럼 어떤 사람들은 너무 까다롭고 독특해서 누군가에게 상처를 줄 수도 있다. 그들은 아마 변하지 않을 것이다. 하지만 용서의 범위를 넓힌다면 그들과도 가깝고 보람 있는 관계를 맺을 수 있다.

   용서하기 힘들거나 불가능한 사람들, 예를 들어 당신을 가스라이팅하는 친구나 의도적으로 당신을 배제하는 사람 같은 경우는 어떻게 해야 할까? 그들과는 관계를 끊는 것이 자기 공감을 실천하는 가장 좋은 방법일 수 있다. 그 사람을 용서하는 것은 그다음에 해도 된다. 다시 한번 말하지만, 용서는 끔찍한 배신이나 폭력 행위를 잊으라는 말이 아니며, 그 사람을 계속 곁에 두어야 한다는 의미도 아니다.

   누군가의 행동을 용서할지는 당신에게 달려 있다. 용서라는 행위는 당신 스스로 내리는 결정이므로 결코 강요받아서는 안 된다. 때로는 시간이 흐르고 거리를 두면서 자연스럽게 치유가 일어나 용서할 준비가 될 수도 있다.

   마음은 어디까지가 한계인지 알고 있다. 어떤 사람에게서 사랑, 존중은커녕 사과조차 받을 수 없을 거라는 사실을 받아들이면 오히려 원망을 내려놓고 마음의 평화를 찾을 수 있다. 머리로는 용서에 이를 수 없지만 마음은 그 길을 알려줄 수 있다.

물론 당신은 "내가 왜 용서해야 하지? 나는 호구가 아니야!"라는 생각이 들 수도 있다. 당연히 화가 나고 실망스럽고 슬플 것이다. 당신이 느끼는 모든 감정은 정당하다. 하지만 결정해야 한다. 이 상황에서 치유되고 싶은가, 아니면 원한을 영원히 간직하고 싶은가? 두 가지를 모두 이룰 수는 없다. 누군가의 행동이 아무리 불공평하고 불친절하더라도 원한에 집착한다면 상대방보다 자신에게 더 큰 해가 온다는 것이 냉혹한 진실이다. 용서는 과거 상처에 대한 원한의 고리를 끊는 것이다.

공감은 용서의 길을 제시함으로써
우리가 자유로운 존재가 될 기회를 제공한다.

원한에 붙잡힌 마음 풀어내기

상처를 치유할 때 가장 까다로운 부분은 당신이 먼저 원한을 내려놓아야 한다는 것이다. 그리고 동시에 그 원한 또한 당신을 놓아줄 준비가 되어 있어야 한다. 원한은 그 자체로 생명력을 지닌다. 나는 원한을 우리 존재에 달라붙어 떨어지지 않는 따개비에 비유한다. 따개비는 어떤 표면이든 평생 달라붙을 수 있는 초강력 접착제로 잘 알려져 있다. 따라서 원한을 놓아주려면 공동의 노력이 필요하다. 당신이 용서할 의지를 가질 때 원한도 당신을 조금씩 놓아주기 시작한다.

원한을 푸는 일이 쉽지 않다는 것을 안다. 원한은 중독성이 있으며, 무력감에 빠졌을 때 삶의 의지를 불태우는 모종의 힘을 주기도 한다. 의류 회사 CEO인 내 환자 밥은 큰 고객을 가로챈 경쟁자를 절대 용서하지 않겠다고 맹세했다. 밥은 자신의 분개에 자부심을 느꼈고 "내가 본때를 보여주겠어!"라며 허세를 부렸다.

그러던 어느 날 밥은 바쁘게 일하다 교통사고를 당해 엉덩관절이 부러졌다. 회복하는 데 몇 달이 걸렸다. 그 기간 동안 그는 나와 상담 치료를 하면서 원한을 붙들고 있어 봤자 경쟁자에게 아무것도 보여주지 못한다는 것을 깨닫게 되었다. 십중팔구 경쟁자는 밥의 감정에 신경도 쓰지 않고 사건을 후회하지도 않을 터였다. 교통사고는 일종의 경종이 되어, 밥이 원한에 에너지를 낭비하지 않고 자기 치유에 집중하는 데 도움이 되었다.

스탠퍼드대학교 연구에 따르면 용서는 스트레스, 분노, 심인성 증상을 현저하게 감소시키며, 훨씬 더 활력 있게 살 수 있도록 돕는다.[1] 반면 원한은 스트레스를 증가시키고, 에너지를 소모하며, 머릿속 공간을 차지할 뿐이다.

용서는 은총의 상태다. 용서는 한순간에 이루어지지 않으며 서둘러서는 안 된다. 용서는 당신이 원해야 한다. 오늘 못하겠다면 내일 다시 시도하라. 상처가 최근의 일이라면 분노를 빨리 털어버리려고 하지 말고 잠시 그대로 두는 것도 좋다. 그래도 괜찮다. 너무 빨리 용서하려고 하지 마라. 안타깝게도 나는 고통을 처리하기도 전에 깊은 상실감에서 곧바로 용서로 넘어가려는 착한 사람들을 종종 보았다. 그러나 너무 빠른 용서는 감정적 회피일 수 있다. 억눌린 감정은 나중에 더 파괴적인 방식으로 표출될 수 있다.

워크숍 참가자였던 조는 자신에게 헌신하지 못하고 감정적으로 무심했던 남자친구를 용서했다고 믿었다. 그녀는 단 하루 만에 그를 '잊었다'고 했다. 하지만 헤어진 지 몇 달 후 식당에서 그를 우연히 만났을 때 여전히 냉담한 그의 모습에 화를 참지 못하고 비난을 퍼부었다. 스스로도 놀랄 정도로 감정이 격해져서 식당 안의 모든 사람이 쳐다볼 정도였다고 했다.

나는 상담 치료를 하면서 조가 너무 빨리 용서를 선택했다는 것을 알게 되었다. 상처가 너무 커서 하루빨리 잊고 싶었던 것이다. 조는 자신에게 헌신할 수 없었던 남자에 대한 분노를 차분히 표현할 필요가 있었다. 시간이 지나면서 조는 남자친구가 일부러 상처 주는 행동을 한 게 아니라, 그녀에게 필요한 것을 줄 능력이 없었다는 것을 알게 되었다. 그는 헌신적 사랑에 공포와 부담을 느끼는 사람이었다. 이런 사실을 깨닫게 되자 조는 남자친구의 마음의 장벽에 공감할 수 있었고 자신의 감정도 돌볼 수 있게 되었다. 용서할 준비가 되지 않았다면 자신을 압박하거나 과정을 서두르려고 하지 마라. 때가 올 때까지 기다려라.

반대로 누군가는 용서하고 원한을 풀고 싶지만 어떻게 해야 할지 모를 수도 있다. 이제부터는 과거의 무거운 짐과 지긋지긋한 이야기에 지쳐 앞으로 나아가려는 사람들에게 용서가 어떻게 자유를 줄 수 있는지 설명하겠다.

분노의 가짜 힘에서 벗어나라

원한을 놓아주기로 결심했다면 방향을 바꿔 상대의 상처받은 부분을 공감의 눈으로 바라보라. 공감의 시선으로 그들의 피상적인 태도, 두려움, 고통을 바라보면 그들이 왜 타인을 사랑하거나 잘 대하지 못하는지 이해할 수 있다. 그렇다고 그들의 잘못이 정당화되지는 않지만, 그들이 타인과 관계를 맺는 데 한계가 있고 길을 잃었으며 현실 감각이 떨어져 있음을 깨달을 수 있다. 이 방법이 왜 도움이 될까? 상대에 대한 기대치가 낮아져 더 이상 상처받지 않게 되기 때문이다.

용서에 대한 감동적인 이야기가 있다. 한 여성이 인도의 다람살라에 가서 달라이 라마를 만났다. 식당 밖에서 그녀는 한 남자가 개를 때리는 장면을 보았다. 그녀가 달라이 라마에게 이 일에 관해 묻자 그는 개뿐만 아니라 그 남자도 불쌍히 여겨야 한다고 말했다. 당연히 그러한 잔혹 행위에 끔찍함을 느끼겠지만, 거기서 멈추지 말고 더 깊은 공감의 상태로 나아가야 한다는 것이다.

"그러한 폭력을 저지르게 만든 그 남자의 고통 또한 인식해야 합니다. 그의 행동을 묵인하는 것이 아니라 분노 이면에 있는 그 사람의 상처, 외로움, 무지를 인식하고, 모든 행위들이 그 고통에서 비롯된다는 것을 깨달아야 해요. 그 사람의 행동은 우리 모두에게 인간이라는 존재에 대한 슬픔과 비탄을 안겨 줍니다. 공감을 찾는 과정은 이렇게 인간의 약함을 볼 수 있게 해줍니다."

'달라이 라마는 그럴 수 있겠지만 우리처럼 평범한 사람들이 어떻게 그런 이해심을 가질 수 있을까' 하는 의문이 들 수도 있다. 이 지점에서 바로 '영적 공감'이 필요하다. 영적 공감은 우리 안의 가장 고귀한 자아로, 상대방이 자각하지 못하는 고통과 한계를 마음으로 볼 수 있게 해준다. 분노는 마음속에서 곪아 터진다. 그러나 공감은 누군가가 당신에게 준 고통과 분노의 연결을 끊고 극복하는 데 도움을 준다.

공감은 아픔을 넘어설 수 있도록 돕는 이완과 확장의 에너지다. 그 힘은 당신을 상처로부터 분리시키고 결국엔 놓아버리게 만들 것이다. 처음에는 이러한 접근 방식이 직관에 어긋난다고 느껴지고 거부감이 들 수도 있다. 작은 감정의 앙금부터 시작하여 천천히 더 큰 원한까지 풀어나가라.

**상대방의 정신적 상처에 조금이라도 공감하면
그 사람이 당신에게 미치는 영향력이 줄어든다.**

당신이 그의 분노나 상처에 덜 휘말리게 되기 때문이다.

공감은 치유의 힘을 가지고 있다. 그 치유는 뜻밖의 친절함을 일깨우기도 한다. 이제부터 소개할 전략들은 마음에 쌓인 원한을 풀어내는 데 도움이 될 것이다.

공감과 용서를 기르는 연습

사소한 상황에서

상대의 결점에 공감하려고 노력하라. 조용하고 열린 마음으로 다음과 같은 질문을 스스로에게 던져 본다. 그들이 두려워하는가? 자기중심적인가? 아니면 상황에 갇혀 쩔쩔매고 있는가? 우리 모두 그런 경험을 해봤으므로 그들에게 공감하기가 더 쉽다. 그런 다음 마음 한편에 작게라도 '그들의 결점을 용서할 의향이 있다'고 느껴진다면 직접 다가가 문제를 해결하려고 노력할 수도 있다.

더 파괴적인 경우

이 경우에는 공감하려는 시도 자체가 큰 용기를 필요로 하지만 불가능한 것은 아니다. 깊게 몇 번 심호흡을 하고 눈을 감는다. 가슴 중앙에 정신을 집중한다. 그 부위에 손바닥을 부드럽게 올려놓고 마음의 따뜻함과 자애로운 사랑의 에너지를 느낀다. 아무것도 억지로 하지 말고 그 사랑을 느끼기만 하면 된다. 그냥 에너지가 흐르도록 내버려 두라.

이제 당신은 더 크고 자비로운 관점에서 자신과 상대방을 볼 수 있다. 그 사람이 당신이나 다른 사람을 함부로 대한 건, 양심의 결핍이나 정서적 상처 때문일 수 있다는 점에 공감해 보라. 그다음 마음속으로 "나는 더 이상 분노나 상처로 그 사람과 연결되어 있지 않다"라고 말하라. 이러한 선언은 자신의 힘과 주도권을 되찾는 데 도움이 된다.

그러나 감정적으로 파괴적인 사람과 직접 대화하는 것은 위험할 수 있다. 그들이 나르시시즘 또는 공감 결핍 장애가 있다면, 일반적으로 자기 행동에 책임을 지지 않으며 문제의 원인을 당신 탓으로 돌릴 것이다. 그럼에도 그들과 직접 소통해야 할 필요성을 느낀다면 치료사 같은 중재자를 통해 대화를 나누는 것이 안전하다.

원한을 놓지 못하게 하는 3가지 원인

원한을 붙잡고 있을 합당한 이유는 얼마든지 찾을 수 있다. 당신의 감정을 지지하며 당연히 분노해야 할 일이라고 말해주는 친구도 많을 것이다. 물론 당신에게는 원한을 계속 붙잡고 있을 권리가 있다. 상대의 못된 행동을 반복해서 떠올리며 괴로워하는 것도 당신의 권리 중 하나다. 하지만 공감의 지혜를 발휘할 수도 있다.

원한은 건강하지 못한 관계에 갇히게 할 뿐이다.

문제를 지상에서 바라보는 것과 산 정상에서 바라보는 것의 차이라고 생각하면 된다. 더 높은 곳에 서면 새로운 통찰력을 얻을 수 있다.

작은 자아는 현재나 과거의 관계를 공감하거나 용서하지 못하게 하는, 설득력 있는 주장을 많이 펼칠 것이다. 상대방이 더 이상 당신의 삶에 없더라도 자아는 계속 원망을 붙잡으려고 한다. 하지만 마음은 진짜 해방은 놓아주는 데서 온다고 속삭인다.

자아는 작은 현실에 갇혀 있어서 자신을 넘어서는 선택지를 볼 수 없다. 자아는 사랑보다 논리를 따른다. 자아의 역할은 당신을 보호하는 것이지만, 마음이 당신을 보호할 수 있다는 것을 이해하지 못한다.

하지만 무턱대고 자아를 배제하지는 말자. 자아에도 약간의 공감을 보여줘라. "실험 삼아 시도해 보는 거야. 원망을 푸는 것이 효과가 없다면 그만둘 거야"라고 말하라. 그런 다음 이 책에 나오는 용서의 기술을 사용해 보라. 이 기술이 삶과 관계의 질을 어떻게 변화시키는지 직접 확인해 보라.

다음은 원망을 내려놓는 데 방해가 될 수 있는 일반적인 원인이다.

1. 충족되지 않은 기대

사람들을 현실적으로 바라보는 것이 중요하다. 상대가 자신이 원하는 사람이 되기를 계속 기대하면 원망만 더 커질 뿐이다. 현실적인 수용은 내면의 평화로 향하는 길을 열어준다.

내 페이스북의 공감 지원 커뮤니티 회원인 재니스는 친구 로라와의 힘든 관계를 털어놓았다. 재니스는 로라가 더 배려하는 방식으로 행동하기를 계속 기대했지만 로라는 끝내 그렇게 하지 않았다. 재니스는 회원들에게 이렇게 고백했다. "마음이 많이 아프지만 동시에 안도감을 느낍니다. 이제 이 우정에서 한 걸음 물러설 수 있을 것 같습니다." 재니스는 로라의 한계를 받아들임으로써 원망을 내려놓을 수 있었다.

2. 옳다고 생각하는 것에 대한 집착

자기 입장이 정당하다고 느낄 때는 원한을 푸는 일이 특히 어려울 수 있다. 자존심, 상처, 고집이 용서를 가로막을 수 있다. 동료가 거짓말을 해서 축구 코치가 당신이 이길 수 있다고 생각했던 경기에서 당신을 뺐다면 이는 부당한 일이다. 당신은 화가 나고 속상하고 분할 것이다. 이는 당연한 감정이다. 하지만 원망을 느낄 자격이 충분하다 해도, 그것에 집착하는 것은 궁극적으로 도움이 되지 않는다.

3. 호구나 패배자가 되는 것에 대한 두려움

사람들은 종종 용서하거나 원망을 내려놓으면 약해지고 패배를 인정하는 것이라고 생각한다. 하지만 그 반대다. 누군가를(그들의 결점과 상처받은 부분을) 용서해도 단호한 경계를 설정하고 연락을 끊을 수 있다. 한 환자는 "이혼한 배우자를 용서하면 그녀를 다시 받아들여야 할까 봐 두려워요"라고 말했다. 나는 그들이 자녀나 사업과 같이 서로 얽힌 관계가 없기 때문에 다시 교류할지는 그의 선택에 달려 있다고 말해주었다.

용서하려는 마음은 강인함과 지혜의 징표다. 용서하는 마음을 가지면 상처를 준 사람을 생각하거나 그 일을 계속 다시 떠올리지 않게 된다.

만약 자아가 도저히 용서를 받아들이지 못한다면 영적 공감에 의지할 수 있다. 그런 다음 자비로운 더 큰 힘에 손을 내밀어 "내 트라우마, 고통, 괴로움을 가져가세요. 이제 놓아줄 준비가 되었습니다"라고 말해보라.

원망 일기 쓰기

원망스러운 사람들에 관한 일기를 써보자. 용서할 다섯 명의 후보 목록을 작성하라. 예를 들면 다음과 같다.

- 비판적인 시어머니
- "오늘 하루 어땠어요?"라고 거의 묻지 않는 아들
- 차를 긁고 메모를 남기지 않은 낯선 사람
- 약속을 잊어버리고 나타나지 않은 친구
- 자주 당신의 말을 끊는 팀원

그다음에는 그 사람과 직접 문제를 해결하는 것이 적절한지 적어보라. 만약 그렇다고 생각하면 대화할 때 말이 막히지 않도록 어떤 단어를 쓸지, 어떤 태도로 말할지 미리 적어보라. 가능하다면 지지해 주는 친구나 치료사와 함께 연습하는 것이 좋다.

때로는 분명하게 자신의 요구와 감정을 표현했음에도 상대가 존중하지 않을 수 있다. 그런 사실도 있는 그대로 적어보라. 그럴 때는 상대방을 있는 그대로 받아들이고 기대치를 현실적으로 낮춰야 한다. 아니면 관계를 제한하는 것이 필요할 수도 있다. 어떤 상황이 자신에게 해당하는지, 그리고 어떻게 생산적으로 대처할 수 있을지 일기에 적어보라.

상대와 대화를 나눌 수 없는 상황이라면, 그들의 이기심을 멀리서 용서하는 등 다른 선택지를 일기장에 적으며 탐구해 보라. 원망을 내려놓을지 계속 간직할지는 당신 선택이다.

자신을 용서하기

"이제 신의 도움으로, 나는 나 자신이 될 것이다." — 쇠렌 키르케고르

자기 자신을 용서하는 일은 마지막에야 겨우 할 수 있는 어렵고 또 어려운 일이다. 당신이 세상 누구보다 친절하고 남의 고통에 공감하는 사람이라고 해도, 자기 자신에게는 혹독할 수 있다.

엄격한 잣대를 거둬라

우리는 부정적인 생각과 두려움으로 자신을 깎아내리고 일어나지도 않은 최악의 시나리오를 상상하고 잘못한 점만 들여다보며 자신을 벌한다. 때로는 마음이 텅 빈 듯한 공허함과 깊은 외로움을 느끼지만 이를 부끄러워하며 숨긴다. 그러나 이 또한 공감받아 마땅한 감정이다.

우리는 완벽하지 않은 인간이다. 아무리 조심해도 누군가를 상

처 입히고 실수하고 자기 중심적으로 행동하고 사랑하는 사람을 실망시킬 수 있다. 인간이기 때문에 겪을 수 있는 일들을 자신의 '부족함'이라고 자책하지 말자. 우리가 할 수 있는 일은 더 사랑 많고 배려심 있는 존재로 성장하기 위해 자기 자신을 용서할 줄 아는 것이다.

비난하지 마라

모든 상황에서 자신에게 공감하려고 노력하라. 자신의 부족했던 부분을 용서한다고 해서 자기 행동에 책임을 지지 않는다는 의미는 아니다. 자기 행동을 끔찍하게 느낄 수도 있지만 자기 비난은 자신을 괴롭힐 뿐이다. 그것은 치유의 길이 아니다.

자신에게 사과하라

사과는 자신이나 타인에게 상처를 주었을 때 그 책임을 인정하고 회복 의지를 표현하는 행위다. 예를 들어 해고당한 일을 계속 곱씹으며 자책하고 있다면 자신에게 이렇게 사과하라. "함부로 대해서 미안해. 그 일은 네 탓이 아니야. 네가 바꿀 수 있는 일도 아니고. 앞으로는 더 참을성 있고 친절하게 행동할게"라고 말해보라. 자신을 용서하는 태도는 인생을 건강하게 만든다.

 공감의 탁월함은 분노, 수치심, 불안감을 넘어 용서의 영역까지 이르게 해준다는 데 있다. 어쩌면 당신은 자신을 용서하지 않도록 교육받았거나, 친절을 받을 자격이 없다고 생각하며 자랐을 수 있다. 하지만 당신은 공감을 받을 자격이 있다. 우리 모두가 그렇다. 자기 자신을 용서하는 일은 삶의 모든 영역을 치유하는 데 꼭 필요한 과정이다.

자기 용서 선언문

자신을 용서하기 위해, 용서하지 못하는 부분을 일기로 적어라. 그런 다음 반복해서 말할 수 있는 '용서 선언문'을 작성하라.

예를 들면 다음과 같다.

- 결혼 생활을 끝낸 나 자신을 용서합니다. 그것은 나만의 잘못이 아니었어요.
- 공허함, 상실감, 우울함을 느끼는 나 자신을 용서합니다.
- 아들이 직장을 그만둬서 겁먹은 나 자신을 용서합니다. 나는 현재에 집중하며 미래의 일을 미리 두려워하지 않겠습니다.

타인을 용서하기

용서는 목표로 삼을 만한 가치가 있는 일이다. 나는 이렇게 마음먹고 있다. "누군가는 용서를 해야 한다. 그러면 내가 하는 것이 낫다." 나는 원한에 사무쳐 있고 싶지 않다. 너무 소모적이니까. 가끔 더 성숙한 사람이 되는 것이 불편하고 고통스러울 때도 있지만, 나는 그렇게 성장하고 싶다. 나부터 변화하지 않는다면 어떻게 변화가 시작되겠는가?

의도했든 아니든 다른 사람에게 상처를 준 일에 대해서는 먼저 사과하고 책임을 져라. 예를 들어, 모두가 모인 회의 시간에 한 팀원에게 "정신 차려요! 집중을 안 하고 있잖아요"라고 쏘아붙였다고 가정해 보자. 그 팀원은 이 말에 당황하고 모욕감을 느꼈을 것이다. 이렇게 자신의 잘못이 분명할 때는 그냥 지나쳐서는 안 된다. 사과하기에 너무 작은 사건은 없다. 상대방이 사과를 받아들이지 않더라도 당신은 해야 한다. 중요한 건 자신의 책임을 인정하고 진심 어린 마음을 전하는 일이다.

끔찍한 상황을 용서하기

개인과 지역, 세계에서 우리는 살인, 폭력, 증오 범죄, 억압적인 정권, 기후 위기 등 말로 표현할 수 없는 피해를 목격하고 경험한다. 우리는 어떻게 대처해야 할까? 어떻게 행동해야 할까? 이런 상황에서 공감이나 용서는 어떤 역할을 할 수 있을까?

30년 전, 온화한 성품의 시드니 삼촌이 남부 필라델피아에 있는 자신의 가구점에서 살해당했다. 마약에 취한 십 대 불량배가 금전 등록기에 있던 몇 푼 안 되는 돈 때문에 삼촌을 쐈다. 그 사건은 우리 가족 모두에게 크나큰 고통을 안겨주었다. 당시 십 대였던 나의 사촌이자 삼촌의 장남은 최근에 내가 그 살인 사건에 관해 묻자 이렇게 말했다. "아버지가 내게서 찢겨나갔지. 마지막 인사도, 사랑을 표현할 시간도 없었어. 그냥 영원히 사라졌어." 나는 사촌에게 아버지를 죽인 살인범을 어떻게 생각하는지 물었다. 그는 이렇게 대답했다. "아직도 그날의 사건에 분노와 고통을 느껴. 하지만 그날 희생된 사람은 두 명이야. 아버지와 아버지를 죽인 젊은 살인범. 내게 가장 중요한 사실은 그 사람이 종신형을 살고 있다는 거야."

사촌의 대답에서 내가 감동한 부분은 아버지의 괴로운 죽음을 솔직하게 인정하면서도, 젊은 살인범이 치러야 했던 대가와 그가 얼마나 방황했을지에 대해 공감했다는 점이었다. 놀랍게도 그는 자신의 고통과 더불어 살인범의 상실에 대해서도 공감했다. 아무도 그에게 그런 감정을 느끼라고 말하지 않았지만, 시간이 흐르면서 그의 마음이 자연스럽게 그런 방향으로 흘러간 것이다. 그건 마치 자기 치유가 만들어낸 본능적 흐름처럼 보였다.

몇 년 전, 교도소에 있는 누군가가 사촌에게 치유에 도움이 된다면 아버지를 살해한 사람을 만나보지 않겠냐고 제안했다. 사촌은 이를 거절했다. 그는 분노나 원망으로 거부한 것이 아니었다. 그는 단지 자신에게 도움이 되지 않을 것 같다고 느꼈다. 나는 사촌이 치명적인 상처에도 불구하고 가족과 주변 사람들을 사랑하는 마음을 잃지 않은 이유가 이런 공감 능력 때문이라고 생각한다. 그는 다른 올로프 가족들처럼 아버지의 기억을 소중히 간직하며 살고 있다.

도저히 용납할 수 없고 참기 힘든 끔찍한 상황에서 가해자의 깊은 내면의 상처에 공감할지 말지는 전적으로 당신의 선택이다. 가해자를 용서하지 않아도 된다. 그러나 어느 순간 공감의 본능이 조용히 깨어난다면, 그 마음이 원하는 만큼 감정을 받아들이는 것 또한 치유의 일부가 될 수 있다.

이처럼 큰 용서는 깊은 영적 성취이며, 반드시 시도해야 하는 것은 아니다. 다만 용서하려는 마음이 조금이라도 있다면 그 직관적인 충동을 소중히 여겨야 한다. 그것이야말로 당신이 받은 트라우마를 치유하는 길이 될 수 있다.

나는 부모에게 학대받으며 어린 시절을 보낸 환자들을 많이 만나봤다. 성인이 된 그들은 부모가 불치병에 걸렸을 때 도와야 할지 결정해야 했다. 환자들은 나에게 "주디스, 제가 어떻게 해야 할까요?"라고 묻는다. 나는 그들에게 "옳고 그름은 없습니다. 당신에게 깊은 상처를 준 부모를 위해 그런 역할을 해야 할 의무는 없어요. 마음에서 우러나올 때만 도우세요"라고 말한다.

대부분의 환자는 크든 작든 어느 정도 부모를 돕기로 선택했고 그 결정에 만족했다. 돕지 않기로 한 사람들도 자신의 선택에 만족했다. 이러한 딜레마에 직면하게 된다면 따라야 할 규칙은 없다. 죄책감이 아닌 마음이 가리키는 방향을 따라가라.

때로는 삶이 예상치 못한 방향으로 흘러가기도 한다. 내 친구 로빈의 어머니는 알코올 중독자였고 로빈을 평생 정서적으로 학대했는데 말년에 알츠하이머병 진단을 받았다. 어느 날 로빈이 이렇게 말했다. "어머니의 기억력이 너무 나빠져서 술 마시는 것도 잊어버렸어!" 그 결과 로빈은 처음으로 술을 마시지 않는 어머니와 함께 지낼 수 있게 되었고, 어머니도 아들을 다정한 눈빛으로 바라볼 수 있게 되었다. 로빈은 이 '기적'에 너무 감사해서 과거의 일을 용서하고 마지막 1년을 함께 즐기기로 했다.

사과를 받아들인다는 것의 진짜 의미

만약 누군가가 자신의 부족한 행동을 당신에게 사과하고 싶어 한다면, 그 사과를 받아들일지 말지는 당신이 결정할 수 있다. 사과를 주고받는 일은 상호 치유의 경험이 될 수 있지만 그럴 의무는 없다. 12단계 회복 프로그램에서는 중독에서 회복하는 과정으로 과거의 잘못을 사과하고 화해하는 일이 포함된다. 이 프로그램 참여자들은 자신이 해를 끼친 사람들의 목록을 작성하여 책임을 인정하고 사과하며 필요한 경우 보상한다.

사과를 받아들이는 것은 피해자의 선택이지만, 설사 사과를 받아들인다고 해도 상대방을 다시 신뢰하거나 관계를 재개하고 싶다는 의미는 아니다. 이 사과 과정은 단순히 주고받는 사람 모두에게 원한이나 화를 풀 기회를 주어 감정적으로 더 자유로워질 수 있도록 돕는 것이다.

가장 의미 있는 사과는 행동을 바꾸는 것이다.

세상을 바꾸는 공감과 기도의 힘

공감은 이 세상에 꼭 필요한 치유제다. 우리는 지도자들에게 친절, 자비, 더 큰 인류애를 갈망한다. 우리는 폭군들에 지쳤다. 인간에게 무섭도록 어두운 면이 있다는 점은 더 이상 새로운 사실도 아니다. 내가 말하고자 하는 것은 우리가 인간의 어두운 면에 굴복할 필요가 없다는 것이다.

공감과 용서는 우리 안의 어둠을 치유하는 데 도움이 된다. 그러므로 소중한 시간과 에너지를 분노에 낭비하기보다는 치유에 집중하자. 역경에 처했을 때도 내면의 핵심 가치가 굳건히 유지된다면 삶의 중심을 잃지 않고 세상을 더 나은 곳으로 만들겠다는 선한 마음을 지켜갈 수 있다.

당신의 핵심 가치는 무엇인가? 내 핵심 가치는 다음과 같다.

나는 공감과 사랑의 치유력을 믿는다.
나는 작은 용서라도 증오에 맞설 수 있다고 믿는다.

나는 자연 세계와 야생 동식물을 보호해야 한다고 믿는다.

나는 선행과 더불어 건축가이자 사상가 버크민스터 풀러가 '지구 우주선'이라고 부른 이 세상을 우리가 왔을 때보다 더 나은 곳으로 만들고자 노력해야 한다고 믿는다.

아마 당신도 이 모두를 원하겠지만 공감이나 용서가 어려워 보일 수 있다. 이럴 때 기도의 힘은 매우 소중하다. 기도는 겸허한 마음으로 더 높은 존재에게 "혼자서는 할 수 없습니다. 도와주세요"라고 말하는 것이다. 이는 사랑과 치유의 힘을 불러오는 마법의 말이며, 동시에 내가 '기도하는 몸'이라고 부르는, 영혼과 연결되는 더 큰 자아를 활성화한다.

기도는 이전에는 불가능했던 공감을 일깨우는 데 도움이 될 수 있다. 이 공감은 노력이나 분석에서 나오는 것이 아니다. 오히려 당신이 공감이 흐르는 통로가 되어 그 공감이 가야 할 곳으로 흘러가는 것이다.

세상을 위해 기도하는 일은 아름다운 행위다. 전쟁이나 갈등이 계속될 수 있지만, 기도를 통해 힘들고 상처받고 슬퍼하고 배고프고 혹은 너무 지쳐 더 이상 버티기 힘든 피해자들에게 한 줄기 따뜻한 빛을 보낼 수 있다.

나는 기도가 세상의 고통을 치유하는 진통제라고 생각한다. 하지만 그것이 효과를 발휘하려면 작은 실천이라도 해야 한다. 우리가 할 수 있는 범위 안에서 실질적인 행동을 취하자. 가치 있는 단체에 기부하거나 공직자나 지도자들에게 우리의 믿음을 목소리 높여 표현하는 것은 힘이 있다. 자기 능력 안에서 변화시킬 수 있는 것이 무엇인지 지속적으로 점검하라.

· · ·

지금까지 공감이 자신을 치유하고, 다른 사람과의 의사소통을 개선하며, 나아가 세상의 에너지를 높이는 데 어떻게 도움이 되는지 알아보았다. 이 책을 통해 당신의 마음이 조금이나마 움직였기를, 그리고 당신 내면에 살아 있는 영감을 주는 무언가가 깨어났기를 바란다.

인간이 소속감과 연결을 갈망하고 서로를 필요로 하는 것은 자연스럽고 건강한 본능이다. 전 지구적으로 사람들이 더 많이 연결될수록 세상은 더욱 명료해지고 밝아지며 선한 신념과 희망으로 가득 찰 수 있다. 서로 연결되어 있음을 기억하자.

The Genius of Empathy

공감 실천하기

세상을 위한 기도

아프고, 고통받고, 억압받는 사람들의 고통이

사라지기를 기도합니다.

억압하는 이들 역시 고통에서 해방되어

사랑을 배울 수 있기를 기도합니다.

지구와 생태계의 건강을 위해 기도합니다.

모든 사람의 마음이 치유되기를 기도합니다.

도움을 요청할 수 없거나 길을 잃은 사람들을 위해 기도합니다.

세상의 선을 위해 기도합니다.

모든 약자가 장애물을 극복하고 번창하기를 기도합니다.

당신과 내가 행복하고 건강하기를 기도합니다.

내가 공감하기 어려운 상황에서도 공감할 수 있기를 기도합니다.

공감이 찾아왔을 때 그 선물에 감사합니다.

우리 모두 서로에게 자비를 베풀고

사랑 안에서 하나가 되기를 소망합니다.

서로의 불완전함을 채우는 '우리'의 힘
: 적자생존의 세상에서 인간이 살아남은 이유

"사람들이 놀라운 행동을 보여주었던 그 수많은 순간과
장소들을 우리가 기억한다면, 그 기억은 우리에게 행동할
에너지를 주고, 팽이처럼 돌아가는 이 세상을 다른 방향으로
이끌 가능성을 열어줄 것이다."

― 하워드 진

당신은 내게 소중하다. 당신이 어디에 있든 우리가 얼마나 다르게 보이든, 나는 당신의 안녕과 행복 그리고 힘든 투쟁에 관심이 있다. 내 안의 초민감성은 우리의 모든 결점과 약점에도 불구하고 당신과 전 인류와 자연스러운 유대감을 느끼는 것을 좋아한다. 공감은 우리를 더 가깝게 만들고 우리가 혼자가 아님을 알게 해준다.

우리는 결코 서로를, 그리고 세상을 포기해서는 안 된다. 각자의 영혼에 존재하는 긍정적인 가능성을 냉소적으로 바라봐서도 안 된다. 불확실성과 고통을 피할 수는 없지만, 마음을 열고 최선의 결과를 얻기 위해 노력해야 한다.

공감의 놀라운 힘은 긍정적이고 희망적인 길을 제시한다는 것이다. 당신은 "어떻게 하면 더 나은 사람이 될 수 있을까? 어떻게 하면 더 사랑할 수 있을까? 어떻게 하면 치유할 수 있을까?"와 같은 질문을 끊임없이 던지게 될 것이다. 내면과 외부에서 들려오는 부정적인 목소리가 당신을 끌어내리고 공감과 친절을 위해 싸울 가치가 있는지 의심하게 할 것이다. 그러한 목소리에 맞설 준비를 하라. 이 책에서 제시하는 도구를 사용하면 다른 사람들이 무슨 말을 하든 당신이 무엇을 해야 할지 알게 될 것이다.

아주 작고 사소한 것이라도 당신이 소중히 여기는 대상에 가까이 다가가라. 나는 하늘, 바다, 지구와 그 안에 사는 생명체를 소중히 여긴다. 내 건강과 행복, 정신을 소중히 여긴다. 사랑하는 사람들과 환자들, 그리고 당신을 소중히 여긴다. 나는 세상에는 엄청난 어둠과 고통이 있다는 것을 알고 있으며, 내가 도울 수 있는 일을 하겠다고 다짐한다. 하지만 일상에서 나는 이런 어두운 생각을 많이 하지는 않는다. 그저 전체 그림의 작은 일부일 뿐이다.

초민감자인 나는 내 마음속 모든 치유력을 모아 당신의 마음속 고통을 없애고 싶다. 나는 당신, 나 그리고 억압받고 고통받는 모든 사람을 위해 모든 상황을 더 나아지게 만들고 싶다. 하지만 의

사로서 나는 치유란 문제를 뚝딱 해결해 주는 마법 지팡이를 휘두르는 것이 아님을 알고 있다. 치유는 먼지, 흙, 꽃으로 가득한 우리만의 독특한 길을 받아들이는 데서 온다. 때로는 살아 있다는 것에 감사하는 것만으로도 충분하다.

일상 속의 공감은 중요하다. 공감은 찢어진 장바구니 밑으로 쏟아진 물건들을 주워 담느라 쩔쩔매는 낯선 사람을 돕게 한다. 몸 구석구석 숨어 있던 긴장을 눈물로 풀어낼 수 있게 한다. 수많은 감정과 트라우마를 억누르는 것이 몸에 얼마나 불공평한 일인가. 자신과 타인이 슬픔과 상실로 인해 흘리는 눈물에 공감해 보라. 나에게 공감은 마치 지혜로운 할머니가 내 손을 따뜻하게 감싸주는 느낌이다. 언제나 나를 사랑해 준 할머니. 나는 그 할머니를 믿고 나 자신도 믿을 수 있다.

공감은 마음의 힘뿐만 아니라 '우리'의 힘도 가르쳐준다. 이 땅에 함께 사는 우리. 같은 음식을 먹고 같은 신성한 물을 마시며 같은 햇볕을 쬐는 우리. 바람에 흩어져 지구의 가장 먼 구석까지 퍼져 있는 우리. 우리 종은 땅과 하늘이 있는 거의 모든 곳에 존재한다. 광대한 대양과 대륙이 우리를 갈라놓고 있지만 우리는 모두 가족이다. 아직은, 적어도 아직은 완전히 하나가 되지 않았을지 모르지만 공감을 통해 우리가 하나라는 사실과 생명과의 유대를 인식하고, 마침내 전체의 잃어버린 조각들을 연결할 수 있기를 바란다.

우주에서 아름다운 지구를 본 많은 우주 비행사들은 우리가 하나의 세상에 살고 있으며 항상 그래왔다는 사실을 알려주었다. 철학자 프랭크 화이트는 "우리의 마음으로 만든 경계 외에는 지구상에 어떤 경계도 존재하지 않는다. 우리를 갈라놓는 모든 생각은 궤도에서 그리고 달에서 서서히 사라지기 시작한다"라고 아름답게 말했다.[1]

우리가 어떤 존재들인지 알고 서로에게 이를 상기시킬 수 있다면 우리는 함께 더 강해질 것이다. 우리는 천사이자 악당이며 완벽한 영혼을 가진 아름답지만 불완전한 인간이다. 공감을 실천하면 이 진실을 이해할 수 있다. 공감의 중요성과 사랑의 힘을 절대 잊지 마라. 이는 매우 단순하지만 많은 사람에게 숨겨진 비밀이다.

이 책이 새로운 관점에서 공감을 생각하고 자신과 타인을 따뜻한 시선으로 바라보도록 영감을 주었기를 바란다. 나는 다양한 상황에서 공감을 활용할 수 있는 여러 도구를 제시했다. 그중에서 마음에 가장 와닿는 도구를 찾아 매일 사용하라.

인간은 종종 상대하기 어렵지만, 우리는 자유로운 영혼을 가진 아름다운 존재이며 자신을 믿고 나아간다면 눈부시게 성장할 수 있다. 자신과 서로를 잘 돌보라. 너무 복잡하게 생각하지 마라. 결국 모든 것은 사랑으로 귀결된다.

우리 대부분은 만난 적이 없지만 나는 당신과 연결되어 있다고 느낀다. 연결은 삶의 원동력이며 공감은 평화를 찾게 해준다. 연결과 공감을 통해 우리는 함께 이 세상을 이해할 수 있다. 심리학자 윌리엄 제임스는 "우리는 바다 위의 섬과 같아서 표면에서는 분리되어 있지만 깊은 곳에서는 연결되어 있다"라고 말했다.[2] 우리는 공감을 통해 더 나은 길을 찾을 수 있다. 우리에게는 흥미진진하고 희망찬 미래를 만들 수 있는 잠재력이 있다. 하지만 지금은 잠시 멈춰서 자신이 '충분하다'는 사실과 모든 것이 계획된 대로 이루어지고 있다는 것을 음미해 보라. 모든 것이 완벽한 위치에 있다. 그 평온하고 근사한 기분을 느껴보라.

The Genius of Empathy

감사의 글

 이 책을 아낌없이 지원해 준 많은 분께 감사한다. 나의 훌륭한 문학 에이전트이자 내 작품을 변함없이 지지해 준 리처드 파인에게 감사를 전한다.
 이 책을 구상하는 데 도움을 주신 숙련된 편집자 수잔 골란트, 재능 있고 신뢰할 수 있으며 높은 공감력으로 내 의견을 들어주는 나의 비서 론다 브라이언트, 언제나 나를 묵묵히 지켜봐 주는 다정하고 재능 있는 나의 파트너 코리 리옹 폴섬, 마법 같은 바닷가 산책을 하면서 아이디어를 나눌 수 있는 소중한 친구 카밀 모린과 로린 로쉐 박사, 내 영혼의 형제이자 동료이며 믿을 수 있는 친구인 론 알렉산더 박사, 사운즈 트루 출판사의 특별한 팀 타미 사이먼, 제니퍼 브라운, 사라 스탠튼, 제이미 슈월브, 브라이언 갤빈, 리사 케란스, 마이크 오노라토, 클로에 프루시위츠, 제이드 라셀에게 특별히 감사한다.

덧붙여 이 책에 영감, 개인적인 이야기, 도움을 제공한 동료, 친구, 가족들에게 깊이 감사한다.

지속적인 지원으로 큰 힘이 되어준 케이트 아네센, 바바라 베어드, 캐롤 뷰도인, 찰스 블룸 박사, 로리 수 브록웨이, 앤 벅, 사라 베스 레나 코너, 멕 크라이튼-슐츠, 릴리 딜란, 펠리스 듀나스, 수잔 폭슬리, 베레니스 글래스, 템플 그랜딘 박사, 레지 조던, 파멜라 제인 카플란, 스콧 쿠이퍼스, 다니즈 레러, 캐시 루이스, 멕 맥러플린, 리처드 메츠너 박사, 킴 몰로이, 다오싱 니, 리즈 올슨, 딘 올로프, 맥신 올로프, 스콧 올로프, 랍비 돈 싱어, 레옹 탄, 조쉬 투버, 메리 윌리엄스 그리고 나의 충실한 월요일 밤 작가 그룹에게도 감사 인사를 전하고 싶다.

항상 많은 것을 가르쳐주는 내 환자들, 워크숍 참가자들, 공감 교육 프로그램 참석자들에게서 나는 끊임없이 영감을 받고 있다. 또한 정신과 레지던트들의 의학 교육에 공감을 통합하는 과정을 감독하는 일을 맡게 되어 영광이다. 개인정보 보호를 위해 신원을 식별할 수 있는 특징은 모두 변경했다.

마지막으로 페이스북의 '올로프 박사의 초민감자 지원 커뮤니티Dr. Orloff's Empath Support Community' 22,000여 명 회원에게 감사의 인사를 전한다. 여러분이 공감을 받아들이고 자기 삶과 세상을 더욱 배려하는 곳으로 만드는 모습을 보면서 큰 기쁨을 느낀다.

주석

프롤로그

1 Barbara Quirk, "Women Need to Feel Good about Themselves," Lifestyle, Capital Times, July 22, 2003.

2장 공감의 4가지 유형과 뇌과학

1 Sun Tzu, The Art of War (Chungking, China: World Encyclopedia Institute, China Section, 1945).
2 Prentis Hemphill, Prentis Hemphill (website), prentishemphill.com /collectedworks.
3 Robert Eres et al., "Individual Differences in Local Gray Matter Density Are Associated with Differences in Affective and Cognitive Empathy," NeuroImage 117 (2015): 305, doi.org/10.1016/j.neuroimage.2015.05.038.
4 Lea Winerman, "The Mind's Mirror," American Psychological Association Monitor 36, no.9 (October 2003): 48, drjudithorloff.com/the-minds-mirror-how-mirror-neurons-explain-empathy/.
5 Yayuan Geng et al., "Oxytocin Enhancement of Emotional Empathy: Generalization Across Cultures and Effects on Amygdala Activity," Frontiers in Neuroscience 12 (2018): 512.
6 Leo Galland, "The Gut Microbiome and the Brain," Journal of Medicinal Food 17, no.12 (December 1, 2014): 1261–72, ncbi.nlm.nih.gov/pmc/articles/PMC4259177/.
7 L. Steenbergen et al., "Recognizing Emotions in Bodies: Vagus Nerve Stimulation

Enhances Recognition of Anger While Impairing Sadness," Cognitive, Affective & Behavioral Neuroscience 21, no.6 (December 21, 2021): 1246 – 61, ncbi.nlm.nih.gov/pmc/articles/PMC8563521/.

8 Suhhee Yoo and Mincheol Whang, "Vagal Tone Differences in Empathy Level Elicited by Different Emotions and a Co-Viewer," Sensors 20, no.11 (June 2020): 3136, doi.org/10.3390/s20113136.

9 Jordan Fallis, "How to Stimulate Your Vagus Nerve for Better Mental Health," sass.uottawa.ca/sites/sass.uottawa.ca/files/how_to_stimulate_your_vagus_nerve_for_better_mental_health_1.pdf.

10 David C. McClelland and Carol Kirshnit, "The Effect of Motivational Arousal Through Films on Salivary Immunoglobulin A," Psychology & Health 2, no.1 (December 1988): 31 – 52, doi.org/10.1080/08870448808400343.

11 Larry Dossey, "The Helper's High," Explore 14, no.6 (November 2018): 393 – 99, doi.org/10.1016/j.explore.2018.10.003.

12 Mark Newmeyer et al., "The Mother Teresa Effect: The Modulation of Spirituality in Using the CISM Model with Mental Health Service Providers," International Journal of Emergency Mental Health and Human Resilience 16, no.1 (2014): 251 – 58, doi.org/10.4172/1522-4821.1000104.

13 D. Keltner, Born to Be Good: The Science of a Meaningful Life (New York: Norton, 2009), 53 – 54.

3장 자기 공감력을 키우는 법

1 Richard Schwartz, No Bad Parts: Healing Trauma and Restoring Wellness with the Internal Family Systems Model (Louisville, CO: Sounds True, 2021).

4장 공감을 방해하는 9가지 장애물

1 C. D. Cameron et al., "Empathy Is Hard Work: People Choose to Avoid Empathy

Because of Its Cognitive Costs," Journal of Experimental Psychology: General 48, no.6 (2019): 962–76, doi.org/10.1037/xge0000595.
2 Gaslighting refers to manipulating someone using psychological means to undermine their sense of reality and sanity. The word is derived from the 1944 film Gaslight.
3 Azriel Rechel, "Science Says Silence Is Vital for Our Brains," Uplift Connect, uplift. love/science-says-silence-is-vital-for-our-brains/; Amy Novotney, "Silence, Please," American Psychological Association Monitor 24, no. 7 (July/August 2011): 46, apa.org/monitor/2011/07-08/silence.
4 "Noise," World Health Organization (website), who.int/europe/health-topics/noise#tab=tab1.
5 H. Riess, "The Science of Empathy," Journal of Patient Experience 4, no. 2 (2017): 74–77, doi.org/10.1177/2374373517699267; Oliver Sacks, An Anthropologist on Mars (New York: Vintage, 1996); Temple Grandin, The Autistic Brain: Helping Different Kinds of Minds Succeed (Boston: Mariner Books, 2014); Isabel Dziobek et al., "Dissociation of Cognitive and Emotional Empathy in Adults with Asperger Syndrome Using the Multifaceted Empathy Test (MET)," Journal of Autism and Developmental Disorders 38 (2007): 464–73, doi.org/10.1007/s10803-007-0486-x; Rebecca Armstrong, "Altogether Autism. A Shift in Perspective: Empathy and Autism," Altogether Autism, altogetherautism.org.nz/a-shift-in-perspective-empathy-and-autism/.

5장 공감적 경청의 힘

1 Jack Zenger and Joseph Folkman, "What Great Listeners Actually Do," Harvard Business Review, July 16, 2016, hbr.org/2016/07/what-great-listeners-actually-do.
2 The Oprah Winfrey Show Finale, 05/25/2011, oprah.com/oprahshow/the-oprah-winfrey-show-finale1/7.
3 Heidi Hemmer, "Impact of Text Messaging on Communication," Journal of Undergraduate Research 9, no. 5 (2009), cornerstone.lib.mnsu.edu/jur/vol9/

iss1/5; Bob Sullivan and Hugh Thompson, "Now Hear This! Most People Stink at Listening," Scientific American, May 3, 2013, scientificamerican.com/article/plateau-effect-digital-gadget-distraction-attention/; Jacqueline B Graham, "Impacts of Text Messaging on Adolescents' Communication Skills: School Social Workers' Perceptions," St. Catherine University website, retrieved 2013, sophia.stkate.edu/msw_papers/184.

4   Ernest Hemingway, Across the River and into the Trees (New York: Scribner, 1996).
5   Richard Branson, "Virgin Founder Richard Branson: Why You Should Listen More Than You Talk," February 3, 2015, fortune.com/2015/02/03/virgin-founder-richard-branson-why-you-should-listen-more-than-you-talk/.
6   Jack Zenger and Joseph Folkman, "What Great Listeners Actually Do," Harvard Business Review, July 14, 2016, hbr.org/2016/07/what-great-listeners-actually-do.
7   Karl Menninger with Jeanetta Lyle Menninger, Love Against Hate (New York: Harcourt, Brace and Company, 1942), 275-76; also credited to Brenda Ueland, "Tell Me More," Ladies Home Journal, 1941, 51.
8   Thich Nhat Hanh, Call Me by My True Names: The Collected Poems of Thich Nhat Hanh (Berkeley: Parallax Press, 2022).

6장 가족, 친구, 동료에게 공감하기

1   Lao Tzu, Tao Te Ching: Text Only Edition, trans. Jane English, Gia-Fu Feng, and Toinette Lippe (New York: Vintage, 2012), verse 43.

7장 나를 소모하지 않는 베풂의 기술

1   Dariush Dfarfud et al., "Happiness and Health: The Biological Factors—Systematic Review Article," Iranianan Journal of Public Health 43, no. 11 (2014): 1468-77, ncbi.nlm.nih.gov/pmc/articles/PMC4449495/.
2   Jerf W. K. Yeung, Zhuoni Zhang, and Te Yeun Kim, "Volunteering and Health

Benefits in General Adults: Cumulative Effects and Forms," BMC Public Health 18, no.18 (2018), ncbi.nlm.nih.gov/pmc/articles/PMC5504679.

3   Vicki Contie, "Brain Imaging Reveals the Joy of Giving," National Institutes of Health, June 22, 2007, nih.gov/news-events/nih-research-matters/brain-imaging-reveals-joys-giving.

4   Eva Ritvo, "The Neuroscience of Giving: Proof That Helping Others Helps You," Psychology Today, April 24, 2014, psychologytoday.com/us/blog/vitality/201404/the-neuroscience-giving.

5   Larry Dossey, "The Helper's High," Explore 14, no. 6 (2018): 393–99, doi.org/10.1016/j.explore.2018.10.003.

6   Tristen K. Inagaki et al., "The Neurobiology of Giving Versus Receiving," Psychosomatic Medicine 78, no.4 (2016): 443–53, doi.org/10.1097/PSY.0000000000000302.

7   Jason Silva, "New Definition of Billionaire: Someone who positively affects the lives of a billion people!" Facebook video, June 17, 2015, facebook.com/watch/?v=1589016824695930.

8   Al-Anon Family Groups, "Al-Anon's Three Cs—I Didn't Cause It, I Can't Control It, and I Can't Cure It—Removed the Blame...," al-anon.org/blog/al-anons-three-cs/.

8장 나르시시스트, 소시오패스, 사이코패스

1   Emanuel Jauk et al., "The Nonlinear Association Between Grandiose and Vulnerable Narcissism: An Individual Data Meta-Analysis," Journal of Personality, Wiley Online Library, December 3, 2021, onlinelibrary.wiley.com/doi/full/10.1111/jopy.12692.

2   Paramahansa Yogananda, Autobiography of a Yogi (West Bengal, India: Yogoda Satsanga Society of India, 2016).

3   Yu L. L. Luo, Huajian Cai, and Hairong Song, "A Behavioral Genetic Study of Intrapersonal and Interpersonal Dimensions of Narcissism," PLoS One 9, no. 4 (2014), doi.org/10.1371/journal.pone.0093403.

4   Kent A. Kiehl and Morris B. Hoffman, "The Criminal Psychopath: History, Neuroscience, Treatment, and Economics," Jurimetrics 51 (Summer 2011): 355–

97, ncbi.nlm.nih.gov/pmc/articles/PMC4059069/.

5   Stephen D. Benning, Christopher J. Patrick, and William G. Iacono, "Psychopathy, Startle Blink Modulation, and Electrodermal Reactivity in Twin Men," Psychophysiology 42, no. 6 (2005): 753–62, doi.org/10.1111/j.1469-8986.2005.00353.x; Katie A. McLaughlin et al., "Low Vagal Tone Magnifies the Association Between Psychosocial Stress Exposure and Internalizing Psychopathology in Adolescents," Journal of Clinical Child & Adolescent Psychology 44, no. 2 (2015): 314–28, doi.org/10.1080/15374416.2013.843464.

6   Donald G. Dutton and Susan K. Golant, The Batterer (New York: Basic Books, 1995), 28–29; N. Jacobson, "Domestic Violence: What Are the Marriages Like?" American Association for Marriage and Family Therapy, October 1993.

7   Josanne D. M. van Dongen, "The Empathic Brain of Psychopaths: From Social Science to Neuroscience in Empathy," Frontiers in Psychology 11 (2020), frontiersin.org/articles/10.3389/fpsyg.2020.00695/full.

8   Darrick Jolliffe and David P. Farrington, "Examining the Relationship Between Low Empathy and Bullying," Wiley Online Library, October 17, 2006, doi.org/10.1002/ab.20154.

9장 공감하는 리더의 힘

1   Jessie Borsellino, "#SoftSkillsSpotlight: 3 Lessons Oprah Winfrey Teaches Us about Empathy," SkillsCamp, June 14, 2017, skillscamp.co/3-lessons-oprah-winfrey-teaches-us-about-empathy/.

2   Emily May, "10 of the Best Empathetic Leadership Quotes from Real Leaders," Niagara Institute, May 2020, niagarainstitute.com/blog/empathetic-leadership-quotes.

3   "Theodore Roosevelt Quotes," Theodore Roosevelt Center, theodorerooseveltcenter.org/Learn-About-TR/TR-Quotes?page=112.

4   Maureen Dowd, "Lady of the Rings," Sunday Opinion, New York Times, Sept 8,

2018, nytimes.com/2018/09/08/opinion/sunday/jacinda-ardern-new-zealand-prime-minister.html.

5 Tracy Brower, "Empathy Is the Most Important Leadership Skill According to Research," Forbes, Sept 29, 2021, forbes.com/sites/tracybrower/2021/09/19/empathy-is-the-most-important-leadership-skill-according-to-research/?sh=5985f4213dc5.

6 Richard Branson, "Understanding empathy as well as the experiences of people from different walks of life is a key skill for business leaders," LinkedIn, linkedin.com/posts/rbranson_understanding-empathy-as-well-as-the-experiences-activity-6479717793217417216-lYzS/.

7 "Microsoft CEO Satya Nadella: How Empathy Sparks Innovation," Knowledge at Wharton, February 22, 2018, knowledge.wharton.upenn.edu/article/microsofts-ceo-on-how-empathy-sparks-innovation/.

8 Belinda Parmar, "The Most Empathic Companies," The Empathy Index, Harvard Business Review, December 20, 2016, hbr.org/2016/12/the-most-and-least-empathetic-companies-2016.

9 Mark Divine, The Way of the SEAL: Think Like an Elite Warrior to Lead and Succeed (New York: Trusted Media Brands, 2018).

10 Vanita Noronha, "The Day My Gut Feelings Led Me Astray," New England Journal of Medicine 382 (May 14, 2020): 1880–81, nejm.org/doi/full/10.1056/NEJMp1917572.

11 Abraham Lincoln, Second Inaugural Address, March 4, 1865, Library of Congress.

10장 공감과 용서의 심리학

1 Frederic Luskin, "The Art and Science of Forgiveness," Stanford Medicine 16, no. 4 (Summer 1999), sm.stanford.edu/archive/stanmed/1999summer/forgiveness.html.

11장 서로의 불완전함을 채우는 '우리'의 힘

1   Frank White, "Opening Remarks at Launch of Academy in Space Initiative," Frank White (website), April 14, 2016, frankwhiteauthor.com/article/2016/04/opening-remarks-at-launch-of-aisi.

2   William James, "Confidences of a 'Psychical Researcher,'" The American Magazine 68 (1909): 589, en.wikiquote.org/wiki/William James.

공감의 위로

초판 1쇄 인쇄 2025년 10월 25일
초판 1쇄 발행 2025년 11월 5일

지은이 주디스 올로프
옮긴이 이문영

발행인 정상우   펴낸곳 (주)라이팅하우스
편집인 주정림   디자인 오필민 디자인

출판신고 제2022-000174호(2012년 5월 23일)
주소 경기도 고양시 덕양구 으뜸로 110 오피스동 1401호
주문전화 070-7542-8070   팩스 0505-116-8965
이메일 book@writinghouse.co.kr   홈페이지 www.writinghouse.co.kr

한국어출판권 ⓒ 라이팅하우스, 2025

ISBN 979-11-93081-19-8 (03180)

* 이 책은 저작권법에 따라 보호받는 저작물이므로 무단 전재와 복제를 금지하며, 이 책 내용의
  전부 또는 일부를 이용하려면 반드시 저작권자와 (주)라이팅하우스의 서면 동의를 받아야 합니다.
* 라이팅하우스는 독자 여러분의 원고 투고를 기다리고 있습니다. 출판하고 싶은 원고가 있으신 분은
  book@writinghouse.co.kr로 기획 의도와 간단한 개요를 연락처와 함께 보내주시기 바랍니다.
* 파손된 책은 구입하신 서점에서 교환해 드리며 책값은 뒤표지에 있습니다.